献给Miso和Nica

中国律师

第一课

俞 飞 著

厦门大学出版社　国家一级出版社
XIAMEN UNIVERSITY PRESS　全国百佳图书出版单位

图书在版编目（CIP）数据

中国律师第一课 / 俞飞著. -- 厦门：厦门大学出
版社，2023.9
　　ISBN 978-7-5615-8966-3

　　Ⅰ．①中… Ⅱ．①俞… Ⅲ．①律师业务-中国 Ⅳ．
①D926.5

中国版本图书馆CIP数据核字(2023)第058278号

出 版 人	郑文礼
责任编辑	甘世恒
美术编辑	李嘉彬
技术编辑	许克华

出版发行　厦门大学出版社

社　　址	厦门市软件园二期望海路 39 号
邮政编码	361008
总　　机	0592-2181111　0592-2181406(传真)
营销中心	0592-2184458　0592-2181365
网　　址	http://www.xmupress.com
邮　　箱	xmup@xmupress.com
印　　刷	厦门集大印刷有限公司

开本	720 mm×1 020 mm　1/16
印张	19.25
插页	2
字数	350 千字
版次	2023 年 9 月第 1 版
印次	2023 年 9 月第 1 次印刷
定价	59.00 元

本书如有印装质量问题请直接寄承印厂调换

厦门大学出版社
微信二维码　　厦门大学出版社
微博二维码

前　言

律师从业者，浸染着法律的精神，既仰望星空，又俯察大地，希望以所学的知识实现公平、正义的理想，绝不会仅将律师职业作为谋生的工具。君不见，每年参加国家统一法律职业资格考试的青年才俊有数十万人（2021 年报考人数超过 70万），且呈逐年快速上升的趋势。若为稻粱谋，有太多无须考试且收入胜过律师的职业可供选择，何必在"天下第一考"的道路上苦苦奋战？然而，理想只是做好一项工作的前提，能否真正实现还有赖于对这个行业的深入了解。在此基础上，禀赋合适，再辅之以适当的方法，职业成就只是时间问题。

市面上不乏诸多关于律师执业指导的书籍，但多从提高专业技能的角度进行阐述，缺乏对律师职业其他方面的思考。我国自 1979 年恢复律师制度以来，律师行业得到空前的发展，律师人数已经接近发达国家的规模。通过立法，律师的执业权利日渐得到充分的保障。然而，在保障律师权益的同时，对律师的核心义务——公平、正义的追求强调不足，以至于有些律师在法庭上虚假陈述（比如直接否认未与当事人核实的新证据），肆无忌惮。长此以往，律师将由法律的"守护者"演变为"干扰者"，现代律师将退化为古代"讼棍"，法律职业共同体的真正建立遥遥无期。

一、律师的使命

不少人认为，不以胜诉为目的的律师都在耍流氓，不以胜诉为目的的律师都不是好律师，唯胜败是论成为考核律师工作的唯一指标。实际上，案件胜诉固然与律师的工作密不可分，但绝非全部都是律师的功劳。案件获得胜诉的首要原因在于当事人，当事人于法有理是案件获得胜诉的关键。如果当事人无理，再高明的律师都不能使案件胜诉。其次是法官，法官正确适用法律，秉公判案是案件获得胜诉的另一重要因素，只是由于这是法官的职责容易被大众忽视。最后才是律师，律师提出诉讼的请求权基础正确，认真了解案情，全面举证，未出现重大失误。既然案件胜诉不全归因于律师，律师的使命自然不在案件的胜诉。

律师的使命究竟包含哪些内容？笔者认为应当是对公平、正义的追求。纵观律师制度的起源以及各国的法律实践，无不将对于公平、正义的恪守置于律师义务之首。律师的天职应为协助法官发现事实真相，提出正确适用法律的建议。基于这种天职，律师在日本被称为"在野法曹"。唯有如此，方可真正维护当事人的合法权益。如果律师首要义务缺位，将会导致律师维护当事人利益有余，恪守法律不足，"损不足而补有余"的结果必然是律师制度失去发展的基石，"律师兴则国家兴"将成为一个伪命题。

律师行业要健康发展，必须获得全社会的一致认可。如果律师仍将当事人利益奉为行动的圭臬，这种"以非为是，以是为非"的结果必然是自绝前程。只有让败诉的案件败诉、胜诉的案件胜诉，法官、律师、当事人方才完成了自己的使命。

对律师使命内容的确立有利于从源头上解决当前诉讼中的效率、公正问题。因为当事人与律师虽然是委托与被委托的关系，但基于法律的专业性，当事人对律师实则有诸多的依赖。拖延性管辖权异议即使不是由律师提出的，也会有律师的同意和参与，如果律师坚决不同意，当事人必然孤掌难鸣。因此，规制律师无异于更有效地规制当事人。

二、律师从业必备

成为一名优秀的律师，是有迹可循的。

一是在主流价值观方面与法同道，恪守法律的公平、正义、诚信。用法必先守法，法律是弘扬正义的渠道，绝非谋取不当利益的工具。

二是对法律的热爱，"知之者不如好之者，好之者不如乐之者"，唯有热爱法律，方能持之以恒。

三是要有一颗追求卓越之心，在工作实践中对案件的研究永无止境，充分的准备是获得理想结果的前提。

四是要有良好的心理素质，理性看待"附随"的工作压力，比如当事人的迫切心理、司法机关的沟通障碍等。

三、律师成长须知

律师的成长周期特别漫长，且有其自身特点。

首先，律师职业是一门法律实践学科，律师成长没有速成营。"纸上得来终觉浅，绝知此事要躬行"，法律实践知识的提高非一时一事，而需依靠长期积累。一般而言，没有3~5年的高强度积累，很难有人能够独立办案。即使是已经积累的经验，也要时刻更新。比如根据《民法典》施行后的规定，破产债权止息及于担保人，如果墨守成规，仍抱着原先相反的规定不放，得出的结论与法律规定便会截然相反。

其次，初入行的律师必然"穷"和"累"。"穷"并非由于被盘剥，而是由于没有案源和独立办案能力。两者如果能够居其一，提高收入则指日可待。"穷"是暂时的，从长久来看，律师收入攀升的速度非其他行业可比。"累"也并非工作量大，而是由于初入行者专业不熟练。经验老到的律师半天就可以解决的问题，初入行者可能一周都找不到问题所在。

最后，律师应以持续提高专业技能为己任，这是律师赖以生存的前提。取得律师执业证只是说明具备向当事人提供法律服务的资格，并非代表具备相应的能力。律师唯有实时提高专业技能，才能名实相符。这一点体现在实习律师在选择实习单位时，应着重衡量的是指导老师的业务类型、专业水准，而不是薪资待遇。不同单位实习律师的薪资待遇差别非常有限，但指导老师的专业素养却有天壤之别，不仅在于业务专长，还在于执业风格。很多律师的从业道路非常明显地带有实习单位的印迹。

本书系笔者近三十年律师工作的经验分享，针对目前律师、当事人、法官错位的法律关系，以及在诉讼实践中存在的突出问题，探讨律师的职业使命。在对比德国、美国、英国、日本、意大利、波兰等国家和地区相关法律制度的基础上，阐述我国律师职业的性质。在具体内容上，本书包括从事律师职业的必备素养，律师职业的发展特点，律师言行的边界，律师如何恰当处理与委托人、司法机关的关系，律师代理民事案件、担任企业法律顾问快速入门，律师业务拓展等，是术与道的结合。本书献给所有希望了解以及新加入律师行业的读者，其既可以作为法学生评估是否适合从事律师工作的依据，又可以作为律师新人的职业发展指引。本书还献给所有关心律师行业健康发展的读者，便于他们了解当前我国律师业存在的问题，共同探索解决的路径。

律师成长之路没有捷径可走，但通过阅读本书或许可以少走一些弯路。本书的内容关乎律师职业的首要问题，是每个期望从事律师职业者最先需要思考的问题，是执业过程中必须遵循的原则。鉴于这种前置性和重要性，是为律师职业第一课。

目　录

第 1 讲

掀开律师职业的神秘面纱

2021 年 12 月 30 日，司法部印发了《全国公共法律服务体系建设规划（2021—2025 年）》，提出"发挥律师在公共法律服务中的主力军作用。到 2025 年，全国执业律师达到 75 万名"。这一计划无疑为众多有意向从事律师职业的青年才俊带来福音。

截至 2021 年底，全国执业律师人数 57.6 万，这就意味着在未来的四年内——2025 年底以前要新增律师人数 17.4 万，平均每年新增 4.35 万人。而从 1980 年全国人大颁布《中华人民共和国律师暂行条例》开始，在过去的四十余年间，每年平均新增律师的人数约为 1.44 万人。前者是后者的 3 倍多，发展速度不可谓不快。

然而，法律虽然是一门古老的学问，但律师职业在我国发展的历史非常短暂，现代律师制度在我国纯属舶来品。华夏大地第一次出现律师制度源自沈家本的清末变法，那是由于清政府希望建立现代法律制度以使国外列强放弃"治外法权"。由于辛亥革命的爆发，这次变法并未得到实施，自然没有诞生律师制度。中华民国成立以后，短暂地建立了律师制度。1949 年以后，尽管建立了律师制度，但由于"文革"，律师制度遭到了破坏。我国今天的律师制度恢复于 1980 年。特定的历史原因，使得人们对律师职业的属性普遍没有充分的认识，包括许多法律从业者。大众对律师执业的最初了解来自国外以及我国港台地区的影视作品。

为慎重起见，任何人在选择所从事的职业之前，必须先要充分了解这个职业。因为要成为某个职业的精英，必须经过多年的历练，如果选择不当，不但浪费机会成本，而且改行而带来的其他损失不可估量。律师职业尤其如此。从准入门槛、发展前景、工作内容、社会影响、收入水准、受尊敬程度等任何角度考量，律师毫无疑问是一个值得终生从事的职业。但从事律师职业要比大多数其他职业付出更多的努力，不仅需要经过 4 年的法学本科教育，还必须通过国家统一法律职业资格考试，并且要在律师事务所实习 1 年。从接受法学教育开始计算，到实习期满考核合格领取执业证，前后至少要 6 年多时间。此外，由于律师职业是一门实践学科，尤其讲究实践经验，领取律师执业证仅标志着具备从事律师职业的资格，并不意味着实际上有能力独立承办案件；事实上从入门到精通还要经过 3~5 年高强度的打磨。如此算来，从学习法律到最终成为能够独立执业的专职律师，前后大概要经历 10 余年时间（培养时间能够与之相提并论的非医生莫属）。这个时间段是每个年轻人一生中最宝贵、最重要的年华。不仅如此，律师职业对从业者还有一些特殊的要求，比如性格特点、口头以及书面表达能力，工作的主动性、积极性、自律性等。并不是每个人都适合从事律师职业，生活实践中不乏从事律师职业之后又转行从事其他职业的事例。因此，在决定从事律师职业之前，有必要对律师职业进行充分的了解，以全面判断是否适合自己的发展。

本讲将为您揭开律师职业的神秘面纱。

第一节　被"格式化"的律师

一、律师的"画像"

如果让您给律师画一幅像，您会如何表达？

画像一：大多数人恐怕会将律师画成西装革履、正襟危坐、面容冷峻、眼神坚毅的人。西装当是上等布料缝制，小背心、三件套；皮鞋应为经典三接头，纤尘不染、油光锃亮。律师签字绝不能用塑料水笔，必须用万宝龙金笔——落笔龙飞凤舞，常人难辨。今天，高楼大厦中的香港律师仍秉持这种传统，即使夏天，每个香港律师仍旧穿着正规的套装（与香港大厦冰冷的空调也有一定关系）。

画像二：大致与前述相同，但神态迥异，眼神中透露着狡黠——典型的精致利己主义者。在他们眼中，法律和事实从来不是客观的，而是取决于立场。代理原告，可以说出被告一大堆不是，请求法庭判决原告胜诉；同一类型的案件，代理被告，又将原告批驳得体无完肤，请求法庭驳回原告的诉讼请求。这一现象不由得引起被同案同判束缚手脚的法官的极大感慨：大家都要求法官同案同判，为何不要求律师同案同辩！尽管"公法""私法"适用不同的法律原则，但双方面对的是同一个事实，适用的是相同的法律，法律结论为何如此截然不同？是本意应当如此，还是确实存在是非不分，完全看立场的情况？这些现象值得法律人反思。

尽管两幅画像褒贬不同，但都包含共同的内容——律师具有特定的职业共性。大众对律师如此的画像并非空穴来风，而是源自法律领域的外在——仪式感，以及内在——维护当事人合法权益的使命。

从诉讼发展的历程看，古代罗马法的法定诉讼，要求当事人在诉讼中必须使用法定的言辞和动作，否则判决败诉。[1] 法定诉讼带有明显的超级职权主义色彩，法院高高在上，法院的存在首先显示的是一种权威，当事人前来诉讼必须无条件服从，稍有闪失，则致败诉。比如《十二铜表法》中的第八表规定"蓄意采伐他人树木的犯罪者，每棵处以二十五阿司的罚金"[2]，根据该规定，在关于砍伐"葡萄树"纠纷案件中，原告应用"树木"一词，不得用"葡萄"（尽管在其他表中出现过"葡萄"一词），因为上述只规定非法砍伐树木应处罚金，没有提到葡萄（这同时说明古罗马人在抽象思维方面尚不够发达）。此外，关于所有权诉讼，当事人必须辅之以杖触及讼争（象征着所有权）。[3] 这种审判方式由于过于注重外在，有失实质公允，很快就被淘汰了。但从另一方面也可以看出，法律领域对仪式感的重视，自古以来无出其右。

法律职业的仪式感与工作内容息息相关。法律职业的工作内容关系当事人的生命、自由、财产等，这些是当事人赖以生存的重要前提。而得体的服饰可以展现律师的专业、权威、敬业，能够给当事人安全感。通过服饰展现专业的不仅有律师，还有金融工作者、厨师等。金融从业者的服装以及奢华的配饰展现着富有，厨师雪白的工作服默默地展示着餐厅环境的卫生。彰显个性的现代社会，对人们的服饰不再那么挑剔，T恤牛仔可以堂皇地进入办公室，但律师的基本礼仪规范并没有松懈，尽管这不能与职业水准完全画等号。

就法律职业的内涵而言，法官和律师尽管角色与角度不同，但职责都是确保法律的正确运用，维护当事人的合法权益。由于法律的权威性，无形之中当事人会心生对法律的敬畏与依赖，这便增加了律师的神秘性与专业性。

1　周枏：《罗马法原论》，商务印书馆 2016 年版，第 940 页。

2　《世界著名法典汉译丛书》编委会：《十二铜表法》，法律出版社 2000 年版，第 38 页。

3　周枏：《罗马法原论》，商务印书馆 2016 年版，第 946 页。

二、律师与总统

有些人会误认为，当律师意味着有机会在政坛指点江山、叱咤风云，决定国家和民族的命运。最典型的代表是美国。美国自建国以来至今共有46任总统，其中律师有26位，超过一半。近期的有拜登、奥巴马、克林顿等。历史上影响比较大的总统律师有起草《独立宣言》的托马斯·杰斐逊、林肯等人。

美国总统大多出身律师与总统产生的机制有关。美国总统产生的方式是通过演讲吸引民众投票，以获得选票多者为胜。这就要求除演讲内容有吸引力之外，候选人还要具备卓越的口才。前者可以由高参代笔，后者必须考验竞选人的真功夫。而律师因工作需要，日常工作以口才取胜，日积月累，律师口才必然比其他从业者强，在演讲时占有上风。与律师口才可以相提并论的是演员，后者还有表演天赋，更能够吸引选民。演员出身的里根成功当选第40任美国总统就是一个很好的例证。除职业和口才外，美国总统的产生还与其他因素，如宗教、经济、党派、竞选宣言等有关。

美国总统大多有律师从业背景仅是一个特例，从其他国家的实践来看，这种特征并不明显。但很多律师在各国的权力机构中任职是不争的事实。"在所有职业中，法律职业是最贴近现代社会权力运行的职业。"[1] 从我国的实践看，虽然直接由律师转为公务员的可能性不大，[2] 但在大型国有企业中设立总法律顾问，设立合规律师等是必需的要求。

律师、法官虽然均为法律职业共同体的一员，不过这种共同仅体现在概念上，并没有真正实现岗位的流动。2015年，曾有媒体报道上海年创收高达千万的律师转行做法官，但这毕竟是个案，不具有代表性。现实生活中倒是有不少法官转行当律师的，这并不是法律职业的正向流动。法律职业的正向流动应当是由律师到法官，这是因为国家对法官的选任要求比律师高。被任命为法官除了必须通过国家统一法律职业资格考试外，还必须通过公务员考试等其他考察。而担任律师仅要求通过法律职业资格考试。由要求低的往要求高的流动才是正向的。从国际惯例上看，从经验丰富、德才兼备的律师中选任法官是各国的通例，即只有先当律师，然后才能当

---

1 [美]迪特里希·鲁施迪耶：《律师与社会——美德两国法律职业比较研究》，于霄译，上海三联书店2009年版，第68页。

2 因为这是两套不同的人才培养方式。公务员队伍相对独立、封闭，任何人想要成为公务员，必须参加公务员考试，再经面试等各项考核，通过后才有可能。

法官。从法律价值的实现上看，律师虽然是实现法律正义必不可少的角色，但法官拥有审判权，在案件审判中发挥决定作用的毫无疑问是法官。从法官离职的原因看，大多是基于待遇以及个人发展，并非更好地实现法律价值。从受尊敬程度看，法官比律师更受尊重是全世界各国的通例。

三、律师促进社会进步

还有些人之所以有意于律师职业，是由于他们认为当律师可以推动社会进步，契合侠义精神。助推此类看法的是各类律政电影，以至于在现实生活中，不乏缘于电影作品的吸引而决定从事律师职业的。

美国焦点电影公司拍摄过一部电影《性别为本》（*On the Basis of Sex*），讲述20世纪70年代，美国哈佛大学法学院——这一世界著名的研习法律之所却有着与法律公平价值相违背的非法传统——对女性有严重的性别歧视。女主角比所有的男同学都要聪明、勤奋，却无法获得平等的就业机会。女主角意图挑战这种明显违背人人平等原则的恶法。在一次偶然的机会中，女主角发现有一男性公民赡养自己生病的母亲，但是他享受的税收优惠却与同样处境的女性不一致。女主角发现在当时的美国，即使男性，也面临着性别歧视问题。她巧妙地避开为女性谋取平等权利的敏感焦点，借助为男性维权的名义，成功说服法庭改判。这一判决最终导致从源头——法律规定上消灭了性别歧视，法律将不再允许以性别为由进行区别性对待。

借助电影手法，在专业演员的表演下，通过光色、声音的渲染，律师俨然成了推动社会进步的中坚力量。观众为女律师的正义、智慧、执着所倾倒，一些年轻人甚至由此对律师职业产生了油然的敬意，乃至作为从业选择。

律师确实能够在社会进步的过程中发挥不可替代的作用，但发挥作用的其他角色很多，有些角色的作用比律师大。性别歧视由来已久，为何律师以前没有发挥作用？可见，社会的进步绝不是依靠律师一己之力，而是社会矛盾发展到一定程度，特别是包括法官在内的社会各阶层对性别歧视达成统一认识，才会导致法律修正的结果。制片人拍电影首先要考虑的是票房，制片人必须保证观众在支付几十元票价之后，可以最大限度地满足对公平、正义的追求。让观众心满意足，感觉物超所值，或由于沉浸于电影的精彩情节，已经对票价忽略不计，这正是电影的商业价值所在。看电影无异于在一个封闭、安静的环境下，接收导演通过故事情节传达的一定的价值观。对律师形象的突出塑造，系制片人故意为之，不代表律师在现实生活中能够发挥类似的作用，更不可据此确定自己的职业方向。

类似的电影还有很多，比如韩国电影《辩护人》，也是颂扬律师为了法律的正义，帮助无辜的人免遭陷害。人们观看这部电影也会强烈滋生对律师职业的好感。

这些电影对人们的冲击为何如此之大，以至于可以成功吸引广大年轻人选择律师行业？是因为电影对律师的颂扬吗？显然不是，因为还有其他电影对军人、政治家、其他专业人士的颂扬，为何没有如此多的人对后者有从业选择呢？这是因为律师职业所承载的理念最能激发人类内心对公平、正义的追求。正如中国政法大学教授罗翔所云："对公平和正义的渴望是人类的出厂设计，无须被灌输，只需要被激活。"[1] 特别对于读书人，通过知识、智慧、人性的光辉达到理想的价值观，最符合读书人的特质，最体现读书人的强项。这一点与儒家思想所宣言的修身、齐家、治国、平天下有异曲同工之意。

诚然，在人类历史上确有不少关于社会价值的理念是由有律师职业背景的人士提出的。比如曾从事过律师职业的英国法学家詹姆斯·斯蒂芬认为，自由是有秩序的自由，平等是法律之下的平等，博爱是一种与社会自由不相同的价值。这是对自由、平等、博爱的修正，无疑有助于人们更好地理解这三者的含义。由于法律关于价值，而价值观的提出系主观世界的反映，法律从业者就有先天优势。事实上，只要勤于思考，在任何行业为人类进步作出贡献是迟早的事。

四、律师铁肩担道义

律师铁肩担道义的形象源自当事人面对巨大的困难束手无策时，律师通过专业知识，不计较个人得失，借助强大的法律武器为当事人实现了公平、正义。

张辉和张高平叔侄案、聂树斌案、呼格吉勒图案等冤案之所以得以平反，除了有当事人及其亲属的不懈努力与坚持之外，律师的无私帮助也发挥了重要作用。这些案件的亲属长年上访，没有收入，家里的积蓄也消耗一空，根本无力负担高昂的律师费。对于这类案件，承办律师没有将自己的收入放在第一位，而是无偿甚至以倒贴的方式协助当事人申诉，最终伸张了法律的正义。当然，除了律师功不可没之外，冤案得以昭雪还有其他因素。

---

1 罗翔:《法治的细节》，云南出版集团 2021 年版，第 173 页。

（一）良好的法治大环境

冤案得以发生以及昭雪都和当时的法治大环境密不可分。在以往"命案必破"的政策要求下，命案未破意味着公安机关的领导要承担责任。出于无奈，"疑罪从有"就有了适用空间。在此大环境下，即使没有排除合理怀疑，只要存在高度怀疑，则视为案件的突破口，冤假错案就容易产生。或许政策的初心是基于对人民群众生命的负责，但案件的侦破需要依据客观规律，并不是任何案件均能够破获。该政策的施行有违科学性，从而带来了制造冤假错案的不利后果。

随着我国司法体系的完善以及相应司法理念、科学技术的发展，法治大环境得到很大的提升。国家统一法律职业资格考试的实行，提高了司法机关的法律适用水准。疑罪从无、对嫌疑人合法权益的保护观念深入人心。时代背景为冤案昭雪提供了契机。我国实行"以审判为中心"的诉讼制度改革以后，"让审理者裁判，由裁判者负责"将独立行使审判权与承担责任相关联，迫使法官以更严谨的态度审理案件，从顶层设计上避免冤假错案的发生。

（二）新闻媒体的监督

正是由于新闻媒体的不懈报道，使案情大白于天下，促进了冤案的纠正。新闻媒体的监督是冤案得以发现、启动纠错程序、最终得以昭雪的外部力量。

（三）正义的司法人员

与此同时，正义的检察官、法官是践行者，在冤案昭雪的过程中功不可没，可谓是为冤案昭雪圆满地画上了句号。

尽管如此，为何律师的作用在冤案昭雪中特别突出？这是由我国的实际情况决定的。

首先，公众普遍认为，对冤案形成具有最大过错的是司法部门，对此予以昭雪是其应尽的责任。在出现昭雪不及时的情况下，司法机关还容易招致二次批评，所以司法机关不便自我宣扬。与此相反，律师在冤案平反中总是冲在第一线，甚至在冤案未形成时就否定当事人的"罪行"，这种一以贯之的行为更容易得到公众认可。

其次，律师不掌握任何公权力，更容易得到信任。

最后，律师基于实现自身价值，意见的发表更为自由、通畅，和公众有更好的互动。

五、律师属于社会精英阶层

社会大众普遍认为律师属于学历高、收入高、受人尊敬的社会精英阶层，这一观点有部分符合实际之处，也有不当之处。

（一）学历高

"学历高"这一律师标签属实，因为《国家统一法律职业资格考试实施办法》第9条第1款第5项规定，"具备全日制普通高等学校法学类本科学历并获得学士及以上学位；全日制普通高等学校非法学类本科及以上学历，并获得法律硕士、法学硕士及以上学位；全日制普通高等学校非法学类本科及以上学历并获得相应学位且从事法律工作满三年"，即具有本科以上学历才具有考试资格。所以，律师的学历不低于本科，还有不少律师获得硕士或博士学位。比如，根据四川省律师协会统计，2020年全省具有博士学历的律师为895人，占比3.2%，如图1-1所示。

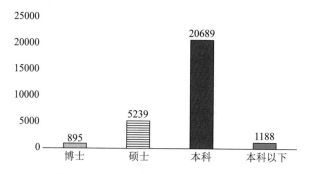

图1-1　2020年四川省律师学历柱状图[1]

（二）收入高

人们想象中的律师总是西装革履，开豪车、住豪宅，出入高档写字楼的"多金"形象。这一印象不尽属实，现实生活中确实有这样的成功律师，集名望与财富于一身，但这毕竟是少数，且是经过常年累积而成。实际情况是有些律师收入高，有些律师收入低。高的可能很高，收入数倍于他人；低的可能很低，尚需要家庭接济。律师的西装革履，并不是财富的象征，而是专业的象征。西装是律师的工作服，代表的是专业和执着。至于律师的办公室和车辆，这是由律师行业的特点决定的。因为律师提供的是现代法律服务，无须建立工厂、购买设备，办公室和车辆实际上就

1　兰楠：《四川全省有多少博士律师？多少党员律师？多少女律师？》，新浪四川＿新浪网，http：// sc.sina.com.cn/news/m/2021-04-08/detail-ikmxzfmk5539822.shtml，2022年2月20日最后访问。

是律师的工作成本，在这方面的适当投入确有必要。与这些外在相比，律师的财富要骨感得多。

律师的收入与执业年限密切相关，一般前期低、后期高，随执业年限的增长而增长。从数据上比较，同样本科毕业，律师初期工资仅是其他行业的50%，但后期收入将达到其他行业的2~3倍。远离家乡到一线城市打拼的律师，在执业初期甚至需要家人的资助。律师事务所在招聘律师助理时，一般会询问应聘者的家庭情况，这并不是出于好奇，而是在考量律师的家庭负担。尽管律师具有很好的后期收入，但能否熬过前期岁月是关键。

从律师入行开始计算，运气比较好的话至少要3年以上才能够自食其力，5年以上才能略有盈余。根据各省关于律师收入的统计，律师的平均年收入大约为40万元左右。这里的年收入实际指产值，并未包括各项开销。律师执业所有的成本，大到办公室租金、购置车辆、加油，细到一张纸、一支笔都要自己掏腰包，再加上个人所得税，能够转化为报酬的金额非常有限。

如此看来，律师的高收入岂不是一个伪命题？也不尽然，客观地说，律师的高收入相对于一般的职业群体而言是成立的。比如与企业上班族、其他专业人士（会计师、医生）相比，经过长期的职业沉淀，律师的收入逐渐高于后者。除了律师的客户群、职业经验随年龄增长之外，律师职业的独立性有助于律师获得高收入。有相当一部分业务，律师无须像医生一样借助其他辅助人员就可以独立完成。但相对于金融行业或投资行业，律师的收入远不算高，古今中外的富豪排行榜至今从无律师入选就是明显的例证。律师给人收入高的印象的原因还在于律师提供的是法律专业知识服务，具有凭知识就可以获得报酬的特点，无须搭建厂房、购买设备、投入原材料等。

从世界范围比较，德国律师的收入曾为该国各职业最高，美国略次之。[1] 相对而言，我国律师的收入与美、德相比偏低。

（三）受人尊敬

这一印象也不尽属实。大多专业过硬，服务态度良好，对法治有信仰、追求的律师确实受当事人尊敬。这一点与医生类似，医生收治病人，即使患者支付报酬，

---

1 ［美］迪特里希·鲁施迪耶：《律师与社会——美德两国法律职业比较研究》，于宵译，上海三联书店2009年版，第63~64页。

也并不意味着患者是甲方，而是需要听医生的安排，这是由其专业性决定的。如果听患者的，还不如不看医生。法律业务也是如此，因为专业，当事人对律师有极大的依赖性，对律师表示尊敬可以更好地获得法律服务。目前的中国律师有时候没有获得法庭足够的尊敬，曾经发生过法官当庭将律师轰出法庭，法官指派法警将律师铐在操场的篮球架上暴晒，法院干警与律师发生肢体冲突、撕烂律师的裤子等事件。表面上看，造成这种现象是官僚意识作祟，法官认为律师侵犯了官威；从本质上而言，既有历史的原因，也有律师本身的原因，还有制度的原因。至于律师在办理诉讼事务时联系不上法官，律师的发言被随意限制或打断等事项则时有发生。不过从各国的实践看，法官的地位比律师高也是普遍存在的事实。

律师属于精英阶层，主要原因是律师的平均学历比较高，所从事的工作关乎当事人的生命、财产等重要内容，进而显得律师职业重要。无论律师是否真正属于精英阶层，公众对于精英阶层的期待律师必须承受。精英阶层的义务主要包括以下内容：

其一，精英阶层要博学。律师不仅需要精通法律，还要知晓一定的财务、税务、历史、时政、最新科技、国际形势等，知识要比一般人渊博，一般人知道的律师不能不知道。

其二，精英阶层要比一般人具有更高的道德素养，要守时、要诚信，无论对方是否守时和诚信。

其三，精英阶层要耐心、宽容，具有良好的服务态度，似古代的谦谦君子。

从其他国家和地区的实践看，律师的精英化有相关制度的支撑。众所周知，美国律师在政界具有突出地位。德国律师同样在行政和立法职位中占有很高的比例。此外，美、德两国的律师在商界也拥有很高的比例。对两国的大型公司进行考察，美国的商业领袖有 15% 是律师，德国为 21%。[1]

六、律师爱钻法律空子

还有人认为，律师打官司无非是钻法律空子，就像周星驰演的电影《算死草》那样，把白的说成黑的，把死的说成活的。法律规定如此之多，难免有疏漏之处，这就为律师钻空子留下了空间。这种观念在 20 世纪存在较多，随着法律规定的完善，特别是司法机关审判水准的提高，依靠钻空子打官司基本没有生存空间，案件

1　[美]迪特里希·鲁施迪耶：《律师与社会——美德两国法律职业比较研究》，于宵译，上海三联书店 2009 年版，第 77 页。

取胜越来越依靠的是代理律师的专业水准以及对法律、法规的娴熟运用。

在一些涉及法官犯罪的案件中，确有律师行贿的身影。比如海南省高级人民法院原副院长张家慧受贿、枉法裁判案，判决书显示，行贿人员包括 18 名律师，其中不乏律所主任、省政协委员。这些律师依仗与法官熟悉进行行贿，既伤害了法官，也伤害了自己。这尤其要引起广大律师注意。因为律师与法官师出同门，具有天然的亲近关系，这种关系应用于推进法治的进步，不应成为谋取私利的工具，否则会落得两败俱伤。

类似于盲人摸象，大众对律师的了解既有正确的一面，又缺乏全面性。这是由于我国长期缺乏律师文化的缘故。根据现代律师的法律定义，我国古代没有严格意义上的律师，但并不妨碍提供法律服务者的存在——讼师。讼师指那些为当事人提供法律咨询、代为书写状纸并收取一定报酬的人。讼师与现代律师的相似之处是都具有为当事人提供法律服务、收取相应报酬的特点。春秋时期精通法律、开门授徒并为他人提供法律服务的邓析被尊称为律师的祖师爷。两者的不同之处在于讼师只能在上述非常有限的范围内为当事人提供法律服务，不能光明正大地接受当事人的委托代为出庭诉讼，貌似一个隐藏的存在。此外，讼师并不是一个法律概念，因为国家没有关于讼师的资格认定，有一定文化基础和法律知识的没有考取功名的读书人就可以充任讼师。即使如此，官府对讼师也没有完全放开，而是对其颁发代书许可，并规定凡到官府投递的状纸，必须由官府认定的讼师代书，加盖代书印章，否则不予受理。如讼师代书不实，则一并承担法律责任。这一规定仅在部分时期的部分地区实行，并在全国范围内形成一项稳定的制度。显然，这一规定的主要目的不是对于代书合法性的承认，而是对虚假陈述、夸大其词的规制。

讼师有时被贬称为"以是为非，以非为是"的"讼棍"，从命名上可以看出不受官府待见。之所以如此，主要有以下原因。

其一，我国古代推崇"无讼"理念，必然难以容忍为当事人提供法律服务的讼师；否则，无异于鼓励诉讼。

其二，我国古代行政权与司法权高度统一，官府的权威不容挑战，而允许讼师的存在则威胁到官府的权威。

由于我国长期欠缺律师文化，人们对于律师形象的了解非常片面，往往限于欧美、港台地区影视剧。这些律师头戴假发，身穿长袍，伶牙俐齿，在法庭上侃侃而谈。法庭是他们的表演舞台，在他们的努力之下，案情跌宕起伏，最终真相大白，坏人被绳之以法，冤情终究得到昭雪，律师的形象就此被格式化。

第二节　中国律师概况

一、中国律师历史沿革

关于中国律师的历史沿革，有两种不同观点。一种观点认为，律师是外来事物，中国律师制度起源于晚清的变法，在此之前没有律师制度。因此，中国律师制度的起源应从晚清变法开始计算。另一种观点认为，从现代立法关于律师的定义考察，此言不虚，至少此前我国从未使用过与法律职业相关的"律师"这个词。但名称仅是一个符号，应从名称所代表的含义确定其属性。比如战国时期楚国最高官职是令尹，其地位相当于同时代其他国家的丞相，我们不能因为楚国没有设丞相这一官职就据此认为楚国没有最高官员管理政务的制度。[1] 同理，我国古代虽然没有使用"律师"这一名词，但从事实上看，存在为当事人提供法律咨询服务，代写法律文书并收取一定报酬之人——讼师，这就是我国古代的"律师"。此外，一个职业的存在与政府部门是否立法许可并不存在必然的等同关系。古代官方立法之所以没有规定讼师制度，原因在于官方对讼师职业的排斥，因而没有为讼师留下立法空间，但这丝毫不影响这一职业的存在——事实上确实存在。虽然立法是否予以许可与讼师职业的存在没有必然关系，但讼师的工作内容与其他一般的职业不同，涉及公权力，没有立法许可就无法光明正大地参与诉讼，因而极大地限制了行业发展。这导致我国古代讼师只能在非常狭窄的空间内生存，以至于从春秋时的邓析开始，在此后的数千年时间里，无论从人数规模，还是知识水准上，均毫无发展。由于后一种观点兼顾了讼师与律师的异同，更符合实际情况，本书采此观点。

（一）讼师时代

讼师职业的产生缘于社会需求。随着立法内容的完善与繁复，普通大众很难了解、掌握、适用法律，特别是古代民众受教育程度普遍不高。这就迫使当事人在遇到法律困难时必须寻找熟悉法律规定之人的帮助。比如有一寡妇意图改嫁，依据当时的礼法难以实现，寡妇遂委托讼师张信臣撰写诉状到县衙起诉，诉曰："妾十七嫁，十八霜。翁鳏叔壮，顺逆两难，请求归家全节。"知县阅后不但支持寡妇的诉

1　吕宗力主编：《中国历代官制大辞典》，商务出版社2019年版，第300页。

讼请求，还批阅："字之如铁，针针见血。千载而后，不能易一字，谓之刀笔，宜矣！"[1]可见讼师精通礼法，他精准地知道，对于允许寡妇归家（改嫁）与可能发生的翁、叔不伦恋情来说，知县肯定选择前者。

讼师大多来源于有一定文化知识、头脑灵活之人。对讼师的称谓可谓五花八门，有"佣笔之民""茶食人""健讼之民""豪滑健讼"，可谓囊括了讼师的所有特点。[2]从对讼师的称谓看，态度似乎并不友好。被视为讼师之祖的邓析曾有一篇《无厚》的文章，认为"天于人无厚也，君于民无厚也，父于子无厚也，兄于弟无厚也"，他还排山倒海式地举出无可辩驳的事例。[3]这样的观点在此后处于显学的儒家学派看来乃离经叛道之说，尤其有违儒家的伦理纲常，讼师不受待见显属应当。

从流传下来的讼师密本看，大多是指导讼师如何巧立名目、危言耸听、颠倒黑白，从而赢得案件。有些讼师"狡诈无赖"，为了获得官府有利的判决可谓不择手段，毫无道德底线。[4]官府曾下令查禁此类密本。尽管官府并未设立讼师制度，但对于调词架讼的恶讼师，从《唐律》到《宋刑统》、《大清律例》均进行了规制，对故意虚假上告的讼师一并查处。为对讼师进行管理，清政府于1729年设立了代书制度，允许有一定文化的人报考，取得代书资格后如实代书。代书事实如有虚假，一并治罪。不过历史上也有不少好讼师，比如乾隆年间，崇明岛一带就流传着讼师杨瑟岩不畏权势，为民申冤的故事。[5]

讼师虽然有别于现代律师制度，但作为我国律师制度的起源或雏形毫不为过。这一职业的存在使普罗大众更能接受律师服务，为日后律师身份的确认以及律师工作的开展打下了良好的基础。

（二）律师制度的确立——晚清变法引入律师制度

我国律师制度的起步源于晚清沈家本主持的法律改革。[6]晚清变法的因素很多，首先源于民间的呼声，但列强同意有条件放弃"治外法权"是清政府同意加速变法的契机。"中国深欲整顿本国律例以期与各西国律例改同一律，英国允愿尽力协助，以成此举，一俟查悉中国律例情形，及其深断办法，及一切相关事宜皆臻妥善，英

1　殷啸虎：《公堂内外——明清讼师与州县衙门》，上海交通大学出版社2019年版，第90页。
2　刘昕：《宋代讼师讼学和州县司法审判研究》，湖南人民出版社2016年版，第49页。
3　陈高俌：《公孙龙子、邓析子、尹文子今解》，商务印书馆2018年版，第105页。
4　吕伯涛、孟向荣：《中国古代的告状与判案》，商务印书馆2013年版，第51页。
5　樊品儒、王峻：《杨瑟岩传奇》，复旦大学出版社1993年版。
6　李贵连：《沈家本传》（修订版），广西师范大学出版社2017年版，第4页。

国即允弃其治外法权。"[1]变法由沈家本与伍廷芳主持,后者本身具有英国律师执照,自然熟悉律师立法。这是中国政府第一次以立法形式讨论确立律师制度。草拟的《刑事、民事诉讼法》第199条至第207条共9个法条确立了律师制度,[2]包括允许律师代理和辩护、取得律师资格应具备的条件、律师的责任及处罚、外国律师职业事宜等。虽然规定得比较简单,但在中国法治史上开创了律师制度的先河,律师制度得以深入人心,为此后律师业的发展奠定了基础。

由于辛亥革命爆发,相关立法草案并未获得通过,沈家本主持的涉及律师制度的变法没有能够真正得到清政府颁行。

(三)律师制度的发展

民国时期,于1927年颁布了《律师章程》《甄别律师委员会章程》,于1941年颁布了《中华民国律师法》。这些法律比较详细地规定了律师执业应遵循的规则,律师制度得以不断完善和发展。

中华人民共和国成立以后,废除了民国时期的六法全书,民国律师制度自然寿终正寝。中华人民共和国成立初期,由于对律师在新中国建设中发挥的作用认识不够,律师行业没有得到健康发展,直至1979年,我国才恢复律师制度。1979年4月,全国人大常委会法制委员会成立负责起草律师条例的专门小组;7月,《刑事诉讼法》颁布,其中专门设立"辩护"一章,标志着律师制度在立法上的重新确立;9月,司法部重建,具体承担了律师条例的起草工作,并开始在各地(通过组织、人事部门的调配)组织和组建律师人员和机构以展开工作。1980年8月26日,五届人大常委会第十五次会议通过和颁布了《中华人民共和国律师暂行条例》,该条例是当代中国第一部有关律师制度的"基本法",它规定了律师的性质、任务、职责和权利、资格条件及工作机构,于1982年1月1日起施行。1986年7月5日至7日,第一次全国律师大会在北京举行,通过《中华全国律师协会章程》并正式成立中华全国律师协会。这些法规的颁布,确立了律师的合法身份并据此在改革开放的前沿阵地成立了第一家律师事务所——广东蛇口律师事务所——至今唯一一家以地名命名的律师事务所。这是时代的需要,是对外商事合作的需要。此后,国家又相继颁布了《律师法》《国家统一法律职业资格考试实施办法》等法规,律师的法律地位得

---

1 转引自李贵连:《沈家本传》(修订版),广西师范大学出版社2017年版,第225页。
2 上海商务印书馆编译所编纂:《大清新法令》(1901—1911第1卷)商务印书馆2010年版,第448~450页。

到进一步的肯定，我国当代律师事业正是在此基础上不断得以发展。2011年1月24日，吴邦国在形成中国特色社会主义法律体系座谈会上讲话，指出中国特色社会主义法律体系已经形成。法律体系除立法、司法之外，自然包括法律服务体系。

司法部有关部门负责人就全国律师诚信信息公示平台建设相关情况答记者问时提到，截至2022年，全国律师总人数达到57.6万，律师事务所超过3.6万家。

司法部提出，到2025年，全国执业律师将达到75万名的规模，每万人拥有律师数5.3人，如图1-2所示。

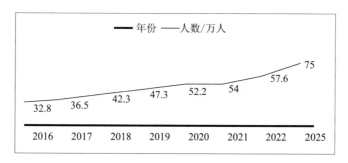

图1-2 全国律师执业人数统计数据

我国改革开放重新确立律师制度以后，尽管律师制度经过四十余年的发展，但万人律师比离发达国家还有很大的距离，如表1-1所示。

表1-1 各国律师总数及万人比

序号	国别	统计时间	人口数量	统计时间	律师人数	万人律师比（‰）
1	美国 –	2022.2	332,470,000	2021.7	1,327,910	39.94
2	英国 ↑	2021.1	67,215,293	2022.1	213,504	31.76
3	德国 –	2021.7	83,129,000	2021	166,000	19.97
4	法国 –	2021.9	67,486,000	2019	68,000	10.08
5	韩国 ↑	2021.8	51,669,000	2021.2	29642	5.74
6	中国 ↑	2022.1	1,412,600,000	2022.2	576,000	4.08
7	日本 –	2022.1	125,440,000	2022.2	42,951	3.42

数据来源：各国律师协会官网及年度报告等

从全球角度考察，他国律师制度产生的时间、背景和我国全然不同。作为律师职业发源地的古罗马，律师制度的产生源于庇护。庇护兼顾有依附与义务，包括服兵役、出庭作证、联姻等。[1]到罗马帝国中晚期，律师职业得以确立，并成为新贵，因为罗马帝国的许多官员都从律师中产生。[2]

比较律师职业的世界起源，我国的律师发展具有如下特点：

其一，律师的雏形——古代讼师，其形成是源于民间的需要，但未获官方许可（甚至是禁止）。随着我国古代成文法的发展，出于维护自身权益的需要，当事人请求具备法律知识的人提供帮助，这一基本需求促使了讼师产生。但基于"溥天之下，莫非王土，率土之滨，莫非王臣"的超级职权主义的影响，对案件进行公正审判是官府的事，与他人无关，当然不允许讼师的存在。在超级职权主义笼罩下的审判，必然是容不得任何其他人参与，因此，官府不存在承认讼师合法地位的理由。除了偷偷摸摸地为当事人提供一些咨询或代书业务之外，讼师基本没有任何生存空间，无法光明正大地执业，遑论作为代理人出入诉讼现场。

其二，我国律师制度的确立是晚清官方立法许可到民间响应的行为，缺少律师制度产生、发展的历史沉淀，这也是此后律师制度在我国发展坎坷的原因所在。

其三，律师制度几经挫折，至今已经得到全面发展，但关于律师定位尚存在不少争议之处。比如，除了为当事人提供法律服务之外，律师还有哪些法律属性，为当事人提供法律服务有哪些界限、是否为律师的首要职责等都值得仔细探究。

二、中国律师的分类

中国律师分为社会律师、公职律师、公司律师。

（一）社会律师

社会律师是指在律师事务所执业的律师，绝大部分律师都是社会律师。社会律师又分为专职律师与兼职律师。专职律师是指全职在律师事务所工作的律师，专职律师只能在一家律师事务所执业。兼职律师是指"取得律师资格和律师执业证书，不脱离本职工作从事律师职业的人员"。申请兼职律师的主体特殊，必须是"法学院校（系）、法学研究单位从事教学、研究工作的人员"。

（二）公职律师

《公职律师管理办法》第2条规定："本办法所称公职律师，是指任职于党政机关或者人民团体，依法取得司法行政机关颁发的公职律师证书，在本单位从事法律

1　[英]伊丽莎白·罗森：《西塞罗传》，王乃新等译，商务印书馆2019年版，第14页。

2　黄美玲：《律师职业的起源》，北京大学出版社2021年版，第163页。

事务工作的公职人员。"公职律师只能接受本单位的指派代理特定事务，不得从事有偿法律服务，不得在律师事务所等法律服务机构兼职，不得以律师身份办理所在单位以外的诉讼或者非诉讼法律事务。[1]

公职律师的设立是为了提高党政机关以及人民团体在工作过程中的守法意识，主体仅限于在上述机构工作的人员。

（三）公司律师

公司律师是指与国有企业订立劳动合同，依法取得司法行政机关颁发的公司律师证书，在本企业从事法律事务工作的员工。公司律师仅能接受所在单位的委托或指派从事特定的法律事务，不得从事有偿法律服务，不得在律师事务所等法律服务机构兼职，不得以律师身份办理所在单位以外的诉讼或者非诉讼法律事务。[2]

公司律师的设立是为了提高国有企业在经营过程中的法律意识，主体仅限于与其建立劳动合同关系的人员。

（四）其他律师分类方式

1. 一级律师、二级律师、三级律师、四级律师

这是从专业技能上对律师进行职称分类，一级律师、二级律师属于高级职称，三级律师属于中级职称，四级律师属于初级职称。

从评审的资质条件看，律师的学历、执业年限、专业成果是影响职称评选的重

---

1 《公职律师管理办法》第13条，公职律师可以受所在单位委托或者指派从事下列法律事务：

（1）为所在单位讨论决定重大事项提供法律意见；

（2）参与法律法规章草案、党内法规草案和规范性文件送审稿的起草、论证；

（3）参与合作项目洽谈、对外招标、政府采购等事务，起草、修改、审核重要的法律文书或者合同、协议；

（4）参与信访接待、矛盾调处、涉法涉诉案件化解、突发事件处置、政府信息公开、国家赔偿等工作；

（5）参与行政处罚审核、行政裁决、行政复议、行政诉讼等工作；

（6）落实"谁执法谁普法"的普法责任制，开展普法宣传教育；

（7）办理民事案件的诉讼和调解、仲裁等法律事务；

（8）所在单位委托或者指派的其他法律事务。

2 《公司律师管理办法》第13条，公司律师可以受所在单位委托或者指派从事下列法律事务：

（1）为企业改制重组、并购上市、产权转让、破产重整等重大经营决策提供法律意见；

（2）参与企业章程、董事会运行规则等企业重要规章制度的制定、修改；

（3）参与企业对外谈判、磋商，起草、审核企业对外签署的合同、协议、法律文书；

（4）组织开展合规管理、风险管理、知识产权管理、法治宣传教育培训、法律咨询等工作；

（5）办理各类诉讼和调解、仲裁等法律事务；

（6）所在单位委托或者指派的其他法律事务。

要因素。（见表1-2）

表1-2 2021年广东省律师职称评审资质条件

律师资格条件	一级（正高级）	二级（副高级）	三级（中级）
学历学位、资历（具备以下之一）	1. 大学本科学历，取得二级律师资格后从事律师执业工作3年以上； 2. 在二级律师期间，获国家优秀律师、省十佳律师或国家级、省级突出贡献专家或优秀中青年专家称号（证书为准）； 3. 在二级律师期间，与律师业务有关的理论或实务国家二等奖、司法部或全国法学或全国律师协会二等奖，或省科技进步一等奖的前二名。	1. 取得法学博士学位后，从事律师执业工作满1年； 2. 大学专科及以上毕业（取得法学博士学位除外），取得三级律师资格后从事律师执业工作满3年； 3. 在三级律师期间，获国家优秀律师、省十佳律师或国家级、省级突出贡献专家或优秀中青年专家称号（证书为准）； 4. 在三级律师期间，与律师业务有关的理论或实务国家二等奖、司法部或全国法学或全国律师协会二等奖，或省科技进步一等奖的前二名。	1. 取得硕士学位后，从事律师执业工作满2年，或取得硕士学位前后从事律师执业工作满3年； 2. 研究生班毕业或取得双学士学位，取得四级律师资格后从事律师执业工作满2年，未取得四级律师资格的从事律师执业工作满4年； 3. 大学本科毕业，取得四级律师资格后从事律师执业工作满3年，未取得四级律师资格的从事律师执业工作满5年； 4. 大学专科毕业，取得四级律师资格后从事律师执业工作满4年，未取得四级律师资格的从事律师执业工作满8年； 5. 中专毕业，取得四级律师资格后从事律师执业工作满8年，未取得四级律师资格的从事律师执业工作满15年。
学术成果（具备以下之一）	1. 专著一部（6万字）+独立论文1篇（不少于2000字）； 2. 合作专著（4万字）+独立论文2篇（每篇不少于2000字）； 3. 独立论文5篇（每篇不少于2000字）。	1. 专著一部（5万字）+独立论文1篇（不少于2000字）； 2. 合作专著（3万字）+独立论文2篇（每篇不少于2000字）； 3. 独立论文4篇（每篇不少于2000字）。	1. 合作专著（3万字）； 2. 合作专著（2万字）+独立论文1篇（每篇不少于2000字）； 3. 独立论文2篇（每篇不少于2000字）。

2. 诉讼律师与非诉律师

这种分类主要是以律师业务进行划分的。诉讼律师指代理民事、刑事、行政等诉讼案件，出庭参与诉讼的律师。非诉律师主要是从事金融并购等不涉及诉讼的法律业务的律师。曾经规定过律师提供证券法律服务的必须通过证券从业资格考试，获得相应资格，但该规定已经被废除。这两者的区分是源于律师自我的业务方向，并非基于立法关于执业许可的分工。即两者的业务可以互换，立法上并没有任何限制。

现实中之所以形成这种分工，主要基于以下原因：

其一，诉讼业务属于律师的传统业务，非诉律师业务属于律师的新型业务，且非常专业。后者已经形成一个工作内容与前者极为不同的领域，在知识结构、法律适用方面自成体系。由于工作内容的不同，后者主要关注证监会、银保监会等金融主管部门颁布的部门规章，而前者关注的是法律、行政法规，特别是司法解释。

其二，从执业律师的性格特点上，两者也存在不同。诉讼律师要求从业者具备积极的进攻与防御意识，根据案情发展情况进行谈判的妥协意识；后者更需要从业者良好的分析、判断，对金融形势的清醒认识。前者动，后者静。

其三，随着执业年限的增加，两者的执业内容基本不再互换，尽管法律对此并未予以禁止。原因之一是随着执业领域的深耕，对本职领域的知识越来越专业，对其他领域的知识显得没有把握。此外，非诉律师团队已经与券商形成稳定的合作关系，最好从执业之初就进入这个行业。

3.民商事律师、刑事律师、家事律师、税务律师

民商事律师，主要代理平等主体之间的民商事纠纷案件。

刑事律师，主要代理涉及刑事责任的案件。

家事律师，主要代理涉及婚姻、抚养权（费）纠纷案件。

税务律师，主要代理涉及税务纠纷的案件。

此外，还有知识产权律师、建设工程律师、房地产律师等，这些分类都是基于律师所从事的专业领域而划分的，并非法律规定上的强制分类。

4.合伙人律师、授薪律师、独立执业律师（挂靠律师）

合伙人律师是共同出资成立律师事务所，盈亏共担的律师。授薪律师是指受聘于律师事务所，接受律师事务所指派的特定工作，按约定的标准领取薪酬的律师。授薪律师无须承担案源压力，无论是否接受指派，律师事务所均应支付相关报酬。独立执业的律师又称为挂靠律师，是指根据律师法关于律师必须在律师事务所执业的规定，将律师执业证挂靠在律师事务所，分担律师事务所一部分的办公费用，不领取律师事务所的报酬，独立承担盈亏的律师。

5.专职律师、兼职律师

专职律师是指仅以律师为职业，全职在律师事务所执业的律师。兼职律师是指符合《律师法》第12条在"高等院校、科研机构中从事法学教育、研究工作"的人员，他们平时有教学和研究任务，只是兼职从事律师工作的人员。

三、律师的执业机构

根据司法部关于社会律师、公司律师、公职律师的分类，律师的执业机构分别为律师事务所、国有企业、党政机关和人民团体。公司律师、公职律师系国有企业、党政机关的工作人员，与单位之间存在劳动合同或人事合同关系，法律关系相对比较简单，在此就不做过多的介绍，下文着重介绍律师事务所。

（一）律师事务所

在改革开放之初，律师事务所是由国家出资成立的，没有其他形式的律师事务所。法律顾问处属于事业单位，律师属于国家的工作人员，与司法机关人员的待遇类似。为适应我国对外开放以及经济发展的需要，国家对律师事务所的组织形式进行了相应调整，不再设立国办所，法律顾问处统一改名为律师事务所。律师事务所分为合伙制律师事务所、合作制律师事务所、个人律师事务所。此后，根据2016年11月1日起施行的《律师事务所管理办法》第7条的规定，律师事务所的组织形式又进行了调整，恢复国家可以出资设立律师事务所的制度，不再有合作制形式的律师事务所，其余合伙制律师事务所和个人律师事务所保持不变。为顺应、鼓励律师事务所做大、做强，对于合伙制律师事务所，又分为普通的合伙律师事务所和特殊的普通合伙律师事务所。两者的主要区别是，普通的合伙律师事务所仅需要3名以上律师，注册资本为30万元。而特殊的普通合伙律师事务所需要的合伙人人数为20名以上，注册资本为1000万元以上。[1]个人律师事务所由个人出资设立，管理相对简单，但发展规模受限。

从律师事务所的规模上看，全国共有3.6万家律师事务所，大多数律师事务所属于中小型律师事务所。目前有些律师事务所已经发展成为多个城市连锁的大型品牌律师事务所，有些律师事务所在海外还有分支机构。

（二）律师与律师事务所的法律关系

根据《律师法》第14条的规定，律师事务所是律师的执业机构。至于律师与律

---

[1] 《律师事务所管理办法》第9条规定："设立普通合伙律师事务所，除应当符合本办法第八条规定的条件外，还应当具备下列条件：（一）有书面合伙协议；（二）有三名以上合伙人作为设立人；（三）设立人应当是具有三年以上执业经历并能够专职执业的律师；（四）有人民币三十万元以上的资产。"第10条规定："设立特殊的普通合伙律师事务所，除应当符合本办法第八条规定的条件外，还应当具备下列条件：（一）有书面合伙协议；（二）有二十名以上合伙人作为设立人；（三）设立人应当是具有三年以上执业经历并能够专职执业的律师；（四）有人民币一千万元以上的资产。"

师事务所是何种法律关系，法律并未予以明确。根据实际存在的权利义务情况，双方存在如下法律关系。

1. 出资法律关系

合伙人类似于公司股东，是律师事务所成立时的投资者、律师事务所成立后的管理者、律师事务所责任的承担者。合伙人之间的权利义务由合伙协议确定。一般而言，律师事务所不向合伙人支付任何报酬，合伙人自行承担相关支出。

2. 劳动合同关系

授薪律师与律师事务所之间存在劳动合同关系，由律师事务所指派授薪律师的工作，承担相应薪酬。

3. 挂靠法律关系

独立执业律师与律师事务所之间存在挂靠的法律关系，双方的权利义务由挂靠协议确立。挂靠律师应遵守律师事务所的各项管理制度，依法纳税，承担一定的办公费用，自负盈亏。

四、律师的工作内容

（一）代理各类诉讼案件

根据《刑事诉讼法》《民事诉讼法》《行政诉讼法》等法律的规定，律师可以作为代理人参与诉讼，除非法律规定当事人必须到庭，否则均可以委托律师代为出庭。《律师法》第13条规定："没有取得律师执业证书的人员，不得以律师名义从事法律服务业务；除法律另有规定外，不得从事诉讼代理或者辩护业务。"

（二）担任企业法律顾问

为企业的经营行为提供法律意见。

（三）担任政府法律顾问

根据司法部的相关规定，律师担任政府法律顾问是为政府在法律规定的权限内行使管理职能提供法律服务，促进政府工作的法律化、制度化。

（四）签发律师函

签发律师函是指律师事务所接受委托人的委托，向他人发出的应为一定行为或禁止一定行为的函件。由于承办律师仅接受一方委托以及审阅一方提供的材料，承办律师在签发律师函时应注意核实所主张事由的真实性与合法性，出于谨慎应与委托人联合签发。同时，承办律师对律师函的内容应允许对方提出不同意见，不宜作出决定性结论。

（五）为企业上市出具法律意见

根据上市要求，企业获得上市资格需要律师事务所出具诸多法律意见，律师事务所为拟上市的企业出具法律意见是后者获得上市资格的必备条件。在出具法律意见的过程中，律师事务所务必秉持合法依规的精神，实事求是地出具相关法律文件，切忌因获得业务而出具虚假的法律文件，不但有损良好的职业形象，还可能受到有关部门的查处，从而承担相关法律责任。[1]

（六）参与谈判

有些委托人为了实时获得律师的协助，通常请求律师与其一起参与谈判。

（七）担任仲裁员

《仲裁法》第 13 条第 1 款第 2 项规定："仲裁委员会应当从公道正派的人员中聘任仲裁员。仲裁员应当符合下列条件之一：从事律师工作满 8 年的。"在全国各地的仲裁机构中，有相当一部分仲裁员为律师。

（八）参政议政

现实生活中还有不少律师担任各级人大或政协的代表，以此进行参政议政。

（九）担任各高校的外聘指导老师

法律是一门实践学科，高校为了提高法科生对法律实务的了解，常聘用具有实务经验的律师辅助指导学习。

五、律师的工作特点

（一）专业性

作为提供法律服务的一方，律师拥有的是法律专业知识，专业性是律师据以工作的基础。

（二）有偿性

律师为当事人提供法律服务依法可以获得报酬，其他机构或人员不得收取法律服务费。立法规定的律师对法律服务实行垄断性收费为律师业的蓬勃发展奠定了经济基础。因为任何行业的发展都离不开经济因素，如果不允许律师收费，或者也允许其他非律师收费，对于律师职业的发展而言是不利的。

1　惠凯：《知名律所金杜被立案调查！资本市场"守门人"能否勤勉尽责引争议》，https://baijiahao.baidu.com/s?id=1725268486770667602&wfr=spider&for=pc，2022 年 2 月 21 日最后访问。

（三）保密性

与医生为患者保密类似，为当事人保密是律师的天然义务，这种义务的延伸是律师作证豁免。

（四）独立性

尽管团队作业在律师工作中比较普遍，这仅仅是提高工作效率、质量的需要，实际上许多工作律师个体就可以完成。有人笑称律师为"法律个体户"就是体现律师无须他人配合，就可以完成相关工作内容。

（五）自律性

除非开庭，执业律师的工作时间比较自由，从另一方面来说，这要求律师具有良好的自律性，否则就难以适应律师工作。

（六）知识多元性

社会生活纷繁多样，作为解决社会矛盾的律师，必须对这些矛盾产生的原因、类型等有所了解，否则难以胜任律师工作。

六、律师职业的晋升路径

（一）实习律师

这是进入律师行业必须经历的第一阶段。根据《律师法》的规定，为申请律师执业证，必须在律师事务所实习一年，跟随指导律师办理十个以上案件（深圳市律师协会的规定），且经考核合格。为何要求一年的实习期？因为律师事务是一种实践性非常强的工作，没有经由指导律师带领，仅通过书本知识的学习很难完成实务工作。从国家统一法律职业资格考试的内容中可以看出，考试主要着重于原理与概念，即使全部掌握这些知识也无法代理案件。因此，一年的实习期很有必要。

实习期的工作内容看似简单，要做好其实非常不容易。

首先要乐于从枯燥的工作开始。在实习初期，指导老师可能只安排实习律师干一些诸如整理案卷的简单工作。有些人对此或许会不屑一顾，认为自己应当全面接触案件，干这些枯燥工作纯属浪费时间。要知道，任何简单工作都需要有人干，这些简单工作也是指导老师评估实习律师的内容之一。同时，如果能够抱着学习的态度看待这项工作，会有意想不到的收获。这些案卷都是团队办理的案件，在整理的同时对诉讼策略详细揣摩，可以快速学习。

其次，用好实习期的学习机会。在实习期内，指导律师会带领实习律师共同办理案件，这是实习律师最佳的学习机会。日后，即使想向经验丰富的律师学习，他人也会因为无法了解具体案情而不可能全面解答。

最后，实习律师要认真办理案件，因为在考核时，考官会直接询问与案件有关的法律问题。实习律师如果没有认真办案，就会因为无法回答考官的相关问题而无法通过考核。

（二）授薪律师

授薪律师是指已经取得律师执业证，被律师事务所聘用，由律师事务所按月支付固定报酬的律师。对于具备独立办案能力的律师，律师事务所还可能发放一部分办案费提成。

授薪律师的优势在于不用为案源担心，案件由律师事务所分派。取得律师执业证3~5年内的新律师适合应聘授薪律师，因为在这个年限内，无论是从专业经验来说，还是从业务渠道来说，尚不能完全依靠自己的力量开拓案源；而应聘授薪律师，在获得案源的同时还可以跟随主办律师学习办案经验，唯一不足的是报酬不会太高。

此外，基于团队办案的需要，授薪律师一般加入律师事务所的某个专业团队，作为团队的一员开展工作。

（三）独立律师

独立律师是指在律师事务所独立开拓、承办案件，对收支独立核算的律师。律师事务所不向独立律师发放报酬，独立律师应承担律师事务所一部分办公费用，在办案收入中扣除税费以及管理费之后，余款归独立律师。独立律师与律师事务所之间不存在劳动合同关系，是一种合作关系。

有一定执业年限，具备较为丰富的经验，有相对稳定的案源的律师可以选择成为独立律师。独立律师的优点是具有较高的自由度，扣除一定成本后收入全部归自己；缺点是无法进行团队协作，发展受限，会遇到瓶颈期。

（四）团队负责人

随着法律服务的深化，越来越多的律师认识到，单打独斗的律师很难有发展前景。一方面从时间分配上，单打独斗的律师难以确保能够及时处理当事人的法律事务。比如律师在开庭，则当事人难以联系律师处理法律问题，势必降低当事人的满意度。另一方面，每个人都有知识的局限性，单打独斗的律师很难确保服务的专业性。鉴于这种考虑，许多律师创设了抱团发展的工作模式，即在一个律师事务所内，由资深律师牵头，组织具有相同特长的律师为一个工作团队，共同开拓业务，这种工作模式的优势显而易见。

（五）合伙人律师

合伙人律师是指共同参与律师事务所投资、管理，承担律师事务所成本支出，享受律师事务所利润分配，并对律师事务所债务承担无限责任的律师。根据法律规定，合伙律师必须具有 5 年以上执业经验，且担任合伙人之前 3 年内未受过停止执业以上的行政处罚。

第三节　律师职业的法律属性

大多数人认为律师是取得律师执业证，精通法律知识，为当事人提供法律服务并收取报酬的人。在普通人眼里，这些特点可谓概括了律师的大多数特征，关键是许多专业人士也是如此认为。造成这种看法的原因是我们对律师制度的产生、性质以及作用缺乏足够的认识（甚至是错误的，从律师职业的世界起源看，希腊法律禁止辩护帮助人收取任何报酬），[1]这种认识的缺乏体现在立法上表现为对律师法律属性定义不足。

一、律师制度是国家法治的体现

（一）律师制度涉及公权力的行使

想象一下，如果没有律师制度，法庭何以允许当事人委托律师出庭代理诉讼？对于当事人之间的纠纷，法庭为何要听取一位与案件毫不相关的人士侃侃而谈？事实上，在律师制度出现以前，按照古代雅典法律的规定，当事人必须亲自出庭，而且不被允许提供辩护帮助。[2]不仅雅典如此，我国古代亦如此。古代官衙在审理案件时，除当事人接受法庭询问之外，不允许其他人参与，更别说其他人回答法庭的问题。在这种情况下，律师制度自然没有生存的土壤。

与其说法律禁止当事人获得他人法律专业支持，不如说法律并未许可。因为法庭审理案件涉及公法，而公法遵循的是"法无许可则禁止"的法律适用原则，未经许可则意味着禁止。法庭在审理案件时，如果没有立法规定，除当事人之外，其他人自然不能参与，这是不言自明的道理。

1　黄美玲：《律师职业的起源》，北京大学出版社 2021 年版，第 43 页。

2　黄美玲：《律师职业的起源》，北京大学出版社 2021 年版，第 42 页。

（二）立法许可是律师职业产生的前提

从上述雅典法律关于当事人必须亲自到庭的规定中可以看出，如果立法没有确立律师制度，律师不具有发挥作用的舞台。因此，律师制度实质是国家法治的体现。中国政法大学前校长江平教授曾多次在公开演讲中提出："律师兴则法治兴，法治兴则国家兴。"律师是国家法治正确实施的重要保障，兼听则明，律师的参与有助于司法机关从不同角度对法律的正确实施进行考量。人类文明发展到出现国家这一阶段以后，国家的治理必须依靠法律手段。即使在我国推行德治的时代，也并非排斥法治的实行，而是"德主刑辅"。孔子提倡的"无讼"，从另一个侧面印证了"有讼"的存在。国家推行法治以后，律师制度必然应运而生，因为由于法律规定专业性的提升以及古代人们受教育程度的限制，必然有许多人看不懂法律规定，他们需要精通法律的人士提供专业服务。随着时代的发展，这些专业人士就演变成了现代律师。从我国《律师法》规定的申请律师执业应"拥护中华人民共和国宪法"也可以印证上述含义。

一般人会误以为，在自己的工作实践中较少涉及宪法的具体适用，律师职业与是否拥护宪法有何关系？这种观点极其片面。

首先，律师执业来自法律许可，即经行政主管部门批准，方可以律师名义开展工作。假冒律师，有可能构成诈骗罪。犹如医生执业须经卫健委批准一样，未经批准以医生名义行医构成非法行医罪。在国家大力消除市场准入门槛的前提下，律师执业许可从来没有被动摇，而且呈日渐严格的趋势。根据司法部统计，2019 年因故意犯罪被吊销律师执业证的律师有 11 名。实际上，实行律师许可是各国的通例，无论英国、美国还是德国、日本等均实行该制度。比如德国要求获得律师执业许可的条件是通过两次国家司法考试，具备担任法官的职务资格。[1] 这与我国当前实行的统一法律职业资格考试类似。而宪法作为万法之父，其余法律都缘于宪法。故此，拥护宪法等于遵守其他法律。

其次，宪法的适用性正受到越来越多的重视，许多棘手的问题都可以通过宪法适用得以解决。发生在山东的齐玉苓姓名权、受教育权被侵犯一案，就涉及宪法的适用问题，最高人民法院就此作出了相关司法解释，由此开辟了宪法适用于司法实践中的先例，在全国范围内引起了广泛关注及热烈讨论。实际上男女平等、同工同

1　邵建东主编：《德国司法制度》，厦门大学出版社 2010 年版，第 57 页。

酬、消除城乡差别等都与宪法规定的权利有关。有些国家专门设立有宪法法院，对相关行为进行违宪审查。

再外，任何主权国家的法律适用均有领域保护与限制，除非特别许可，其他国家的法律适用及律师执业在本国具有排除性。

最后，律师制度的雏形之所以发生在雅典与其政治制度密不可分。为防范寡头政治，雅典人设立了公民大会，以此确保民主。这种泛民主貌似能够决定城邦的一切事务，但也存在极大的弊端。苏格拉底就曾讥笑称，如果马匹不足，建议交由公民大会表决，将驴变成马！

这种公民大会制度表现在审判上即是雅典设立了民众法庭——由数百甚至上千人组成庞大的陪审团。[1] 由此确立了是否有罪由不具有法律专业知识的陪审团决定而不是法官的审判规则。此时，具有良好口才、知识渊博、善于演讲的当事人更容易获得陪审团认可，以至于诞生了一批专门为他人代写法庭演讲稿的职业写手，但允许他人代为诉讼则要等到罗马帝国时期确立律师制度之后。

相反，在我国古代，审判案件的基本是地方官员，没有人数庞大的审判团队，无须众人表决，演讲才能显得没有那么重要，这些因素造成了律师职业的荒漠。

二、我国立法对律师定位的变化

改革开放以后，我国立法对于律师定位的变化分为三个阶段。

第一阶段为 1980—1996 年，以 1980 年全国人大制定的《中华人民共和国律师暂行条例》为开始。该条例第 1 条规定："律师是国家的法律工作者，其任务是对国家机关、企业事业单位、社会团体、人民公社和公民提供法律帮助，以维护法律的正确实施，维护国家、集体的利益和公民的合法权益。"此时律师的身份是国家的法律工作者，其身份地位与检察官、法官类似。该条例第 13 条规定："律师执行职务的工作机构是法律顾问处。法律顾问处是事业单位，受国家司法行政机关的组织领导和业务监督。"律师的收入有国家保障，不利之处是增加国家的财政负担。由于律师与公、检、法的工作人员同属于体制内，从逻辑上难以形成有效的对抗，不符合现代立法理念。

第二阶段是 1996—2007 年，以 1996 年全国人大制定的《中华人民共和国律师

1　黄美玲：《律师职业的起源》，北京大学出版社 2021 年版，第 30 页。

法》为开始。这是我国改革开放后制定的第一部《律师法》。其中的第 2 条规定："本法所称的律师，是指依法取得律师执业证书，为社会提供法律服务的执业人员。"该法的执行是为了适应改革开放和社会发展的需要，对律师的定义发生了重要变化，删除了律师是国家法律工作者的属性定义，突出强调律师的社会属性。这一变化具有典型的时代意义，为律师事业的发展开辟了广阔前景。失去国家干部身份的律师，编制可以不再受任何影响，意味着律师事务所可以直接聘用律师，律师的流动性得以快速提升。

第三阶段是 2007 年至今，以 2007 年全国人大修订的《律师法》为开始。修订后的《律师法》第 2 条规定："本法所称律师，是指依法取得律师执业证书，接受委托或者指定，为当事人提供法律服务的执业人员。律师应当维护当事人合法权益，维护法律正确实施，维护社会公平和正义。"此后，2017 年虽然又对《律师法》进行了修正，但未涉及律师的定位。

通过上述立法回顾，可以看出不同的阶段我国对于律师的定位不同，对律师的定位随我们对律师角色认识的深入而不断进步。

第一阶段强调律师的国家属性，有利于实现法律的公平正义；律师的工作有国家保障。不利之处是委托人法律地位的弱化，并且受编制以及财政负担的限制，律师队伍没有得到长期、有效的发展。

第二阶段强调以当事人为中心的立法理念，突出律师为当事人提供法律服务的专业属性，这在当时有很大的进步意义。不足之处是受第一阶段弱化当事人法律地位的影响，过于强调委托人意志，以致在这一阶段，律师在代理案件的过程中，过于突出当事人意志，弱化了法律的公平、正义。此外，这一阶段社会上还出现了一批以挑战司法权威为噱头的知名律师。律师在代理案件的过程中，没有主动贯彻法律的公平、正义，甚至在有些案件中，参与或默许当事人弄虚作假的行为，从而带来了不好的社会影响。

第三阶段融合了第一、第二阶段的特点，既强调律师为当事人提供法律服务，又强调律师对法律公平、正义的维护。但由于对律师实现法律公平、正义的立法不够，没有设立相应的配套措施，效果不甚明显。

三、当前律师执业的误区

（一）当事人利益至上

有律师认为，律师的收入来自当事人支付的报酬，端谁的饭碗归谁管，在这种思想的影响下，容易滋生当事人利益至上的工作误区。比如在全国处理的"套路贷"案件中，不乏律师充当帮凶。他们协助小额贷款公司（以下简称"小贷公司"）设计借款合同，伪造借款成立的证据链，设计房产过户的授权委托书，全程指导如何将他人房产神不知、鬼不觉地过户到己方名下。更有甚者，不惜制造、参与虚假诉讼案件，胆大妄为地将人民法院作为谋取不当利益的工具。在专业人士的指点下，小贷公司提交的证据无懈可击，导致法院作出错误判决，严重损害了债务人的利益以及人民法院的权威。尤为过分的是有些小贷公司欺骗老人，将他们赖以养老的房产洗劫一空，造成这些老人无家可归、露宿街头。随着事态的扩大，这类现象终于引起了司法部门的注意，在全国范围内迅速开展打击"套路贷"违法犯罪的行动，参与的律师毫无例外地被绳之以法。

持这种观点的律师的错误在于误解了专业人士的工作原则。按这种理论，医生为患者治病，如何治疗岂不是要听患者的？会计师为企业记账，听从企业主做假账岂不是理所应当？答案显然是否定的。同样道理，律师为当事人提供法律服务，维护的是当事人的合法权益，非法权益自然不能维护。

产生这种误区的原因不全在律师，立法的误区以及理论研究的缺位亦难逃其责。传统的理论过于强调律师在民事诉讼委托中对当事人的依附性，不似在刑事案件中律师担任辩护人具有较高的独立性。民事案件中，当事人的处分权有哪些界限？律师与委托人之间对事实以及法律适用存在认识上的不一致时，律师具有何种程度的独立性？这些问题均缺乏统一认识。为此，司法部以及全国律协颁布的规章、行业规定，增加了律师执业行为准则的规定，即律师具有独立的法律地位，应当依法执业，有权拒绝当事人的非法要求。[1]

从美国的实践看，律师维护当事人利益以合法性为边界。美国《律师职业行为示范规则》规定，律师不得从事有损于律师诚信的行为，不得虚假陈述，不得提交明知虚假的证据。[2]

---

[1] 巢容华主编：《法律职业伦理》，北京大学出版社 2019 年版，第 95 页。
[2] 德博拉·L. 罗德：《律师执业伦理与行业管理》，许身健译，知识产权出版社 2015 年版，第 70~71 页。

《意大利法律职业伦理法典》亦有类似的规定，第 9 条规定律师具有诚实、尊严、荣誉和独立的义务，律师具有忠诚、勤勉、保密与审慎的义务，这些义务体现了当事人利益的界限——合法性。[1]

波兰《律师职业伦理与职业尊严法》第 11 条明确规定，律师不得故意向法院提供虚假信息；第 13 条规定，律师在履行职责时，必须尊重事实和合法性原则。[2]

（二）经济效益至上

包括律协在内，有不少知名律师事务所总热衷于宣传新开了多少间分所，年创收又达新高等信息。殊不知，律师执业从诞生之初，从来就不是以经济效益为衡量标准，不但如此，还以收取报酬为耻，甚至立法禁止收取报酬。

在最新修订的律师法草案中，作出了设立公司制律师事务所的大胆创新，有利之处是打开了资本进入律师市场的窗口；不利之处在于资本的本性需要回报，如果不对经济效益至上进行有效遏制，资本的逐利性以及扩张性将大肆侵略法律服务市场。因为尽管我国律师行业经历四十余年的发展，律师行业的积累并没有得以大幅度提高；在传统的人合模式下，律师大多能够秉持对法律的信仰而规范言行，资本的侵入将使律师毫无抵抗之力。

造成上述现象的原因不全在律师，还在于产生上述现象的土壤。犹如劣币驱逐良币，良币无法生存，只有等待被逐之命。1996 年《律师法》对律师的定位贯彻的是以当事人为中心的立法原则。这种对律师社会服务属性的过分强调难免表现为律师社会责任——实现法律公平、正义——的缺位。再加上律师失去国家身份以后，律师事务所自负盈亏，律师的收入全部依靠当事人支付的律师费，以当事人为中心的理念在实践中扶摇直上，最终发展成为当事人提供法律服务是律师的唯一价值。律师制度历经四十余年的发展，这种片面强调为当事人提供法律服务的律师定位，在现实生活中带来了越来越多弊端。

其一，对当事人的非法诉求，律师听之任之，甚至参与其中。由于缺乏对律师维护法律正义的规定，律师在提供法律服务时，完全从当事人利益着手，有利的积极争取，无视其是否合法；不利的极力避免，亦不论其是否应予承担。

1　[美] 巢容华主编：《法律职业伦理》，北京大学出版社 2019 年版，第 161 页。

2　[波兰] 马格丽特·可尔主编：《法律职业伦理——原理、案例与教学》，许身健译，北京大学出版社 2021 年版，第 291、294 页。

其二，社会上还产生了一批"特立独行"的律师，以为民代言、行侠仗义为幌子，实质上是恶意挑战司法权威，以此招徕业务。

其三，对律师明显违背法律公平、正义的行为缺乏制裁依据。有些律师利用精通法律的优势，故意对诉讼推进制造障碍，比如提出明显不成立的管辖权异议，对客观事实未经当事人核实即向法庭作出毫无依据的回复等。

这种不利局面最终引起立法部门的注意，2007年修订的《律师法》第2条第2款增加了律师"三个维护"的义务，[1] 其积极作用值得肯定。由于1996年《律师法》是我国改革开放后实施的第一部对律师进行定位的法律，影响深远，此后关于律师定位的立法修正在现实生活中并没有得到相应改变，造成这种现象的原因如下。

首先，对"三个维护"作用的认识不够。"三个维护"是律师职业的首要任务，没有公平、正义的法律，任律师如何都不能为当事人提供法律服务。因此，表象上是律师为当事人提供法律服务，实质上是具体实现法律的公平、正义。对"三个维护"作用的认识不够，导致在整篇立法中法律地位不够。"三个维护"应处于核心地位，与《法官法》《检察官法》对法官、检察官的要求相一致。"三个维护"不应当作为《律师法》第2条第2款，而应当作为一个独立的法条。因为第2条的两款之间在逻辑上不具有关联性，将"三个维护"作为第2条第2款难以凸显其应有的法律地位，可将"三个维护"作为单独的第2条。

其次，缺乏合理边界的律师言论减损了"三个维护"的作用。2007年《律师法》第37条第2款规定："律师在法庭上发表的代理、辩护意见不受法律追究。但是，发表危害国家安全、恶意诽谤他人、严重扰乱法庭秩序的言论除外。"这一条被称为律师的"法庭言论豁免权"。从名称上来看，已经对豁免言论的范围进行了不恰当的扩大，因为根据法条原文，豁免的对象为律师的言论，律师的言论除意见之外，显然还包括对事实的陈述。根据立法原意，不受追究的是"意见"，即关于法律适用的看法、价值判断，不包括对事实存在与否发表的言论。如果将言论豁免的范围扩大至事实，则缺乏正义约束的言论难以杜绝"以是为非，以非为是"。事实上，该言论豁免条款是为法律的公平、正义服务的，是让律师大胆直言，免除后顾之忧，以利于司法部门了解实际情况，从而作出合法的判决，绝不是让律师作为对事实任意解说的挡箭牌。

1　律师应当维护当事人合法权益，维护法律正确实施，维护社会公平和正义。

最后，司法部网站于 2021 年 11 月 19 日发布的《司法部对十三届全国人大四次会议第 7136 号建议的答复》（以下简称《答复》），公布了司法部答复十三届全国人大四次会议"关于修订《中华人民共和国律师法》的建议"的具体内容，我们应当利用这次《律师法》修订的机会，正本溯源，彻底解决律师定位缺陷。

（三）法官意志至上

还有些律师在执业过程中，面对可能遇到的司法不公习惯忍气吞声，不敢据理力争，担心由于自己的坚持而损害当事人利益，也不利于自己未来执业。有些案件的当事人为了避免出现这些问题，常去外地聘请律师，北京的律师因处于中央机关所在地而备受欢迎，这也间接说明了这些问题的存在。这些律师的心态值得理解，但这真的是最佳的方式吗？律师如此惧怕法官是否会让当事人失去信心乃至对法律的期待？这些问题都值得深思。

尽管律师遇到司法不公与法官硬碰硬不可取，但坚持对法律的理解理所应当，只要方法得当，不仅不会"得罪"法官，还会得到法官的尊重。

首先，律师对司法不公没有服从的义务，正如卢梭所云："人们只是对合法的权力才有服从的义务。"[1]律师据理力争有相应的理论依据。

其次，律师据理力争的观点应有充分的法律依据，切忌胡搅蛮缠、强词夺理。事实上，法官乐于接受正确的法律规定。如果律师还能找到相关案例，则被法庭接受的可能性更高。

最后，律师与法官沟通的方式要恰当，不要故意挑战法官的"权威"，不要无谓地激怒法官。比如法官对庭审活动的指挥，律师应当予以遵守。对于法官庭审中存在的问题，律师可以采取适当的途径向法官反映。此外，律师还有信访等多种合法途径可以进行反馈，切忌有失理性的维权行为。

律师有理有节地解决问题，维护了法律的尊严，更维护了当事人的合法权益。

四、实现法律的公平、正义是律师的基本义务

或许有不同的观点认为，实现法律的公平正义是法官的职责，与律师何干？在诉讼案件中，律师只是为当事人提供法律服务，向法庭提供相关证据，律师不拥有裁判权，至于证据如何审理、认定，那是法官的事。这样的观点将法官与律师置于

1　[法]卢梭:《社会契约论》，何兆武译，商务印书馆 2001 年版，第 13~14 页。

猫和老鼠的游戏中，法官稍有懈怠，律师将重归"以非为是，以是为非"的时代，狡辩正当化，貌似冠冕堂皇、无可挑剔，实际是否妥当？

（一）从律师执业的起源考察

律师职业的目的，从来不是创造就业，而是法律的正确实施——当事人不受冤枉。从我国古代的实践看，邓析被杀并不在于其授徒或作《竹刑》，而是"以非为是""以是为非"，此举违背了法律价值的恒定性。

从律师职业的起源看，古希腊、古罗马律师制度诞生于庇护制度，庇护主对于被庇护的对象有保护不受非法对待的义务。律师职业诞生之初是不允许收费的。

（二）从当事人聘请律师的目的考察

从当事人聘请律师的动机看，较少有当事人为了非法目的聘请律师，除非律师作出不当承诺，否则当事人即使有类似想法，由于律师的拒绝亦不可能得逞。从这个意义上看，对律师确立维护公平、正义的义务，自然延及当事人。

（三）从各国的民事诉讼立法考察

我国《民事诉讼法》第 13 条规定："民事诉讼应当遵循诚信原则。"《日本民事诉讼法典》第 2 条规定："当事人应当依诚实信用原则进行诉讼。"[1] 律师作为当事人的委托人参与诉讼，当事人在诉讼过程中遵循的义务必然及于律师，律师遵循诚实信用原则的结果必为实现法律的公平、正义。

（四）从律师直接的法律义务考察

日本《律师伦理》第一章伦理纲领，总共 9 个条文，其中过半规定律师的正义义务。比如第 1 条规定律师应致力于实现社会正义的使命；第 4 条规定律师要遵守信义，公正诚实地履行自己的职责等。[2] 波兰的《律师伦理法》则规定得更为主观而宽泛，其中第 1 条之 2 规定，律师的行为使公众丧失了对律师的信任，律师就违反了职业伦理。[3] 因为律师是对社会公平、正义负有特殊责任的公民。[4] 律师提供的服务与公众利益息息相关，律师为当事人提供法律服务必须受到忠于法制和公共秩序的限制。[5]

---

1 《日本民事诉讼法典》，曹云吉译，厦门大学出版社 2017 年版，第 2 页。

2 [日] 森际康友编：《司法伦理》，丁晓琪等译，商务印书馆 2010 年版，第 328~329 页。

3 [波兰] 马格丽特·可尔主编：《法律职业伦理——原理、案例与教学》，许身健译，北京大学出版社 2021 年版，第 274 页。

4 王进喜：《法律职业伦理》，中国人民大学出版社 2021 年版，第 225 页。

5 李建华：《法律伦理学》，湖南人民出版社 2006 年版，第 221 页。

（五）从法律的定义考察

从法律的定义考察，维护正义更是律师的核心义务。罗马时代的法学家乌尔比安（Ulpianus）认为，法学是关于神的和人的事务的认识，是关于正义和非正义的学问。（Iurisprudentia est divinarum atque humanarum rerum notitia, iusti atque iniusti scientia.）法律是关于正义和非正义的学问，作为以法律为主要工作依据的律师，更应该实现法律的正义。[1]

五、律师实现法律公平、正义的具体内容

诚如有些观点所言，律师并不掌握审判权，律师在诉讼中实现公平、正义的路径与法官不同。

（一）协助法官发现案件真实情况

1. 案件事实应当询问当事人意见，律师不得根据案件利弊选择性陈述，这不但与真实相违背，亦为后续与当事人之间的矛盾增加可能性。

2. 案件事实转述不得明显违背常理，不得前后矛盾，应遵循禁止反言原则。

3. 对于对方当事人提供的证据要秉持实事求是的原则进行质证。

（二）法律适用主观诚信

法律适用问题是发挥律师作用的重要途径，律师应本着主观诚信的态度发表相应观点。

（三）言论豁免的边界

1. 故意隐瞒、伪造事实的言论根据情节轻重追究相关责任，比如未与当事人核实、明显违背常理经查证属实、反言等行为，应给予训诫、罚款等处罚。

2. 法律适用符合主观诚信原则，应对律师适用责任豁免。之所以如此，不但在于法律适用具有主观性，还在于豁免有利于审判人员尽可能地获得法律适用方面的观点，以便于更全面地考察适用事宜。

（四）促进诉讼义务

民事诉讼作为国家公权介入私权的重要方式，效率是重要价值之一。律师参与民事诉讼，应肩负共同推进诉讼的义务，不应利用了解法律规范的优势而拖延诉讼。否则，与民事诉讼法的基本价值相违背。

---

1 转引自黎晓平：《优雅的法律家》，启蒙出版社有限公司 2022 年版，第 182 页。

（五）配套制度的设立

律师实现法律公平、正义价值还有赖于相关配套制度的确立。比如有些律师由于开庭时间冲突，正常申请法院改期又无法获得批准，出于无奈只得以管辖权异议变相延期开庭。

突发的疫情使网上开庭的方式应运而生，尽管网上开庭缺乏仪式感，并带来证据核对不清等问题，但从时间效率上具有无可比拟的优势。因为有些异地庭审一个上午的开庭要耗费律师三天时间：第一天去，第二天开完庭没有交通工具可以搭乘离开，第三天才能返回；再加上当事人支出的交通成本，线下开庭成本巨大。随着疫情防控的解除，网上开庭模式如果能够继续，可以方便当事人诉讼。

六、共同价值观的确立是建设法律职业共同体的前提

法律职业共同体的对象包括所有以法律专业知识作为工作内容者，主要包括法官、检察官、公安机关的法制工作人员、律师、公证员、仲裁员、法学教育研究者等。法律职业共同体的建立应当包含两层含义：一方面指共同以法律专业知识作为工作内容；另一方面职业之间有相互的流动，不存在障碍壁垒。后者是职业共同体的重要标志。法官、检察官以及公安机关的法制工作者得益于公务员的工作体系，职业互换基本没有障碍，可以实现正常流动，但与律师之间犹如横亘着鸿沟天堑，难以逾越。青年律师出于生存压力以及未来发展的考虑，特别希望能够实现律师向法官的跨越，苦于毫无途径（除非参加公务员考试）；资深法官由于升职或待遇受限，也可能加入律师队伍（法律职业共同体的逆向流动），造成法院的人才流失；资深律师历经打磨，更愿意通过晋级法官在判决中追求公平、正义，可是空有报国之志，却无报国之门。

除了上述障碍之外，在同一案件中，原、被告律师的陈述，法官的视角不完全一致，仿佛谈论的不是同一件事。这种现象的出现就是缘于没有建立共同的价值观，而缺乏共同价值观的职业共同体难以真正形成。法律职业共同体的建立需要律师践行公平、正义的职业观。

很长的一段时间内，关于建立法律职业共同体的呼声很高，但实际效果却是雷声大、雨点小。通常而言，法律职业共同体的建立应体现为职业之间的相互流动——最主要指律师向法官的流动。实践中最多的是法官"下海"当律师，鲜少见到有律师去当法官的。

发生这种现象的原因何在？虽然国家统一法律职业资格考试已经实施多年，但这只是代表法律职业共同体的任职专业资格相同，由于各职业之间核心价值不一，职业流动受到巨大的阻碍。比如，律师职业的法律属性通常被定义成为当事人提供法律服务，这是不是律师职业的核心价值观？

日本《律师伦理》中要求律师认识到维护基本人权和实现社会正义的使命，并致力于这一使命的完成；律师要为司法制度的健康发展作出努力；律师要遵守信义，公正诚实地履行自己的职责；律师不得因诉讼的成败而影响对客观事实的探究。[1]从这些规定中可以看出，日本将律师的职业使命定义为"实现社会正义"，这一使命与法官的使命类似，难怪日本将律师又称为"在野法曹"，即不是法官的法官。

律师为当事人提供法律服务并非简单地利用娴熟的法律知识来满足当事人的要求，而是应当以诚实义务、真实义务为中心，维护当事人的合法权益。[2]由此可见，律师为当事人提供法律服务的表现是维护其合法利益，实质是维护法律的公平正义。律师如果没有领会这种本质，只求其表，稍不留神就会陷入犯罪的泥沼。

律师要做到这一点必须坚持真、善的本心，对于在法庭调查中法官询问的相关事实，代理律师要如实回答；如果不清楚的，要向当事人进行询问，不能由于对方没有相关证据就一味否认。事实问题一定要以当事人的意见为主，律师提供的是法律知识服务。有些律师对于相关事实一味否认，实际上，这种否认不见得就能维护当事人的利益。如果案件判决结果不利，当事人还可能就此埋怨律师。即使是案件达到理想结果，当事人也会不尊重律师。为何会出现这种情况？道理很简单，当事人会认为律师的获胜没有什么了不起，全部是依靠撒谎得来的。要说撒谎能力，和当事人相比律师并没有任何过人之处，当事人或许还看不上。所以，律师唯有秉持实现法律公正之目的，坚持实事求是，才能赢得当事人的尊重。即使案件判决结果不理想，当事人也不会甚或无权责怪律师没有说谎。

目前，法律职业共同体实现得比较完善的是仲裁员的选聘。由于不受编制的限制，许多仲裁机构愿意聘用具有一定实务经验的律师。以深圳为例，深圳共有律师1.9万余人，其中被选聘为深圳国际仲裁院的仲裁员的律师共有180人。这些律师裁决了诸多仲裁案件，是裁决仲裁案件的主力军。

1　[日]森际康友编：《司法伦理》，丁晓琪等译，商务印书馆2010年版，第328~329页。

2　[日]森际康友编：《司法伦理》，丁晓琪等译，商务印书馆2010年版，第44页。

从律师执业利益冲突规范的规定中，可以看出律师职业对法律价值的追求。《律师法》第39条规定："律师不得在同一案件中为双方当事人担任代理人，不得代理与本人或者其近亲属有利益冲突的法律事务。"律师在接受委托之后，不能代理对方当事人的法律事务，即使该事务丝毫不会损害委托方的利益。除了对律师职业有这样的立法规定之外，其他职业没有此等"殊荣"。虽然百事可乐禁止供应商同时向可口可乐供货，但这是基于市场地位当事人之间的约定；否则，商业行为并不受利益冲突规范的立法限制。相反，商业主体的利益最大化理所当然。

从其他国家的实践来看，美国律师分为私人律师和公职律师。私人律师可以自由开业，公职律师只能为政府部门、司法机关服务。[1]美国的法官在很大比例上曾有过私人执业的经历，并且在不能当选法官之后还可以再次开始私人执业。由此可以看出，美国法官与律师之间的职业流动没有障碍。德国的情况与我国类似，德国的司法官、检察官、州司法行政人员之间有着经常的流动，也有一些先从事上述工作，然后开始私人执业，但从私人执业转向法官和政府机构律师则少之又少。[2]

1　齐树洁主编：《美国司法制度》，厦门大学出版社 2010 年版，第 19 页。

2　[美]迪特里希·鲁施迪耶：《律师与社会——美德两国法律职业比较研究》，于宵译，上海三联书店 2009 年版，第 30~31 页。

从事律师职业必须具备的基本素养

律师以法律专业知识为当事人提供法律服务，实现公平正义的职业属性，这决定了律师必须具备以下基本素养：良好的心理素质，扎实的专业知识，良好的服务理念，公平、正义的法律精神，实现律师职业属性的基本技能——良好的书面以及口头表达能力。

第一节　与法同道

老子云："故从事于道者，同于道。""同于道者，道亦乐得之。"律师作为法律工作者，应秉持与法同道，唯有如此，才能在法律的海洋中畅游，法律也会给从业者相应的回报，两者相得益彰。

一、公平正义之心

法律从来就是实现公平正义的手段，而非实现非正义的方式。公正之心根植于每个人的内心，"不患寡而患不均"，历来如此。作为律师，更要秉持这种公正之心。在这种公正之心指引之下，就不会为拖延诉讼而故意申请管辖权异议；不会因为获得不法利益而虚假陈述，故意曲解事实与法律。这种公正之心还要求律师对工作的勤勉程度与收费的多少无关。

如果从不公正的角度解读法律，利用法律技术谋取不法利益，这样的初心最好还是尽早改变，否则出问题只是迟早的事。

二、恪守诚信

对当事人、对法官、对同事务必恪守诚信，切不可弄虚作假。律师职业是值得一辈子从事的行业，律师的工作事关委托人的生命、财产安全，很难想象一个不恪守诚信的人能干好律师工作，因为这样的律师得不到信任与尊重。

三、勤勉尽职

每个人都是自己生活的主人，有权利选择自己的生活方式，但崇尚慵懒闲适、自由随意生活方式的人不适宜从事律师工作。因为法律工作的时限性，要求律师必须马不停蹄；大量新颁法律需要律师认真学习；案件材料需要研读，类案需要查找：这些都需要律师勤勉尽职。

四、严格的自律精神

法律工作不同于流水线，没有前端工序催促，也没有后端工序推进，完全凭承办律师严格的自律精神。这种自律精神体现在律师工作的方方面面，从接受案件代理之初直至案件执行完毕，每一项程序都需要律师的自律。

案件委托以后，要及时撰写起诉状、证据目录等。立案后，还要及时催促法庭组织开庭。开庭后，还要催判决。判决出来以后，还要掐指计算生效日期，以便申请强制执行。这其中任何一个环节的耽误都会影响案件效率，稍有松懈，一项简单的工作就会耗时增倍，效率减半。

五、律师是智者的行业

反应迟钝、丢三落四的人无法面对错综复杂的法律服务事项，因为当事人委托的都是棘手的事务，律师必须能够从事实乱麻中精准分析案件的实质性争议，如此才能够解决问题。否则律师不但疲于奔命，还很难得到认可。

六、追求卓越

追求卓越之人最适宜从事律师行业，因为律师职业能够让人追求卓越，且必须追求卓越。且不说调节社会矛盾的法律充满争论，从案件中总结出令人接受的处理标准也绝非易事。"定分止争"在于"分"定得恰当，否则只会导致纷争。同时，唯有具备追求卓越之心，在办理案件时，才能够洞察案件证据的区别之处，才能不遗余力克服困难。抱着马马虎虎的态度干律师工作不但不可能干好，还可能引发代理事故，给律师的声誉带来极大的影响。

此外，律师工作具有很强的对抗性，如果对方比自己更追求卓越，在法庭上将会被对方逼得不知所措，毕竟"多算胜，少算不胜，而况于无算乎？"是颠扑不破的真理。

第二节　良好的心理素质

或许有人持不同意见：律师是以专业知识给当事人提供法律服务，又不是心理医生，心理素质和律师从业何关？实际上，心理素质与律师职业关系巨大。因为律师具有来自方方面面的心理压力，既有来源于自身的，也有来源于外部的；既有来自当事人的，也有来自执法机关的。

一、对律师行业的正确认识

（一）律师的收入特点

律师的收入并非人们想象的那么高，特别是初入行的律师，既没有案源，又没有独立办案能力，很难大幅度提高收入。律师收入的提高必须依靠积累，既是专业知识的积累，也是商业渠道、知名度的积累。即使如此，律师业务也不能保证逐年递增，疫情的出现使许多律师的业务量呈断崖式下跌。

近日，有报道称成都一名于 2019 年 7 月取得律师执业证的硕士律师，由于没有案源，经济拮据而入室行窃，被公安机关抓获后已经提起公诉。多年寒窗的法律工作者，最终却因区区几百元生活费而身陷囹圄，令人不胜唏嘘。

这就要求律师对收入要有客观认识：在前期普遍较低，在后期会逐年提高，但也不完全如此，这有很大的不确定性。这就要求律师应开源节流，切不可盲目提前消费，使自己陷入收入困境。

（二）对律师工作内容的认识

律师职业绝没有外表看起来那么绚烂，律师的工作一言以蔽之："忙碌"。这是由律师的工作特点决定的：有些案件对于对方提出的新证据以及法庭询问的问题，律师必须立即回复；为了达到"余温尚在"的最好效果，开庭后的代理词必须立即撰写。表面上看，律师拥有其他职业所不具有的自由；但从工作时间上而言，律师要比其他职业付出更多的劳动。而且，律师的劳动无法量化，一个案件研究内容的深浅只有自己知道。曾有一个上诉案件，笔者的团队提交的上诉状洋洋洒洒数十页；同类的案件，其他上诉方提交的上诉状只有一页，个中的差别与艰辛显而易见。

到点上班、到点下班，周末听风赏月，这种生活方式虽令人神往，但律师这个职业无法提供。不但对初入行的新人如此，对老律师也是如此。从事律师工作，要求律师每时每刻都认真对待案情，一丝不苟、全面研究方可沉着应对，而这都是建立在对案情的了解、对证据的研究、对法条的查阅、对判例的研读的基础上才能达到的结果。正如《诗经》所云，"战战兢兢，如临深渊，如履薄冰"。否则，一旦出现工作失误，律师不但需要赔偿，还会严重损害职业声誉。

何以解"忙碌"之苦？唯有以之为乐。在常人看来忙碌、枯燥、乏味的日常工作，律师却因解决当事人的愁苦、对法律适用的心得而乐，这种快乐无可替代。律师职业既可谋生，又可弘扬法律的正义，兼顾仰望星空与脚踏实地，拉近理想与现实的距离。

二、正确处理与当事人的关系

在某些程度上，当事人与律师是"一伙"的，但切勿据此认为双方的关系亲密无间，律师与当事人之间发生摩擦纠纷的不在少数。律师应当掌握处理与当事人关系的艺术，有些方面可以是"一伙"，如对当事人合法权益的维护、对事实客观的陈述，但并非全部，有些方面必须保持一定的距离。

（一）减少代入感

将心比心、感同身受在律师代理领域或许并不适用，理性、依法是解决问题的指导原则。尽管律师是代理人，但不是当事人，对当事人的境遇可以支持，但不能缺失法律理性。如果被代入感占据主导地位，律师变换为当事人，就容易导致极端事件的发生。

（二）对不法行为的制止

有些当事人为了获得对案件有利的结果，不惜通过各种途径寻求帮助。此时，律师必须通过专业分析对当事人的行为进行劝阻。律师可以从法律角度对相关事项进行判断，并告知当事人，如果案件本身有道理，当事人的行为可能适得其反；如果案件本身没有道理，再怎么公关都毫无作用。

有些当事人还以利益作为诱惑，怂恿律师共同从事不法行为。此时，律师必须头脑冷静，坚守立场。即使从利益的角度分析，与被吊销执业证，一辈子无法从事律师职业相比，这些眼前的利益也微不足道。

从海南省高级人民法院原副院长张家慧案件中不难看出，那些通过行贿手段一时获得有利判决的案件，随着副院长的落马，必将重启审判之门。

（三）如何处理当事人的"说谎"

当事人有时陈述的事实仅是"主观事实"——并非客观事实。比如原告起诉要求被告归还借款，被告告知律师没有该笔借款的存在。实际情况是并非他没有借原告的款项，而是以后期工程款抵销了，因而无须归还。当事人仅从结果角度进行陈述，如果不仔细询问还以为原告捏造事实、伪造证据提起虚假诉讼。

还有类似的情况，比如原告起诉要求被告偿还工程合同保证金，理由是被告称有工程发包给原告，要求原告缴纳保证金，后被告并未将该工程委托给原告，故而要求被告还款。令人哭笑不得的是被告在开庭时拿出了双方签署的《劳务分包协议》。实际情况是被告确实是将工程分包给了原告，双方签署协议以后，被告单方要求降低收费标准，由于没有就此达成一致协议，双方解除了分包协议。在原告看来，协议解除了，就是没有将工程委托给原告。原告从结果的角度对律师进行陈述，没有从事实的角度进行全面陈述。

为避免这些情况的发生，律师需要在完成前期工作时认真、仔细。同时，即使临时发现这些问题（比如在开庭过程中），也不可相互埋怨，而应当沉着面对。

（四）当事人拖欠律师费

律师费是律师劳动的价值体现，是律师养家糊口的生活来源，其重要性不言而喻。律师维护当事人的合法权益，首先得有能力维护自己的合法权益，一个连自己的合法权益都无法维护的律师很难真正维护当事人的合法权益。因此，律师应妥善处理收费事宜。

一般来说，律师收费的"风险"来自"风险代理"，即其他诸如咨询以及前往当事人处协商案件等事项没有收取到合理费用。这些问题是律师初期执业必须面临的。这是由于案源的匮乏，律师希望通过一定的前期付出，以此获得当事人的委托。随着从业时间的推移以及业务量的增大，这些问题将迎刃而解。

有些律师对于风险代理中的"风险"含义并没有真正领会，导致自己陷入收不到律师费的"风险"中。事实上，风险的直接含义是指就特定类型的案件（劳动、婚姻、抚养、刑事等案件除外），当事人与律师约定，实现一定的目的方才收取律师费，否则不收取律师费。收取包括两种情况：一种是预收，根据办案结果进行核算，多退少补；另一种是不预收，根据案件办理结果支付。显然，风险来自后者。因为有些当事人在实现诉讼目的后，不尊重律师的劳动，想方设法不交律师费，律师的风险由此产生。

由此可见，律师可以承担的是委托目的不能实现的风险，不能亦不应承担当事人不付款的风险。对于这类风险，应通过当事人预付律师费的方式予以免除。但当事人不愿意支付预付款，或者没有能力支付预付款，而律师又希望得到委托，这种情况该如何处理？针对这种情况，律师要判断当事人不支付预付款的情形属于前者还是后者。如果是前者——有付款能力但不愿意支付，这样的委托还是不接受为好。因为这样的当事人其行为背后的价值观是风险转嫁，不是风险共担，即使实现约定结果，对方依约支付律师费的可能性也不大。如果是后者，律师接受委托的前提至少是应约定对方承担相当比重的违约责任，如果对方不接受，尽量不要接受委托。

三、妥善处理与司法机关工作人员的工作关系

基于我国多年封建社会的传统，律师和司法机关的工作人员在互动过程中，免不了在一定程度上发生理念冲突。理想的解决方式是不要纠缠细节，以解决问题为导线。因为有些问题随着时间的推移、制度的建立将迎刃而解，依靠一己之力改变现状无异于蚍蜉撼树；同时，还偏离了律师工作的实质。

（一）律师的"三不"待遇

大多数律师在与司法机关工作人员联系工作时，普遍遭遇"三不"待遇——态度不尊重，观点不采纳，电话打不通。以前形容政府机关门难进、脸难看，现在大有改观，特别是为了发展地方经济，为吸引客商，地方政府行政面貌焕然一新，基本改变了原来的工作作风。司法机关虽然也有改善，但不够显著，与人民群众的要求尚有一定差距。

在与法官进行联络时，亦应采用合适的方法，避免因沟通而产生误会。基于个人信息的保密，法院一般仅公示法官的座机，没有手机联系方式。而由于法官肩负开庭任务，有时律师与法官联系时，凑巧法官不在办公室。这种情况与法官故意不接电话不可相提并论——后者即使存在，也是法官为了避免工作被无休止地打搅。这种情况下，应一并使用电话或快递等其他联系方式，争取最大限度的沟通。

（二）调整心态，妥善应对

司法机关工作人员的态度具有普遍性，这种普遍性有其深层次的原因，不但源

于制度，还源于人性。

首先，法官的专业水准普遍比执业律师高。或许有律师对此有不同意见，认为律师和法官都通过国家统一法律职业资格考试，律师的专业水准接受当事人的检验，怎么可能比法官低？

从成功律师的标准看，成功律师不仅是专业过硬，还能提供满足当事人要求的服务。专业知识水平高，但欠缺服务精神的律师是难以获得当事人好评的。法官则不同，对法官的考量因素非常纯粹——法律专业知识，与其他无关。

从专业角度考量，现实社会不乏专业的律师，但更多的是专业法官。许多法官能出版多本个人专著，中国律师中有此等成就的人员寥寥。造成这种状况的原因不仅仅是律师的生存压力大，还在于法官对法律具有更深层度的思考。由于法官掌握着审判权，这促使法官从更高层次实现法律的公平、正义。法官可以接触大量案例，深圳地区基层法院的法官每年审理案件的数量高达 400 余件（除非批量案件，律师每年代理的案件数量很难破百），丰富的案例使法官具有更广阔的视野，这些都不是律师可以比拟的。

从法官遴选以及考核、晋升的角度进行比较，律师从业者显得门槛比较低。现实情况也是法官队伍在专业训练、职业规范方面的考察情况要优于律师，后者基本靠自觉。

其次，法官手握审判权。权力的外在表现即是不容侵犯。且法官自有一套裁判规则，只要法官对案件的判决没有徇私枉法，案件即使判决错误，法官亦不会被追责。

从职业定位角度，法官立足于公正审判，而律师大多为了实现当事人权益。即使有"合法性"作为共同的制约因素，有些律师出于侥幸或对诉讼目的的过于追求，也不惜曲解事实和法律。

这种专业性以及掌握审判权、职业定位等因素，使得法官难以从平等的角度来看待律师。从全世界的角度考察，法官的地位也是普遍高于律师的。因此，态度问题只会影响心情，不会影响结果，律师强求态度，无异于舍本逐末。许多从法院离职从事律师职业的法官都能够顺利进行角色转换，作为普通律师更应调整心态，妥善应对。

四、理性面对"不满意"的司法裁决

世界上任何一份裁决，基本上都很难做到令各方真正满意，即使双方都没有上诉。最大的限度是双方对于裁决内容均予接受——定分止争，各方都不再向对方主张权益。对于因裁决错误而令人不满的案件，如何正确处理非常重要。处理得当既可以实现当事人的诉讼目的，又可以避免案件的发展误入歧途。

笔者曾经代理过一个案件：原告曾为公司员工，双方因履行"解除劳动合同协议"而发生纠纷。原告认为，公司没有履行双方解除劳动合同时签署的协议，故而起诉公司。公司收到原告的起诉状后立即提起反诉，也认为原告违背该协议，同时还主张该协议的签署系原告欺骗公司，已经收取的款项应当退还，可见被告的反诉也是依据双方在原告离职时签署的协议。一审法院对于被告的反诉裁决不予受理。当事人收到法院的裁定书后非常不满，认为法官不予受理的裁定存在问题。因为，根据反诉的立法规定，反诉受理条件是与本诉有牵连，而本案被告反诉基于的协议与原告起诉的完全相同，系同一事实，为何不予受理？特别是在当前实行立案登记制的模式下，根据"举重以明轻"的法律原则，对被告的反诉不应过于苛求。同时，案件还没有审理，怎么知道与本诉没有牵连？

尽管笔者也有诸多不满，但基于对裁决的尊重，并没有采取其他措施，而是写上诉状。因为根据《民事诉讼法》第157条的规定，对不予受理的裁定可以上诉。但上诉状交到法院之后，被告知反诉不予受理的裁定不得上诉。此时，当事人对法院裁决的不满加剧。

为了增加说服力，笔者提供了反诉不予受理可以上诉的裁判文书，但一审法院不为所动，丝毫没有收取上诉文书的余地。无奈，笔者只能根据法律规定向中级人民法院信访，要求监督。此时，有经验的法官才告知，要笔者理解一审法院的操作依据，因为根据最高人民法院发布的《民事诉讼文书样式》，对反诉不予受理的案件，一审法院没有被赋予上诉权，故此不予受理笔者的上诉。二审法院同时承认，这确实与立法规定有冲突之处，导致在司法实践中操作不一，有些法院可以上诉，有些法院不受理上诉。这也就是笔者可以查找到上诉裁定书的原因。

根据这一提醒，笔者通过查找发现了类似样式：

××××人民法院

民事裁定书

（××××）……民初……号

反诉人：×××，……。

……

（以上写明反诉人及其代理人的姓名或者名称等基本信息）

××××年××月××日，本院收到×××的反诉状。反诉人×××向本院提出反诉请求：

1.……。

2.……（明确原告的诉讼请求）。事实和理由：……（概述原告主张的事实和理由）。

本院经审查认为，……（写明对反诉不予受理的理由）。

依照《中华人民共和国民事诉讼法》第一百一十九条、第一百二十三条，《最高人民法院关于适用〈中华人民共和国民事诉讼法〉的解释》第二百三十三条规定，裁定如下：

对×××的反诉，本院不予受理。

审　　判　　长　　×××

审　　判　　员　　×××

审　　判　　员　　×××

××××年××月××日

（院印）

本件与原本核对无异

书　　记　　员　　×××

【说明】

1. 本样式根据《中华人民共和国民事诉讼法》第一百一十九条、第一百二十三条以及《最高人民法院关于适用〈中华人民共和国民事诉讼法〉的解释》第二百三十三条制定，供第一审人民法院对反诉人的反诉经审查认为不符合反诉条件的，裁定不予受理用。

2. 案号适用本诉案号。

3. 首部中不列被反诉人。

4. 反诉的当事人应当限于本诉的当事人的范围。反诉与本诉的诉讼请求基于相同法律关系、诉讼请求之间具有因果关系，或者反诉与本诉的诉讼请求基于相同事实的，人民法院应当合并审理。反诉应由其他人民法院专属管辖，或者与本诉的诉讼标的及诉讼请求所依据的事实、理由无关联的，裁定不予受理，告知另行起诉。

5. 本裁定书只送达反诉人一方。

尽管笔者不认为文书样式可以改变法律规定，毕竟这一发现为一审法院的行为找到了注脚。

事情发展到这种程度，笔者认为再纠结如何处理将毫无意义。因为这涉及更深层次的原因，比如从主审法官的内心，为何愿意适用这条规定？在适用该规定时，又如何平衡当事人诉权与提高审判效率的关系？是推卸责任的官僚主义，还是确实就如此认为？所幸二审法院同意进行协调。作为律师，在有限的资源内穷尽所有的法律措施，既忠人所托，又尽己之力。基于"让审理者裁判，让裁判者负责"的理念，从尊重法庭和服从管理的角度，[1]律师要学会与程序和解，即使没有达到目的。对于有意向推动司法进步的律师，可以借助这个机会向最高人民法院提出相关建议，请求对这种行为进行规范。

鉴于上述情况，相对于其他职业而言，律师需要承受更大的心理压力。律师要善于排解不当情绪，具备良好的心理素质是顺利从事律师职业的前提。

第三节　卓越的专业知识

律师既然要向当事人提供法律服务，具备专业知识自不待言。法官根据逻辑三段论判决案件，其中大前提就是相关的法律规范——法律专业知识。[2]律师不掌握法律专业知识，根本无法与法官对话，遑论说服法官和为当事人提供法律服务？

2021年9月30日，最高人民法院、最高人民检察院、司法部联合发出《关于进一步规范法院、检察院离任人员从事律师职业的意见》，主体包括"从各级人民法院、人民检察院离任且在离任时具有公务员身份的工作人员。离任包括退休、辞去公职、开除、辞退、调离等"。从意见发布的宗旨看，是为了"防止利益输送和利益勾连，切实维护司法廉洁和司法公正"。从效果上看，这些文件的发布实际上是从源头上净化法律服务市场，排除不正当竞争关系，使法律服务市场更加公平，凸显专业知识的重要性，这对于广大律师而言是重大利好。2021年12月8日，最高人民法院颁布《法官惩戒工作程序规定（试行）》（法〔2021〕319号），这是继规范离任司法人员之后对在任人员的规范。

建立公平的法律服务市场以后，卓越的专业知识是律师的核心竞争力，每位律

1　许身健主编：《律师执业伦理》，北京大学出版社2019年版，第41页。

2　梁慧星：《裁判的方法》，法律出版社2019年第3版，第5~8页。

师应捕捉到这种时代变化，努力提高专业知识。

一、专业知识的内容

由于律师工作的特定性，律师专业知识的内容主要指对各类法律规范的娴熟运用。从通常角度考察，在法律职业共同体内部，其他任何主体对法律专业知识的了解都不如法学院的学者，因为学者可以从研究的角度考察法律规范产生的历史、现状以及未来的发展趋势。与此同时，学者还可以从比较的角度考察各国的立法情况。但作为法律适用，法官应且仅应适用本国现行有效的法律规范（法律特别规定除外）。学者对相关法律问题的研究有利于法律适用，但不具有绝对的关联性，著名的学者在从事律师工作时不见得一定是佼佼者。

律师对专业知识的娴熟运用不仅包括实体法还包括程序法，作为诉讼律师，两者的重要性不分伯仲，后者甚至更具有实操性。此外，还要特别注重对案例的研究。律师应时常关注最新案例，特别是最高人民法院不时发布的指导案例。截至 2022 年7 月 6 日，最高人民法院已经发布了 185 个指导案例。虽然我国是成文法国家，但为了保持法律适用的统一性，在生效判决中已经形成的裁判规则对其他案件具有参考作用。为此，最高人民法院还颁布了《关于统一法律适用加强类案检索的指导意见（试行）》《统一法律适用工作实施办法》（法〔2021〕289 号），其中特别规定："待决案件在基本案情和法律适用方面与检索到的指导性案例相类似的，合议庭应当参照指导性案例的裁判要点作出裁判。"

二、好之、乐之的学习态度

不得不承认的是，人类个体的多元化构成了世界的丰富多彩。不同的人有不同的喜好，比如有些人喜欢绘画，有些人喜欢音乐，有些人喜欢建筑艺术等。在某些人看来枯燥无味的事，对他人而言却是趣味无穷。正所谓我之饴糖，彼之砒霜。对法律亦是如此，每一份法院判决都是依据法律规范作出的。法律、法规是法律人进行对话的独特语言，是说服法官、战胜对方的唯一依据。因此，对法律规范的精通是律师卓越专业知识的首要内容。

如何达到对法律专业知识精通的境界？"知之不如好之，好之不如乐之"，唯有从内心热爱法律，以学法、用法为乐，方能在学习法律的世界中愉快地徜徉，从而精通法律规范。

三、勤奋刻苦的学习精神

我国立法呈现"双快"的特点——新法颁布速度快，法律修订速度快。这一特点要求我国律师必须具有更加勤奋的学习精神，否则就掌握不了新颁布或新修订的法律，从而难以为当事人提供服务。自从我国实行改革开放政策以来，市场经济取代了计划经济。市场经济的发展必然带来平等民事主体之间的利益冲突，此时必须要依靠法律规范而不是行政手段解决各方的纠纷。与这种趋势相适应，在改革开放以后的四十余年，我国加快各项立法速度，从无到有，从粗糙到精细，我国法治建设得到了飞速发展。2011 年 3 月 10 日，在十一届全国人大四次会议上，全国人大常委会委员长吴邦国同志对外宣布，一个立足中国国情和实际、适应改革开放和社会主义现代化建设需要、集中体现党和人民意志的中国特色社会主义法律体系已经形成。律师要精通这些法律、法规，必须刻苦、勤奋地学习。意大利甚至将律师的持续学习规定到《法律职业伦理法典》中，其第 14 条、第 15 条规定，对于专业服务，律师必须确保有相关知识、能力，否则不得接受委托；律师应保持不断地学习，提升专业知识。[1]

四、永远保持对新事物的探索之心

如果说法律还存在一定程度的理想，律师工作从来没有脱离现实。随着科学技术的飞速发展，人类社会正在发生翻天覆地的变化。比如，互联网的发展正在快速改变人们的交易方式。数千里外售卖的货物，可以通过微信直播面向全世界。人们的交易不再受时空限制，田间地头都可以作为交易地点。在这种情况下，平台制定的交易规则对双方具有何种程度的约束力？此外，随着信息技术的高度发展，商家为了精准营销收集个人信息，对个人信息如何保护是我们法律人应当考虑的问题。

这是由律师的工作特点决定的。在外人看来，律师的工作貌似非常自由，只要不开庭，想什么时候去上班就什么时候去。其实这只是表示律师的上班时间比较自由，但要说律师工作轻松，那是对律师工作的误解。"一入侯门深似海"，踏入律师之门后，此生只能与松懈、慵懒绝缘。顾问单位发生突发事件的时间绝不会避开律师的节假日，对案件的研究永无止境，这些都需要律师投入战斗。

律师对案件的研究永无止境，无论投入多少时间、精力都不为过。唯有投入充

1　巢容华主编：《法律职业伦理》，北京大学出版社 2019 年版，第 162 页。

足的时间，才可能从证据材料中研究出对当事人有用的内容。对于证据材料，要逐字逐句进行考察，读懂含义。对于条款之间的关系，应遵循特别条款优于一般条款的适用规则。由此可见，投入研究的时间越多，收获必然更多，在开庭时越能沉着应对。

五、必备的团队组合

中国的许多律师习惯单兵作战，而且单兵作战的能力非常强。"万金油"式律师的称谓，既是律师专业性不明确的贬义词，也是律师专业知识广泛性的褒义词（尽管专业深度不够）。实际上只要转变一下思维方式，将"万金油"式律师进行组合，这样的律师团队会脱胎换骨，变成真正的"万金油"式律师团队。

组建律师团队有如下优势：

（一）专业优势

个人精力的有限性决定了每个律师即使穷尽一生，也只可能在某一领域内达到很高的造诣，不可能面面俱到。而这种专业性实际上限制了律师的发展，因为案件不可能按照律师的专业特点而发生。纠纷的发生往往掺杂多个专业领域，比如刑民交叉，各个部门法之间的交叉，社会生活的复杂性使这种掺杂趋势更为剧烈。唯有组建团队，利用各个人的所长，组成团队所长。

（二）时间优势

由于每个律师都有出庭安排，单打独斗的律师在开庭时无法与客户联系，此举必然降低客户的服务体验感。团队的好处是客户可以和团队的其他成员联系，随时获得法律支持。

（三）案件会诊

理不辩不明，一个优秀的律师团队秉持的应当是"分工不分家"的工作原则。参考医院对疑难杂症患者进行会诊的医疗服务方式，面临复杂的案件问题，主办律师同样可以提出"会诊"申请，由团队成员随时进行研究。这种相互启发式的案件"会诊"特别能够激发新思路，使问题得到别样的解决路径。

六、法律人的书单

"问渠那得清如许？为有源头活水来"，南宋理学大师朱熹将读书视为获得知识的源泉——读书犹如使池塘清澈的活水。牛顿亦曾说过：如果说我看得比别人更远些，那是因为我站在巨人的肩膀上（If I have seen further, it is by standing on the shoulders of giants）。可见，知识的获得与读书——学习他人的研究成果密不可分。法学作为一门社会学科，不同于自然科学，对基本原理的解读均来自人的主观认识。因此，通过阅读研究、学习各种学说尤为重要。法律又与历史、哲学密不可分，法律人阅读的书目不但数量要大，而且范围要广。

除通读法学教科书之外，《论法的精神》《社会契约论》《致年轻律师的一封信》《洞穴奇案》《乡土中国》《木腿正义》《送法下乡》《法的门前》《政法笔记》《法治及其本土资源》《制度是如何形成的》《法律稻草人》《法治的细节》《批判官员的尺度》《谁来守护公正》《苏格拉底的审判》《从卢梭到尼采》《民法学说与判例研究》，这些书籍的阅读对于开阔视野、启发思维具有很大帮助。

然而，人的时间是有限的，在有限的时间里如何读好书、读值得的书是提高读书效率、快速获得知识的关键。此时，一份有效的书单对指导法律人阅读尤其重要。

（一）法律专业书籍

1. 法学教科书

教科书具有知识通俗易懂的优点，且大多数教科书已经出版多个版次[1]，经作者多年修订，内容日趋完善；特别是结合我国新颁法律，教科书会进行相应的修改，因此，即使从法学院毕业，仍应时常翻阅最新版的教科书。为加强理解，可以考虑比较阅读不同学者的书籍。

2. 法哲学书籍

为强化对法律的适用，从法条开始学习法律是最有效的学习方式。与之相伴的不利因素必然是粗知法条，对制订法条所依据的价值观知之甚少，这不利于对法条的精准理解运用。法哲学书籍可以很好地弥补这种缺陷，可以更好地理解公平、正义。所以，多阅读法哲学类的书籍很有必要。

3. 法制史

法律是国家产生的标志，伴随着国家的产生而产生，因而具有悠久的历史。学习法制史可以更清晰地了解法律发展的脉络，了解法律适用的具体内容以及发展趋势。

4. 各类法律职业者的著作

尽管"同案同判"是法律正确适用的标志，最高人民法院为此还出台了《统一法律适用工作实施办法》，成立了新机构——统一法律适用工作领导小组，但在法

1　齐树洁教授主编的《民事诉讼法（厦门大学出版社 2019 年版）》已经出版到第十三版。

律职业共同体内，不同视角对法律现象的解读确实存在差异。剔除人为因素，法律尺度的把握具有一定的主观性。阅读法律职业共同体——法官、检察官、律师的著作，有利于从不同角度全面理解案件的代理、审判的路径，可以提高对案件解读的全面性、专业性。比如深受律师尊重的邹碧华法官，律师阅读他的著作《要件审判九步法》，可以了解法官如何审理案件，便于更好地与法官沟通。[1]

5. 诉讼心理学类的书籍

基于中国传统的无讼文化，以诉讼方式解决纠纷是双方矛盾不可调和的结果。了解双方诉讼心理，对于辨识虚假诉讼，促进双方和解具有积极意义。[2]

（二）其他类别的书籍

其他类别的书籍是指内容系非法律专业的，但作为法律从业者必须阅读的书目。阅读这些书籍可以更好地理解纠纷产生的原因以及解决路径。同时，有些书籍还有利于法律人的心理建设，可以协助法律人更好地开展工作。严格地讲，法律人读法律书籍不叫读书，只有阅读非法律书籍才叫作读书。可以毫不夸张地说，法律人的书房应当是最庞杂的。唯有如此，才能掌握法律的精髓，否则就会陷入机械的法条主义。难怪美国大法官霍姆斯会发出"法律的生命不在于逻辑，而在于经验"（The life of the law has not been logic , it has been experience）的感慨。

对于法律人需要阅读的书籍，许多法学教授开列了专门的读书清单，其中澳门科技大学的黎晓平教授开出的书单极具特色。除中外法学大家的著作之外，黎晓平教授特别推荐大家阅读我国古代经典，包括《论语》《孟子》《大学》《中庸》《荀子》《韩非子》《老子》《庄子》《史记》。对于阅读的理由，他给出的答案则更为经典——这些古代的书籍，历经数千年仍在流传，就证明了它们的旺盛生命力和可读性。

1. 我国古代经典

在我国古代，"四书"曾经具有至高无上的地位，是读书人谋取功名的法宝，是中华文化必不可分的内容。正是由于这种文化传承，中国人无论走到哪里都能相互找到认同感。

由于八股文科举考试的弊端，"四书"被蒙上说教、僵化、守旧、愚民的负面标签。诚然，这些书籍中确实有不合时宜之处，但科举考试的内容与我国古代教育以

1　邹碧华：《要件审判九步法》，法律出版社 2020 年版。

2　邹碧华主编：《法庭上的心理学》，法律出版社 2019 年版。

及自然科学发展的欠缺密切相关，不能将过错全部归结于"四书"。"尽信书，不如无书"，"四书"中的许多思想至今不乏闪光之处。

《论语》是儒家经典，位居"四书"之首，集儒家思想之大成。虽然只有短短一万余字，但对中华民族的影响深远，是每个中国人的行动准则，每个炎黄子孙身上都流淌着儒家之血。历代对《论语》均给予了很高的评价，被冠以"半部《论语》治天下"。《论语》不但在中国影响深远，对日本等其他国家也极具影响力。至今，日本中学生的汉文课仍将《论语》中的部分篇章作为必背内容。[1] 日本有不少学者专门研究《论语》，出版有多种书籍。"不知礼，无以立"，至今，对于礼的重要性的解读无出其右；"君子不器"是培养综合性人才的最早宣言；"听讼，吾犹人也，不如无讼"是我国无讼文化的起源；"有教无类"是各阶层人士获得受教育机会的通行证；"君子可欺不可罔"很好地区别了可欺与不可欺；"知之不如好之，好之不如乐之"，以此预测法律人在法学领域的成就再合适不过了。《孟子》主张的"徒善不足以为政，徒法不足以自行"，不但是对于"法""政"关系的最佳解读，还包括对于执政之人、司法之人重要性的期待。此外，阅读《大学》《中庸》《易经》《荀子》《韩非子》《史记》《老子》《庄子》等书籍，可以极大地滋润法律人的身心。

2. 企业管理类书籍

尽管律师不是企业管理者，但为企业提供法律服务是律师日后的重点工作内容之一。因此，阅读企业管理类书籍，了解企业管理架构，可以有效地为企业提供法律服务。比如常见的合同审查，初入行的律师很难下手，除了审查管辖、合同有效性条款之外，不知道如何提出审查意见，出于无奈，往往只能单纯考虑法律因素，以法律标准考量合同条款。殊不知，企业合同是市场行为，而市场行为不仅体现公平合理，还体现市场地位。一般而言，企业在采购合同中的话语权要比销售合同大，具有市场强势地位的一方占有更多的主动性。律师如果一味强调法律的公平、合理，则企业可能丧失商业机会，有违法律服务的初衷。当然，市场地位并不是一成不变的，而是随着合同履行的推进，双方地位会发生此消彼长的变化。比如具有市场优势地位的一方存在违约，会使另一方转变为主动。此时，律师应准确捕捉到这种市场地位的变化，在补充约定中设计对守约方有利的条款。

---

1 [日]宫崎市定：《宫崎市定读论语》，王新新译，广西师范大学出版社 2019 年版，第 411 页。

3. 不断丰富阅读的书目

法学学者推荐的书目都是基于与其相关的研究领域，从书目内容上与律师当前的工作或感兴趣的内容难以匹配，如何不断丰富自己感兴趣领域的阅读书目？有一个简易的方法。搜寻相关领域的文章，关注作者引用的书籍，在这些引用的书籍中可以选择到有阅读价值的书目。

第三节　优秀的文字表达能力

美国总统林肯强调，书写是人类最伟大的发明之一，没有书写就没有世界文明。人类能够书写以后，重要的发现就可以被书写、理解、思考和被传播。[1] 书写是最简单、有效的记录方式，书写的文字可以传播千年之久、万里之遥。如果没有书写，我们就不可能继承古代的思想、技术，当今世界可能还是一片荒芜。春秋战国时期法家代表人物韩非，虽然有口吃的缺陷，但善于著书立说，洋洋洒洒十余万言。《论语》也不过才一万余字。在那个用竹简写字的时代，这是多么伟大的工程！以至于秦始皇在看到韩非的文章后，不由得感叹："寡人得见此人，与之游，死不恨矣。"秦始皇正是在采纳韩非的法家思想，最终灭六国，统一天下。可见书写对于思想的传播是多么重要。

对于律师而言，向委托人出具法律意见，起草起诉状、撰写代理词、辩护词，无不运用到书写能力。律师书写的法律文书是指律师在工作过程中，为了陈述法律意见，依据事实和法律而出具的法律文件。律师书写的法律文书职能很明确，就是使对方能够接受法律文书中的观点。为了提高阅读对象的接受程度，律师书写的法律文书必须言之有据（法律依据），行文流畅、逻辑清晰自不待言。法律文书不同于法律论文，要得到法官采纳必须要有法律依据，而非自成一说，故此，法律文书切忌自说自话。可以毫不夸张地说，说服力是法律文书的生命力，书写能力是执业律师的核心竞争力。

一、求其上的工作态度

律师书写法律文书，不能仅以表达清楚意思作为标准（这仅是最低标准），而

1　[美] 亚历山大·波拉塞、瑞贝卡·特雷曼编：《牛津阅读手册》，陈明瑶、程甜译，商务印书馆2021年版，第3页。

应当以追求卓越，能够最有效地表达意思作为标准。最有效的表达包括完整、效率地表达，即以最简短的方式全面表达含义。这一点对于诉讼法律文书极其重要，因为无论案件多么复杂，审判人员已经归纳出一套行之有效、规范简洁的审判方式（比如邹碧华法官总结的《要件审判九步法》）：通常法庭会归纳案件的争议焦点，原、被告各方针对案件争议焦点发表法律意见。多余、冗长的法律意见会稀释对审判人员的说服力。这就要求律师在书写法律文书时字斟句酌，以诗句"鸟宿池边树，僧敲月下门"的推敲精神对待法律文书的书写。

或许会有人提出怀疑，认为如此认真是多此一举，因为审判人员并不知道代理律师的字斟句酌，无论律师多么认真，审判人员只注意看清主要意思，至于表达方式之间的细微差别，那是律师的事，审判人员未必能够感同身受。提出这种疑义的不乏其人，不但包括律师同人，甚至还包括司法工作人员。毫无疑问的是持这种观点者所述属实，即使如此，我们仍应秉持这种认真的精神。"求其上，得其中；求其中，得其下"，以一种马马虎虎、说得过去的态度书写法律文书，难免漏洞百出。

二、开门见山的表达方式

审判人员时间有限，法律文书陈述的观点不宜采用悬疑小说的创作方式——千回百转之后才发现事实的真相，而应当秉持"开局就是决战"的精神，开篇就亮明观点。开门见山的表达方式有利于以最快的速度传递信息，在答辩状或上诉状中，这种表达方式尤其适用。

为便于审判人员快速了解被告的答辩意见，律师在起草答辩状时，在前言部分应对原告的起诉做一个整体的回应，让审判人员形成一个整体概念。这是由审判程序以及阅读特点所决定的。

从审判程序的角度，原告起诉能否获得法庭支持由审判人员决定。审判人员判决案件不是盲目决定，必须依靠一整套的审判规则，这样方可避免错案。依据审理程序，被告答辩是对原告起诉内容的回应，这样的程序设计有利于审判人员兼听则明，所以对于被告的答辩意见，审判人员往往会比较重视。对判决书的格式以及内容进行考察，答辩意见是判决书必须记载的内容。

以中国裁判文书网公布的最高人民法院最新作出的二审判决（亚拓士软件有限公司、娱美德有限公司、上海时与光网络科技有限公司、上海时光科技股份有限公司侵害计算机软件著作权纠纷民事二审纠纷案）为例。[1] 该判决书主文第二段和第三段分别记录了上诉人的上诉意见以及被上诉人的答辩意见。

亚拓士公司上诉请求：

1. 撤销中华人民共和国上海知识产权法院（2018）沪73民初2号民事判决（以下简称原审判决）；

2. 改判支持亚拓士公司的全部诉讼请求。事实和理由：（1）娱美德公司在签署《MIR2手游许可协议》（MIR2 MOBILEGAMELICENSEAGREEMENT，以下简称涉案合同）前向亚拓士公司发送的邮件中，隐瞒了交易相对人信息，亚拓士公司在回复邮件中明确表达了要求知道交易相对人信息的意愿及理由。娱美德公司与时与光公司签订涉案合同六天后才向亚拓士公司提供涉案合同文本，随后亚拓士公司多次发送邮件表达了抗议。（2）本案中亚拓士公司主张的权利基础是游戏软件，包含软件代码，但在判断网络游戏改编权侵权时不应仅仅审核代码的相似度，娱美德公司擅自授权时与光公司进行改编的行为，所形成的改编作品（被诉侵权的《最传奇》游戏）中必然涉及原游戏软件中相关文档资源库素材（包括美术素材、文字等）的使用，此种素材的关联性才是给游戏玩家带来两款游戏之间存在直接关联和传承这一感受的根本原因。游戏软件不仅仅包含源代码，游戏软件文档的资源库侵权也属于计算机软件侵权。（3）亚拓士公司主张娱美德公司违法对《传奇2》游戏软件的著作权进行对外授权，该行为属于著作权侵权。原审法院对《中华人民共和国著作权法实施条例》（以下简称《著作权法实施条例》）第9条的理解及适用均存在重大错误。根据该条规定，共有权人协商一致行使权利是一般情形，是常态；只有在充分协商又不能协商一致的情况下，才考虑单独行使的可能性，故共有权人之一单独行使著作权是例外，对该种情形的适用需要特别谨慎。原审法院对娱美德公司与亚拓士公司之间沟通是否构成有效协商未作认定，而直接跳到例外情形讨论亚拓士公司是否有合理的理由拒绝娱美德公司的授权，适用法律有误。同时，娱美德公司对外授权亦不符合上述规定，其并未与亚拓士公司协商，而仅仅是通知。（5）亚拓士公司有充分理由拒绝娱美德公司在中国大陆单方行使著作权授权。（6）娱美德公司单方对外授权的行为给亚拓士公司带来了巨大的损失，不仅扰乱了现有的市场秩序，

1　中国法律文书裁判网，https：//wenshu.court.gov.cn/website/wenshu/181107ANFZ0BXSK4/index.html?docId =780295116ee04e5682b1ae1501175e2d，2022年1月17日最后访问。

还将贬损《传奇2》IP的价值，造成金钱难以弥补的损害。

娱美德公司辩称：原审判决认定事实清楚，适用法律正确，请求驳回亚拓士公司的上诉请求。

事实和理由：（1）娱美德公司与时与光公司签订涉案合同前已将相关信息发送给亚拓士公司，之所以隐瞒交易相对人信息是因为此前亚拓士公司在知晓交易相对人后多次阻碍合同的签署。（2）判断是否侵犯计算机软件著作权应审查软件代码，亚拓士公司在原审庭审中亦认可并主张本案中请求保护软件代码，游戏软件中形成的动态画面等不应成为本案审理范围。（3）娱美德公司为涉案软件著作权的共有权人，有权对外授权。

时与光公司辩称：原审判决认定事实清楚，适用法律正确，请求驳回亚拓士公司的上诉请求。娱美德公司有权对外授权，其与时与光公司签订的涉案合同有效，时与光公司并无侵权行为。

时光公司辩称：原审判决认定事实清楚，适用法律正确，请求驳回亚拓士公司的上诉请求，其他辩论意见同时与光公司。

上诉人在撰写上诉状时同样要秉持这样的表达方式。代理律师应当在上诉状的前言中开宗明义地指出不服一审判决的哪项内容，并简明扼要地陈述理由，引用法条。在引用法条时，应根据上诉请求的具体内容有针对性地选择适用《民事诉讼法》第177条的相关内容。[1]

三、逻辑清晰的特别要求

逻辑（logic）指的是思维的规律和规则，通俗地说就是道理。法律文书要求逻辑清晰是指法律文书中的主张有相应的事实和依据，这是由法律文书的职能决定的。符合逻辑的法律文书令人容易接受，说服力强，能够更好地实现法律文书的说理性职能。

法律文书中的主张应紧密围绕争议焦点，与争议焦点具有关联性。有些情况下，

---

1 《民事诉讼法》第117条：

第二审人民法院对上诉案件，经过审理，按照下列情形，分别处理：

（一）原判决、裁定认定事实清楚，适用法律正确的，以判决、裁定方式驳回上诉，维持原判决、裁定；

（二）原判决、裁定认定事实错误或者适用法律错误的，以判决、裁定方式依法改判、撤销或者变更；

（三）原判决认定基本事实不清的，裁定撤销原判决，发回原审人民法院重审，或者查清事实后改判；

（四）原判决遗漏当事人或者违法缺席判决等严重违反法定程序的，裁定撤销原判决，发回原审人民法院重审。

单一主张可以证明诉讼请求的成立（或不成立）；另外一些情况下，必须多个主张方能达到前述结果。

以股东损害债权人利益纠纷为例，股东答辩认为股东并未损害债权人利益，股东已经履行出资义务，公司因经营不善无财产可供执行，职业债权人提起的诉讼已经超过诉讼时效。股东提出的前两个理由共同构成免责的依据，后一个理由单独构成免责的依据。无论前两个理由，或者后一个理由，只要有一种情况能够成立，则股东免责的抗辩即能够成立。

除了主张与事实理由之间的逻辑关系之外，在主张的排列方面亦有一定的规则可循。

1. 先强后弱

当法律文书需要陈述多个主张时，以主张与诉讼请求成立与否的关联性强弱进行先后排序，将关联性强的排在前，关联性弱的排在后。这样排列的有益之处是借助强大的关联冲击力强化主张，后续较弱的主张发挥进一步的增强作用。如果相反，或随意排列，则弱观点会弱化强观点，不能发挥强观点的优势。从审判规律以及审判人员的心理活动中也可以印证这种情况。作为局外人的审判人员，基于工作职责审理案件，法律文书的主张是外来强加的，排斥是天然的，除非有强大的说服力，否则不宜接受。

还是以上述股东损害债权人利益纠纷案为例，应将"股东已经履行出资义务，公司因经营不善无财产可供执行"放在法律文书之前，诉讼时效抗辩放在之后。因为之前的理由成立，之后的理由无须审理即可得到支持，便于被重视实体正义的司法传统所接受。如果后者的理由成立，基于前述的司法传统，在前述理由也能成立的情况下，方可接受。

2. 以时间作为顺序

每个人都生活在一定的时空内，以时间作为顺序，可以客观描述事物发生、发展的过程，与审判人员对生活的认知相匹配，可接受程度强。

四、标点符号的正确使用

标点符号在文字表达中的作用自不待言。关于标点符号的使用，我国出台有专门的国家标准——2012年6月1日实施的《标点符号用法》（GB/T 15834—2011），基于法律文书的严谨性，依法正确使用标点符号是必须具备的要求。不少律师对此没有足够重视。

法律文书中常见的标点符号使用错误:

1. 书名号之间不应使用顿号,如《民法典》《民事诉讼法》。

2. 套用括号时,外套括号应比套内括号大。

3. 带括号的汉字数字或阿拉伯数字表示次序语时不应加点号,不带括号的阿拉伯数字、拉丁字母做次序语,后面应用下角点(圆心点)。

4. 在图、表说明文字末尾错误使用句号。

5. 标示公文发文字号中的发文年份时,未使用六角括号。

6. 书名号内标示停顿时错误使用空格。

7. 附件名称后错误使用标点符号,正确的用法应为不用任何标点符号。

8. 小标题在换行分段时不使用句号,如使用句号则不需要换行分段。

9. "第一""其一"等表示次序的词语后面应用逗号,不应用顿号。

五、以小标题概括主张

法律文书中的事实、理由应重点突出,为便于审判人员接受应对其进行加工、提炼,以小标题的表达方式予以高度概括。平铺直叙的陈述方式与前者相比,不具有冲击力。

下面是笔者曾经代理的一起听证案件,比较两种表达方式,可以看出其中的差别。

(一)平铺直叙式

听证申请书

申请人:广东省中港装饰股份有限公司,住所地:深圳市福田区福田保税区桂花路西红树福苑 × 栋 × 号,统一社会信用代码:91440300779234××××

法定代表人:吴××

申请事项:

请求贵院对申请人不服广东省高级人民法院(2020)粤执复772号执行裁定申诉一案进行听证。

事实与理由:

申请人向贵院提出的申诉一案,该案争议纠纷极大。对于公证债权文书的执行问题,深圳中院先后作出了三份执行裁定,广东省高级人民法院作出了一份执行裁定。上述裁定有支持执行案涉公证债权文书的,有不支持执行案涉公证债权文书的。

各方当事人之间的争议纠纷极大，而且案涉执行金额本金高达 1.5 亿元。申请人为建筑型企业，公司关系着数千农民工工人的生死存亡。

特别是，深圳中级人民法院违法启动执行监督程序，广东省高级人民法院在作出维持裁定时，对于申诉人的申诉理由全部视而不见，更加激化当事人之间的矛盾。

综上所述，申请人特别恳请我国最高司法机关，切实维护司法权威，给予我方当庭陈述冤屈的机会，以便于合议庭兼听则明，更全面地了解案件事实，以便案结事了。特别恳请合议庭对本案召开听证，望批准！

此致

中华人民共和国最高人民法院

申请人：广东省中港装饰股份有限公司

日期：2022 年 1 月 17 日

（二）段落小标题式

听证申请书

申请人：广东省中港装饰股份有限公司，住所地：深圳市福田区福田保税区桂花路西红树福苑 × 栋 × 号，统一社会信用代码：91440300779234××××

法定代表人：吴××

申请事项：

请求贵院对申请人不服广东省高级人民法院（2020）粤执复 772 号执行裁定申诉一案进行听证。

事实与理由：

一、本案执行监督案件原一审、二审法院严重违背法律规定

1.深圳中级人民法院违法启动执行监督程序，直接违背法律明文规定。

2.广东省高级人民法院在作出维持裁定时，对于申诉人的申诉理由全部视而不见，更加激化当事人之间的矛盾。

3.本案公证处对债权文书予以公证及出具执行证书严重违背公证程序。

详见执行监督申请书。

二、本案影响力大、争议极大

1.对于公证债权文书的执行问题，深圳中级人民法院先后作出了三份执行裁定，广东省高级人民法院作出了一份执行裁定。

2.上述裁定有支持执行案涉公证债权文书的，有不支持执行案涉公证债权文书的。

第 2 讲　从事律师职业必须具备的基本素养

3. 各方当事人之间的争议纠纷极大，而且案涉执行金额本金高达 1.5 亿元。

4. 申请人为建筑型企业，公司关系着数千农民工工人的生死存亡。

三、本案二审时，申诉人一再申请二审法院召开听证会，二审法院视而不见，导致二审法院在不了解案件情况的基础上，完全错误适用法律规定，错误认定申诉人无权提起不予执行公证债权文书程序。

综上所述，为便于合议庭兼听则明，更全面地了解案件事实，以做到案结事了。特别恳请合议庭对本案召开听证，望批准！

此致

中华人民共和国最高人民法院

申请人：广东省中港装饰股份有限公司

日期：2022 年 1 月 17 日

第四节　出色的口头表达能力

律师不拥有任何行政权力，无论是参与法庭诉讼，还是提供非诉法律服务，律师通过说和写的工作方式，就具体问题提出法律意见。因此，口头表达能力与书面表达能力是律师最重要的两项技能。其中口头表达能力是最直观的工作能力，在一定程度上决定着当事人是否委托律师代理法律事务，决定着法庭是否采纳律师的观点。故此，口头表达能力非常重要。

律师的口头表达能力并非指口若悬河、滔滔不绝，而是言之有物、言之有理。律师表达能力也不是指咄咄逼人、寸步不让，而是谦和有礼、收放有度。在不同的诉讼制度下，对律师口头表达能力的要求各不相同。我国的审判方式比较严谨，律师只能端坐着发表意见，相对于实行陪审团制度的英美法系国家的律师，口头表达能力的要求略低一些。而后者，由于事实问题由陪审团决定，法律问题由专业法官决定，陪审团随机组成并能代表社会的不同组成部分。[1] 由于陪审团成员为不具备法律专业知识的普通公民，结合英美法系国家的律师在法庭上有更灵活的表达方式，可以站立，可以在限定区域内走动，可以携带事务律师共同出庭，律师具备更高的口头表达能力，以便尽最大可能说服陪审团支持自己的主张。

---

[1] 齐树洁主编：《美国司法制度》，厦门大学出版社 2010 年第 2 版，第 91~97 页。

一、乐于、善于表达

与当事人、法官沟通，与对方辩论无不考验律师的口头表达能力。口头表达能力在一定程度上与性格有关，是一种天分。大体而言，口头表达能力强的人性格比较开朗和外向，过于内敛或沉默的人不太适合做律师。有些人天生沉默寡言，一天说不了几句话、几个字，这样性格的人做律师是短板，做保密工作是强项。

律师要乐于表达，特别是对棘手问题。普遍的观点认为，对于尴尬的事，人们总难以启齿。如前文所述，律师不掌握任何权力，口头表达能力是重要的武器之一，律师为了依法维护当事人的合法权益，应不厌其烦地与法官沟通，只要符合法律规定，不能因为脸皮薄而不积极主动与法官沟通。

律师还要善于表达，只要案件需要，随时随地可以拨通电话进行沟通，不会因面对权威而胆怯。有些律师还善于与媒体打交道，在镜头面前侃侃而谈，这需要更强的语言组织能力。

二、法言法语

一方的口头表达内容之所以能够被另一方所理解，原因在于各方对于同一语言的含义具有同一的定义，这种同一定义使双方具有交换信息的可能性。否则信息交换就会出差错。法律作为一门专业的学问，在发展过程中经过历代学者的研究，对法律领域内某些特定问题已经形成一套独特的用语——法言法语。这些语言突破了字面含义，区别于日常用语，具有更加丰富的内涵。比如法律中的比例原则，是指行政机关在进行行政处罚时应依据适当性原则、必要性原则和狭义比例原则选择侵害最小的方式。明确比例原则的具体含义，从统计的角度对醉驾入刑进行研究时，以"比例原则在醉驾入刑案件中的适用"进行表述可以提高专业性和简洁性。此时，比例原则的含义与数学概念中的比例原则完全不同。法言法语的内涵随着学者的研究还在不断地丰富，比如关于合同的概念，通常理解是当事人之间关于权利、义务的一致协议。韩世远教授认为，合同概念还应当包括受法律保护，具有法律约束力这一特征，否则不是真正的合同。[1] 这一特征将无效合同排除在合同范畴之外。这一分类虽然对传统概念有所挑战，但突出了无效合同不具有法律约束力的特征，不失为一种进步。

1　韩世远：《合同法总论》，法律出版社 2018 年第 4 版，第 6 页。

律师在陈述时对法言法语予以恰当地运用，既可以精准表达含义，又可以提高沟通效率。这一前提是建立在对法言法语精准的理解之上。比如对于证据三性，必须通晓其含义，方能在表述时不至于犯概念性错误。有些律师在对证据进行质证时称，对证据的三性没有异议，对证明内容有异议。这种表述实际上没有搞清楚证据三性的含义。证据的三性指真实性、合法性、关联性，对证据的三性没有异议意味着对对方提交证据的证明目的没有异议。既然如此，又何来对证明内容有异议之说？所幸我国法院历来重视实体正义，否则从机械的法条主义出发，这种质证意见容易存在对对方证明目的予以确认的可能。

在证据的三性中，从专业角度对律师要求最高的是关联性。质证时关联性的内涵是否能够清晰地陈述，对诉讼主张是否能够得到法庭支持尤其重要。严格地讲，证据的关联性指与诉讼请求的关联性，容易与之相混淆的是与证据证明目的的关联性。前者非常重要，因为举证的一方一旦完成了证据与诉讼请求的关联性，法庭就会支持其诉讼请求。后者的关联性即使成立，因证明目的不代表诉讼请求，诉讼请求仍不会得到法庭支持。

证据的关联性包括有无关联性，以及有关联性时，这种关联性属于肯定关联性还是否定关联性。肯定关联性能够支持诉讼请求，否定关联性不能支持诉讼请求，相反，可以证明诉讼请求不成立。对关联性的类型进行细分，有助于更有效地利用证据的证明内容。对于有关联性的证据，还需要进一步阐述关联性的程度，是全部关联还是部分关联。

三、言简意赅

法庭诉讼，并不以发言的时间长、内容多为胜。相反，发言过于冗长、拖沓，或者重复，不但会招致审判人员的反感，还会减损发言内容的采信度。良好的法庭发言应当是围绕案件的焦点问题以及法庭关心的问题进行陈述，言简意赅。因为法官审判任务繁重，乐于倾听的是对案件审理有价值的言论，对于浪费时间的重复陈述，不要说法官，任何人都会反感。特别是法官还肩负着对庭审节奏予以控制的重任，这种浪费时间的发言很可能被法庭打断。不接受的律师会觉得自尊受到伤害，进而可能发生与法庭对抗的行为。这种对抗有可能引起法官与律师之间进一步的冲突，除了影响律师的情绪外，还有可能给当事人的利益带来不利影响。因此，注重发言内容对于律师尤其重要。

重复言论最有可能发生在辩论阶段，具体包括辩论意见与质证意见的重复，后辩论意见与先辩论意见的重复。为了避免重复，法庭在辩论开始之前一般会提醒双方代理律师：对于双方在质证阶段发表的意见就不要再重复了，如果有新的辩论意见可以进一步陈述，或者庭后提交代理词。在这种情况下，代理律师应服从法庭的指挥，一般情况下不要再重复，否则法庭会认为代理律师是在蓄意挑战法庭的权威。即使代理律师担心法庭没有领会质证时的意见，或者觉得对发表的质证意见不满意，有必要再次阐述相关意见，亦不应当直接重复，而是对相关意见进行高度概括后予以陈述。这要求代理律师具备强大的抽象思维以及随机应变能力。

四、详略得当

在宣读起诉状、答辩状时的表现，尤其检验这一要求是否能够得以贯彻。

审判长的开庭审判时，一般会敲击法槌，宣布开庭。在核对完当事人之后，会要求原告向法庭陈述诉讼请求以及事实与理由。对于法庭的这一要求，出庭律师一般有以下几种回应：

第一种是根据法庭要求，宣读起诉状。

第二种是回复法庭已经提交书面起诉状，原告起诉内容没有变更和补充，以书面起诉状为准，不再进行宣读。

第三种情况是原告向法庭提出简要陈述的申请，在法庭批准后，对诉讼请求以及事实理由进行概括性陈述。原告（仲裁申请人）一般可以这么表达：鉴于原告起诉时已经提交书面的起诉状，原告对于诉讼请求、事实理由没有变更，为节约法庭时间，原告就不照本宣科地朗读了。原告申请择主要观点向法庭简要地汇报，在随后的程序中根据法庭需要再进一步展开。一般情况下法庭均会同意。因为审判人员在开庭前已经阅读了案卷，对相关问题了如指掌，是否宣读并不重要。

对比这三种方式，第一种方式的有利之处在于可以全面阐述案件请求以及原告观点；不利之处是时间偏长，法官又不便明说时有可能引起心理排斥。同时，对于重点问题不够突出。第二种方式的有利之处是节约时间，让法庭心生好感；不利之处是放弃了一次陈述的机会，对案件事实的了解程度全凭法官庭前阅卷。第三种方式兼顾了前两种方式的优势，既没有无谓浪费法庭时间，又兼顾突出重点。

中文的朗读速度一般为 100~200 字 / 分钟。如果全面朗读，每份起诉状按 2000 字计算，则耗时约 10~20 分钟。如果放弃陈述，耗时为零。对于简要陈述，字数控制在 500~600 字以内，耗时约 3~4 分钟。从时间量化的角度考察，简要陈述也是最有利的，既不使人厌烦，又能够突出重点。

五、临危不乱

一般情况下，律师在法庭上均能侃侃而谈，语调平缓，语音适中，有条不紊地回答法庭的询问。但在特殊情况下，律师能否临危不乱决定着法庭的胜败。

律师情绪激动的原因来自三方面。第一方面是来自对方律师（或当事人），主要包括对方的陈述明显虚假或者胡搅蛮缠。第二方面来自法官，有些法官缺乏对律师的基本尊重，比如在律师对某些基本事实回复不清时的冷嘲热讽。第三方面来自委托人，比如委托人没有陈述案件的全部事实，在开庭时对方提出的证据让整个案件出现反转。

这些情况的出现确实会令律师措手不及，有时会破坏律师对整个案件的诉讼策略的安排，但如果律师被情绪所控制，作出有失理性、风范的行为，会使案件陷入更加糟糕的状态。此外，受委托人理解能力的限制，出现表达错误在所难免，律师只有从自己一方着手，才能以不变应万变。面对这种情况，此时律师最不应被情绪控制，而应立即予以调整，恢复理性，从容面对。

六、敏捷应对

律师代理诉讼案件，在法庭上难免出现你来我往，唇枪舌剑，充满火药味的情景。此时要使案件取得有利局面，律师应具备敏捷应对的能力。

1. 仔细研究案情

敏捷的应对首先考验的是对案情是否熟悉，唯有仔细研究案件，全面掌握案件信息，方能对法庭的询问对答如流。

2. 精通法律原理

对于案件可能适用的法律规定，应提前熟悉，对于法条原文可以复制检索，以便在具体适用时应对自如。

3. 语境

同一语言，在不同语境下的含义不同。代理律师必须全神贯注地倾听庭审内容，结合不同语境准确判断词语的含义，如此方能精准应对。

4. 谦逊有礼的应对态度

尽管法庭充满攻击，但攻击的是观点而非态度。粗俗无礼貌似强悍，实质系法庭大忌。因为表面上律师是与对方进行论战，但实际决定判决结果的是法官，法官才是最终的裁判者。所以，所有与对方的论战都是为了说服法官，而法官需要的是听清双方的陈述，并非针锋相对、声嘶力竭。一般情况下律师都能做到平和陈述问题，但一旦对方出言不逊，另一方则很难保持克制。实际上，如果后者能够不为所动，依然理性应对，不失在法庭面前为自己的专业性加分。

5. 应对得当

应对得当是指答案与问题相符，这在法庭调查环节尤其重要，因为每个问题背后都关系着事实认定和法律适用问题。一个笑话可以印证这种得当的重要性。问：你为什么造假钞？答：因为我不会造真钞。这个答案从形式上貌似回答了问题，实际上并非提问者需要的答案。

比如在涉及表见代理的案件中，法官问："原告，你这合同在何处所签？陈述一下签署合同的经过。"此时，法官所提问题的实质是想知道原告签署合同时是否存在表见代理成立的权利外观，明确法官提问的目的后，原告的陈述方才有重点。原告回复的内容应集中在是否在被告的办公场所签署，有哪些人参加，办公室有无被告单位明显标志等。

如何应对得当？首先要建立在对案件了解得非常清楚的情况下，其次要熟悉相应的法律、法规，最后要集中精力、全神贯注地听清楚提问内容以及含义。如此方可沉着应对。具体而言，口头沟通的技能有八种，分别为倾听、同理心、提问、寻找并讲述故事、描绘情景、提供咨询、透过语调和肢体语言暗示、辩论。[1]

七、其他应当注意的问题

（一）标准流利的普通话

《民事诉讼法》第11条规定，各民族公民有权使用本民族语言，除非少数民族聚居区，法庭上使用得最多的是普通话。由于我国地域辽阔，方言众多，有些律师的普通话难免夹带地方口音。当事人或法庭不免减损对这些律师专业的认可度，对言之有理的观点接受度不高。要想说好普通话必须先学好拼音，再加以持久的锻炼。

1　[美]史蒂芬·克里格、理查德·诺伊曼：《律师执业基本技能》，五南图书出版有限公司2010年版，第55~65页。

笔者的初中语文老师曾教大家一个快捷、简便的方法，就是跟着播音员读，如此普通话水平可以快速提高。

（二）合适的语音语速

法庭陈述应保持以审判人员可以清晰地听清楚为标准，音量不宜太低或太高。法庭发言的语速要比平时略微缓慢，既有利于向法庭清楚地表达观点，又有利于书记员记录或机器识别。

（三）关键词运用准确

关键词既考察表达能力，又考察理解能力。合适关键词的运用可以提高表达效率，不当运用会使人"丈二和尚，摸不着头脑"。比如某律师前往仲裁委立案，回来报告称仲裁委要求他将一般授权改为特别授权。如此陈述不禁让人产生疑问，一般授权、特别授权系当事人与律师根据案件需要进行的共同安排，仲裁委为何要求将一般授权改为特别授权？经详细询问方才得知，原来是代理人在立案时调整了仲裁请求金额，这属于变更仲裁请求，依据规定，变更仲裁请求需要特别授权。故此，仲裁委提出变更授权事项的要求。显然，律师的陈述没有抓住关键词，一句话只说了半句，导致听的人无法理解。

（四）实事求是的原则

对于法庭询问的事项，应本着实事求是的原则予以回复。知之为知之，不知为不知。切忌牵强附会，否则会给法庭留下狡辩的印象。这种实事求是还包括前后观点一致，除非有确凿证据，不能上半场持肯定态度，下半场持否定态度。邓析被誉为中国最早的"律师"，其被非议之处即为"操两可之说，设无穷之词""以非为是，以是为非"。荀子认为邓析"辩而无用，多事而寡功，不可以为治纲纪；然而其持之有故，其言之成理，足以欺惑愚众"。

为了贯彻实事求是的原则，民事诉讼确立了诚信原则，对虚假陈述设立了相关处罚措施；刑法还新设了虚假诉讼罪。只要法庭愿意，大多数事实可以查清，所以对虚假陈述不要抱有侥幸心理，避免适得其反。

第五节　良好的服务意识

引例：当事人委托律师向某建设公司追讨交付的履约保证金

事实与理由：委托人是一家劳务公司，建设公司声称有劳务分包项目可以发包给当事人，要求委托人先支付履约保证金人民币 60 万元，委托人通过建设公司的项目经理缴纳了该保证金，但最终建设公司没有将该项目发包给委托人，故此，该款应予以退回。委托人提交了将款项转给建设公司项目经理，项目经理将该款转入建设公司的凭证。

依据委托人陈述的事实与理由，受托律师对建设公司提起诉讼。开庭前建设公司没有提交答辩意见。经过开庭，法庭方才查明如下事实：建设公司确实有意向将一个劳务分包项目发包给委托人。依惯例，双方先就合同内容进行协商，待达成一致意见后，根据该意见，双方确认合同文本，待合同文本确立之后，委托人先在书面合同文本上盖章，同时交付该履约保证金，然后交由建设公司审核盖章。在建设公司审核的过程中，提出要降低先前达成的一致协议中的单价，要求委托人另行制作合同。委托人没有同意，双方遂没有达成书面协议。

法庭另查明：建设公司已经将委托人交付的保证金原路退还。后，委托人又将保证金交给建设公司的项目经理，项目经理将该款交付公司。就案涉项目委托人已经实际施工的款项，建设公司已经予以结算并予以支付，保证金既没有退还给委托人，也没有退还给项目经理。

律师与当事人之间尽管是委托代理的法律关系，由于双方专业性的悬殊，以及法律服务的特殊性，在双方关系中，律师往往处于主导地位。律师作为当事人的代理人，从法律属性上遵循委托人的意思，事实情况却是律师与委托人共同的意思表示，或者在律师建议之下委托人接受的意思表示。后者虽然表现为当事人的意思表示，实质是律师的意思表示。当事人愿意选择知名度高、专业性强的律师，源于后者可以给出更专业的意见，体现的是专业律师对当事人的影响力。司法机关认为律师干扰了办案，体现的是当事人在律师的影响之下作出了决定。这种情况往往会导致律师忽视双方法律关系的本质，从而有违律师服务的职责。

律师作为代理人，无论是参与法庭诉讼，还是向委托人解释案情、商讨案件的代理方案，究其本质都是为当事人提供服务。特别是与司法机关打交道，律师更应当具有为当事人服务的意识与精神。

一、服务意识的内涵

（一）对公平、正义的追求

对公平、正义的追求是律师为当事人提供法律服务的内在价值。改革开放以后，我国律师职业发展之初，许多人对律师为坏人说话表示极大的不满，认为律师毫无立场，那些坏人十恶不赦，怎么可以为他们辩护呢？当时的报纸还为此开展了讨论，结论是为坏人辩护不是要将坏人说成好人，而是让坏人受到正确的惩罚。此外，国家允许为坏人辩护，更能体现对好人的保护。

对公平、正义的追求使律师在代理案件时能够秉持正确的原则。

首先，不合法的事宜不能代理。比如捏造事实、伪造证据提起的虚假诉讼。如果律师参与，将作为虚假诉讼的共犯予以惩处。

其次，应坚持实事求是的原则，不得参与虚假陈述。

最后，坚持公平、正义与法律服务费的多寡无关，前者是无价的。

（二）主观诚信

基于法律服务的专业性，对于律师提供服务的具体内容当事人并不能提出具体、明确的要求，此时律师不应以当事人未提出相应要求进行免责，而应当本着主观诚信的原则，从案件的需要出发，为当事人提供法律服务。当事人没有考虑到的问题，如果基于常识律师应当考虑到的内容，律师应当向当事人提出建议，待当事人决策后予以实施。如果律师没有考虑到，或者没有提出应有的建议，则应当承担相应责任。

比如对于律师收费方式，律师事务所应当在显著位置悬挂相关规定。在洽谈具体标准时，也应当予以特别说明。尤其涉及风险收费的案件，律师一定要全面介绍，并将各种收费方式的利弊向委托人予以说明，以便于其作出正确选择，同时有利于避免后期矛盾。

二、当事人言听计从的边界

有些律师会认为，当事人聘请律师，就是来听律师意见的，对律师的专业意见言不听、计不从，聘请律师还有何种意义？还有些律师，对于当事人找其他律师或亲友探讨表示出极大的不屑与不悦，认为不尊重自己的专业性。这些意见固然不乏道理，但对律师的言听计从到底以何种程度为限，律师应如何看待自己的专业性，这些问题都值得初入行的律师深思。

（一）客观分析当事人提出的不同意见

对律师的法律意见言听计从绝不代表不允许当事人提出怀疑，而是能够解决当事人的怀疑。当事人的纠纷对律师而言只是一项日常业务，但对于当事人而言，关系着身家性命，因此，当事人多方征求意见情有可原。

此外，法律问题本身就充满争论，代理律师不但不应不悦，还应当对当事人提出的问题认真考虑，仔细倾听，客观作出分析。这种方式不但不会减损律师的专业性，相反，能够给当事人留下服务态度良好的印象。对于当事人向亲友询问的情况，最常见的表述为：我知道有个案件，与这个案件完全一致，法院最终获得胜诉，律师您得保证这个案件也要达到这个结果。这种方式听起来确实令人不太好接受，其实对方的如此说辞不要太当真。换个角度想，对方无非是希望借此从心理上打压一下律师，希望律师不要自以为是，获得胜诉是应当的，借此说辞促使律师认真对待自己的案件。承办律师此时不妨回复：果真如此，可否将相关判决书拿来，以便我们提交法庭参考。大多数情况下对方是不能够提供的。

（二）尊重当事人的处分权

当事人对某些问题的决策需要考虑的问题比较多，不像律师仅考虑法律问题就足够了。所以，在对相关问题进行决策时，属于当事人处分范畴内的事务，如果没有遵循律师提出的建议，除非决策非法，否则应尊重当事人的决策。正所谓"忠告而善道之，不可则止，勿自辱焉"。为避免律师承担失职的责任，对于向当事人提出的法律建议应以书面方式（包括电子文档）提出，当事人决策亦应如此。

三、与委托人正确的沟通方式——"三心二意"

"三心"是指耐心、诚心和细心，"二意"是指乐意和敬意。

（一）耐心

委托人毕竟不是法律专业人士，陈述问题难免抓不住重点，承办律师要想全面了解案情，必须具有充分的耐心倾听委托人的陈述，从而在委托人的陈述中提炼出与案件有关的干货。然而，充分耐心无疑需要律师花费更多的时间，与此相矛盾的是一般的委托人尚未按照计时收费的计价方式支付律师费，如何解决两者的矛盾？

首先，在承接案件之初应宜结合委托人的情况对了解案情需要花费的时间作初步的评估，这不是歧视，而是为了更好地预测。比如有些律师不承接婚姻案件，究其原因就是此类案件需要更多的时间倾听，且委托人的态度会因感情而变化，律师所需要花费的时间不可控。

其次，在沟通方式上，除当事人自行陈述外，承办律师可以就需要了解的问题罗列问题清单，由当事人回复，承办律师变被动倾听为主动询问，由此可以节约时间。

再次，耐心还体现在对当事人出现的如引例相似的陈述疏漏、理解错误的情形时，对当事人不宜一味责怪，而应在理解的基础上迅速寻找补救措施，尽全力挽回不利局面。

最后，绝不能因为花费时间长而排斥对当事人陈述的倾听，否则，容易导致因为承办律师对案件基本事实了解不清而引发更为严重的其他问题。

（二）诚心

诚心是指承办律师对当事人必须具有诚实信用之心。诚心基于自律，无须外界约束。唯有秉持诚心，才能够消弭委托人与律师之间的差距，有利于实现公平、合理的法律价值。

本着诚实之心，承办律师必须考虑当事人委托的事务是否属于律师代理的范畴，如实告知对案件结果大致的预测以及是否具有解决此类纠纷的能力与优势，全面介绍律师费收取的标准、收费方式，及时、如实向委托人通报案件的进展情况。依据诚信之心，承办律师不得利用专业优势签署明显违背公平的协议；不得为了承揽业务而夸大其词，因为律师是值得一生从事的职业，不恰当的承诺或许能够获得一时之利，但无异于断送大好前程。

秉持诚信之心，还意味着承办律师对事实问题应保持独立，不可曲意奉承当事人。此举不但可以保护当事人，也可以使承办律师免遭灾难。有些委托人，出于不良动机或经营困境，往往编造理由进行诉讼。此时，承办律师必须以诚信之心——从事实角度规劝当事人不可谋取不义之财，切不可通流合污、助纣为虐，否则自己也会落得牢狱之灾。在建设工程施工合同中，特别容易出现此类案件。

如某装饰企业将承包的工程转包给项目合作方，合作方利用持有的项目章对外签署工程结算单、欠款对账单等。当然，这些欠款金额明显虚高的。合作方再安排这些"债权人"（施工人、供应商）委托同一名律师持欠条到法院起诉，妄图通过虚假诉讼获得非法收益，进而双方分赃。

在诉讼过程中，对于下列事项"债权人"无法作出合理解释：

1. 对账单所依据的基础事实与实际情况相矛盾，对账单中所列的供货品种，要么现场没有这些货物，要么货物型号不对。

2. 债权人理应既起诉承包方，也起诉合作方。事实情况却是债权人仅起诉承包方，不起诉合作方。

3. 合作方收款后无法提供款项用途凭证。

4. 债权人无法提供债权产生的凭证。其中供石材的一方，供货数量达两百余万元，但提交不出任何采购、运输单据，且该债权人系合作方的亲姐姐，而在法庭开庭时却谎称不认识。

5. 多个不同地区的债权人委托的是同一位律师，且与律师事务所没有签署任何合同，没有支付律师费。债权人所持有的欠条格式一致，内容相同，显系出自专业人士之手，律师具有重大的参与嫌疑。

面对种种疑问，"债权人"无法作出合理的解释，最终导致法院将案件移送公安机关侦查处理。

事实上，律师的诚信之心应根植于骨髓，不但对于委托人要有诚信之心，对于法律事务中的任何主体（司法机关）均应具备此心。

（三）细心

细心是指律师在承办案件时，对基本事实问题必须细致入微，不能掉以轻心，不能仅凭当事人一方的陈述。

1. 证据原件

案件获得胜诉的保障是证据，而证据是否有原件对法官在进行事实认定时具有至关重要的作用。因此，承办律师必须在起诉之前核实清楚是否有证据原件，方可在开庭时不至于措手不及。在核对证据原件时，承办律师应要求当事人持证据原件进行核对，因为有些当事人对于何为证据原件并不清楚，常将原件与复印件相混淆。比如在房屋买卖纠纷案中，对于是否有红本房产证，有些委托人将该证据错误理解为颜色为红色的"红本"的房产证，忽略了县级以上人民政府颁发的规定。其他机构——村委或公司制作的，尽管颜色也是红色的"房产证"但并不是符合法律规定的产权证明文件。

2. 核实合同履行凭证

在合同纠纷中，合同履行情况是基本事实的重要内容，法院在审理案件时将对此进行重点审查，承办律师对此应做好充分准备，核对相关合同履行凭证是必要之举。

比如款项支付情况，依据举证规则属于付款义务人的举证义务，但如果对方没有参与开庭，法庭免不了对相关情况进行询问，如果此时毫无准备，必然会带来诉讼延迟，影响开庭效率。正确的方法是即使不属于己方举证范畴，承办律师亦应核对合同履行凭证，并将其作为备用证据。

核实履行凭证还可以发现其中存在的问题，比如数据是否准确、款项属性是否与委托人理解的一致（系货款还是维修费等）、付款人是否一致。这些问题有时与诉讼请求密切相关。

3. 数据的核对

数据犹如无声的证人，对数据的有效解读可以有效证明事实问题。有些律师对于数据不敏感或贪图简便，对于案件中出现的数据直接认可并予以引用，特别是对于某些长期、多次履行的合同，由于送货次数多，由此产生的数据成百上千，更容易使人望而生畏。此时最考验律师严谨的工作态度。律师不应被数据吓倒，而应当更为细致地研究数据中存在的问题，因为这些数据可能就是反败为胜的法宝。数据中常出现的问题包括输入错误、重复计算、违背同类合并等。利用好数据这个无声的证人，可以加强说服力。

如某公司总包一建设工程，将土方挖运转包给另一施工方，后双方为施工量发生纠纷，施工方凭自行委托的鉴定意见起诉，要求据此付款。律师通过研究施工方提供的数据，发现鉴定报告中存在以下疑问：

首先，委托的鉴定所需要的检材没有经过双方确认。

其次，在进行数据统计时，有重复的内容，这导致结果不真实。

再次，以委托鉴定的方式核算工程量不符合双方签署的合同约定，约定的计量方式为按月申报。

最后，委托鉴定的数据与业主方结算的结果不一致，但施工方施工的是同一工程，工程量理应一致。

最终，法院没有采信施工方的鉴定报告，而是判决驳回其诉讼请求。该案的获胜就是利用数据进行分析，从而推演出施工方鉴定报告不属实的结论。

（四）乐意

有句玩笑话说宁做厨师，不做律师。何出此言？因为律师整天面对的是愁眉苦脸的人和一大堆麻烦事；而厨师则不同，面对的是珍馐美馔和前来用餐的心情愉快之人。受麻烦事的影响，律师难免在情绪上有失平和，对当事人的诉求不能理性对待。这种心理会体现在律师的言行上，当事人捕捉到这种信息后，会变得不敢和律师沟通，即使律师做了很多工作，案件也取得了理想的结果，但仍会影响对律师的评价。这种情况尤其值得反思。解决当事人的困难是律师存在的价值，乐意与当事人共同探讨解决问题的方法是律师的基本素养，唯有如此，律师的业务才会不断得以发展。

（五）敬意

无论是作为被告还是原告，对于纠纷的发生一定存在某种程度的不足。对于这种不足，或许是由于委托人极度的无知、疏忽，但承办律师不能以说教的方式过于挑剔，而应当本着服务理念予以理解。挑剔则有违律师提供法律服务的本质。

第六节　法律人的简历

《律师法》规定，领取律师执业证应在律师事务所实习至少一年，这就决定了法律人必须先应聘到一家律师事务所，而制作一份合格的简历是顺利敲开律所聘用大门的先决条件。

一、常见简历误区

笔者从收到的简历中选择下列三份简历进行比较（已经隐藏姓名、联系方式等关键信息）。

简历一：实习生简历（图 2-1）

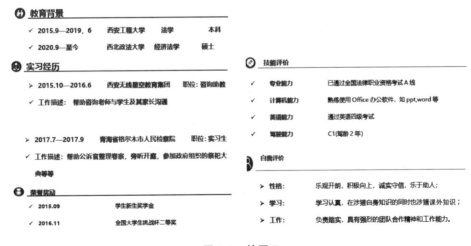

图 2-1　简历二

从简历内容上看，应聘者的基本条件比较优秀，但作为在校生，应聘者没有陈述清楚如何兼顾学习和工作的关系，实习期可以多久，实习后有何打算。一般而言，作为用人单位倾向于有意向建立劳动合同关系的实习生。实习只是一种相互了解的方式，减少试用期引发的机会成本。

简历二：（图 2-2）

工作经历

2016.11-2018.05　　　**重庆君之合律师事务所**　　　　**实习律师**
工作内容：协同主任律师接待客户，提供法律咨询。协助主任律师代理各类案件，起草法律文书，调查取证，办理诉讼、保全、执行等程序性事务，整理结案卷宗。

2018.05-2020.07　　　**重庆恩德律师事务所**　　　　**执业律师**
工作内容：独立承办各类民商事案件，服务顾问单位，草拟、审查合同，出具律师函、法律意见书等。

2020.09-2022.07　　　**重庆雄明律师事务所**　　　　**执业律师**
工作内容：负责各类案件争议解决，协助团队谈案，内部法律实务培训，及一些非诉类委托事务的办理。

图 2-2　简历 2

这份简历的不足之处在于应聘者短时间内在多个律师事务所就职（工作时长一般为两年左右），使人不得不怀疑离职的原因是否因为工作能力问题。大凡招聘，用人单位考虑的重点因素之一是人员的稳定性，因为应聘者从熟悉工作内容以及团队配合需要一定的时间，没有一定的稳定性无法保证工作的延续性。

简历三：（图 2-3）

教育背景

2017.09-2021.06　　　甘肃政法大学　　　法学　　　本科

1、中共党员。

2、获得"校三好学生""优秀毕业生"荣誉；连续三年获得校奖学金，连续三年获得国家助学金。

3、通过国家统一法律职业资格考试，获得 A 证。

兼职经历

1、2020.07.20-2020.10.23，在甘肃合瑞律师事务所实习。主要进行档案整理以及法律文书的写作工作。

2、2021.01-2021.03，上海灏和律师事务所从事百度词条解读工作。

个人能力

良好的法律学科素养；较强的组织管理能力和沟通能力；较强的环境适应能力和学习能力

个人总结

具备较强的学习能力及表达沟通能力；能迅速适应各种环境，并融入其中，能在压力环境下完成挑战性工作；工作态度认真负责，具有团队合作精神；希望能够在实现个人价值过程中创造公司价值。

图 2-3　简历 3

这份简历的不足之处在于应聘者记录的工作时间不连续，自 2021 年 7 月毕业后就没有记录了。实际上，应聘者即使毕业后没有找到工作，也不应当没有记录。根据实际情况如实记录优于没有记录，比如应聘者是在找工作的过程中，由于何种原因没有找到合适的就业机会。实际生活中不乏这种工作不连续的简历，有些应聘者是在复习备考，包括考研、考公务员、考司法考试等，这些理由都是正当的、可以被理解和接受的。如果应聘者不写，反而给人以不严谨之感，不利于律所的全面了解。

还有些简历没有附照片；有些简历过于简单，给人马虎潦草的感觉；有些应聘者的网名非常另类，与法律人的正面价值不相匹配；这些缺陷不一而足。正所谓不好的简历千变万化，好的简历如下所述。

二、合格简历的标准

（一）基本信息完备

这些基本信息包括出生年月、籍贯、受教育程度、毕业院校及受教育的起讫时间，取得法律执业资格证的时间，参加工作的时间等。要特别注意各时间之间的连续，不可留有空缺。即使在某一阶段内处于失业状态，但法律人不应停止学习的步伐，在失业期亦应坚持学习，如实陈述这种学习经历以及学习内容优于简历空白。

传统的中国理念羞于谈钱，这导致律界新人在应聘时对于薪酬待遇不善于直截了当，而是含糊其词，或者表述不清。特别是律界新人缺乏专业知识，到律师事务所抱着学习的态度，对于谈报酬更没有底气。实际上作为招聘单位，并不排斥新人谈报酬，相反，希望应聘者提出具体的薪资待遇。

有些应聘者为了显示对招聘单位的尊重，对于报酬表述为：在深圳够生活就行。这或许是应聘者的真实想法，但在深圳够生活不是个容易掌握的标准，差别太大。还有些应聘者表述为：按单位标准办。从结果上看，这种表述无比正确，无论应聘者提出何种薪酬期待，招聘单位确实按标准办。但招聘方为何希望应聘者提出一个明确的标准，主要用来与单位标准进行比较。或许有些应聘者担心，如果明确薪酬标准，万一提低了岂不是吃亏？实际上完全无须为此担心，因为正如前述，无论应聘者提出何种薪资，用人单位都会按标准办理，绝不会由于应聘者提低了就按低标准对待。

（二）重点突出

对从事律师职业有优势的内容应着重介绍，比如突出文采、口才的内容。除专业技能外，其他技能（体育）、爱好（旅行）对于胜任律师职业也具有积极意义，也可以一并介绍，必要时应附相关证书。

（三）避免简历疑问

简历疑问是指因应聘者提交的简历而产生的疑问。这种疑问的产生是基于应聘者疏忽，或缺乏逻辑产生的。比如前述关于应聘者频繁更换工作单位的简历，如果应聘者没有主动对此予以合理的解释，律所难免会产生疑问，这样不利于应聘者顺利找到工作。

（四）职业规划清晰

法律职业有其不可替代的优势，但并非任何人都适合这个行业。沉浸、执着是从业者必备的基本素养，但这并不意味着法律职业排斥其他行业人士的加入，而是可以从先后顺序考量职业稳定性。一般来说，由其他职业转行到法律职业的，优秀者不在少数，但法律从业者辗转回归的，除非有特别理由，否则很难消除招聘单位的顾虑。

三、卓越简历

应聘者只要用心琢磨，认真准备，就可以在众多求职者提交的简历中脱颖而出。

首先，必须对拟应聘的岗位有足够的了解，在应聘简历中结合岗位要求陈述观点。比如作为到律师事务所的在校实习生，由于实习时间短，大多数实习生不可能真正接触到专业事务，最常见的是协助律师打印文件。实际上这不是真正的实习，充其量是了解一下律师这个职业的工作状态，仅能称之为到律师事务所体验生活。有准备的实习生往往选择自己感兴趣的领域，比如诉讼还是非诉，民商事还是刑事，民商事中感兴趣的是公司法律事务还是知识产权法律事务。这些因素确定之后再查询哪些律师常代理此类案件，在与其联系的同时还奉上就此类问题的习作，有针对性地联系会提高成功概率。

在这方面值得肯定的是香港大学学生会的一些做法，他们会提前一个学期联系律师事务所，从时间上充分保障沟通内容。此外，对方还会提出实习的具体要求，便于双方提前制订实习计划，提高实习效果。

其次，平时多加练笔，多撰写和发表专业性文章，这对于彰显应聘者的专业性最有说服力。同为应聘者，发表过相关文章的优势一定非常明显。

最后，适当运用现代信息工具，比如录制一则演讲视频，向招聘单位更全方位地展现自己。

四、小结

纵观古今中外任何一位取得辉煌成就的佼佼者，无论是企业家还是科学家，要想成为行业翘楚，除了具备与这个行业相匹配的特殊才能之外，还必须兼顾具备与该行业能够引起正向共振的性格特征、价值观。对于善歌者，除嗓音好这个必备条件之外，如果能够兼顾善舞、性格外向活泼、能作词作曲（比如国际巨星迈克尔·杰克逊），这样的艺人受公众关注只是时间问题。

律师职业更是如此，从业者除了抱有对法律的热爱之外，如果在性格上兼备勤奋努力、乐于拥抱新事物、公正善良、具有良好的文字与口头表达能力，一定能够成为一个称职的律师。即使在法律职业共同体内，不同的性格特征在职业方向的选择上亦有不同。相对于法哲学领域，律师职业像一位青春活泼的少年，而前者像一位绅士，静态、深沉。因为法哲学对于公平、正义的解读，不论在任何时代都具有相似性。律师职业则不同，必须时刻关注立法的变化，相同的案件在不同时期的判决结果可能截然相反。性格沉稳，善于对法律的根本问题进行深入研究者，适合选择法理学专业方向；性格活泼，有意于法律的适用者，适合以律师作为职业。

俗语云："江山易改，本性难移。"从性格上根本改变一个人非常困难，唯有根据自身的性格特点选择职业，方能减少试错成本。

实习律师宝典

根据《律师法》第 5 条，通过国家统一法律职业资格考试，取得法律职业资格之后，并不能立即申请领取律师执业证，还必须在律师事务所实习满一年。对诸多希望成为执业律师的青年才俊，一年实习期是怎样的一种生存状态，又有哪些注意事项？

第一节　实习律师的"穷"与"累"

很长时间以来，我国实行按劳分配、多劳多得的社会分配机制，尽管目前对分配主体、"劳"的定义有更新的内涵，但在很多场合这仍不失为一种公平的分配方式。然而，这种分配机制在实习律师领域貌似根本无法发挥作用，实习律师干的活儿多、报酬少，这究竟是一种不公平还是另有原因？

一、实习律师的"穷"

实习律师有多穷？从"实习"之名就可以考量。顾名思义，所谓实习应当区别于正式的聘用，即实习不是一种严格意义上的劳动合同关系。严格意义上的劳动合同关系是指一方提供劳动，另一方支付报酬。而实习律师虽然也为单位提供劳动，但由于律师工作的专业性和复杂性，实习律师在短时间内不但无法独立为单位劳动，而且需要单位经验丰富的同事帮带。实习与一般公司的入职培训不同，入职培训相对时间短，内容简单。而且，入职培训根据入职对象有所区别，对于某一领域的熟手，入职后无须培训。还有一个最重要的区别在于实习是法定的，即每个通过国家法律职业统一考试的人，如果要申请律师执业证，必须经过在律师事务所一年的实习。显然，在这种情况下，实习律师能获得实习的机会已属不易，哪有能力谈薪酬？从实证的角度对实习律师所获得的报酬进行考量，就可以了解实习律师的穷。

实习律师的报酬大体有三种方式：第一种是倒贴式，即律师事务所不但不支付报酬，实习律师还要支付实习费。律师事务所收取该费用的理由是给予了实习平台，提供了实习机会，并代为办理实习手续，提供实习指导，实习律师故此应当给律师事务所交费。此外，每名有资格带实习律师的指导律师仅可以带两名实习律师，名额有限，实习律师基于机会成本的占用应当付费。倒贴制主要发生在我国律师职业发展初期，当时律师事务所比较少，实习机会比较难，实质上是资源配置的结果。第二种是零报酬制，即实习律师与律师事务所均无须向对方支付任何费用，律师事务所提供实习机会，实习律师承担一定的工作任务。这种情况一般发生在本科生身上，律师事务所的工作任务多为对外派驻。有些实习律师认为派驻不利于专业知识的提升，所以在投递简历时特别强调不接受外派。第三种是适当报酬制，所谓适当报酬制是指实习律师有薪酬，但普遍比较低。这种情况适用于有一定工作经验或拥有研究生学历的。以深圳为例，本科生毕业的实习律师，实习期的报酬为每月3000~5000元；研究生的一般每月为5000~8000元。在一线城市生活，这个金额需要相当节俭，否则还要家庭予以资助。这会给实习律师带来很大的心理落差。这种心理落差来自两方面，一方面来自生活状态：大学毕业早已是一位成年人了，父母一路含辛茹苦培养自己，本以为大学毕业可以找一份工作，挣钱孝敬父母，未曾想毕业后还要父母资助，心理上不好接受；另一方面来自横向比较，和自己一同毕业的其他专业的同学，月薪过万，自己这点工资实在拿不出手。

即使在英、美等国家，早期通过学徒制获得律师执业证的路径比我们更为艰辛。英国学徒制的时间曾经被规定为5年，不但毫无报酬，还要缴纳不菲的费用，跟顶尖律师学习的费用更高，且为了控制数量和提高品质，有些州学徒的数量常被限制。[1]

二、实习律师的"累"

实习律师的累主要集中在以下方面。

1　[美]理查德·L.埃贝尔：《美国律师》，张元云、张国峰译，中国政法大学出版社2009年版，第53~54页。

一是工作时间长。即使下班，脑海中还在思考案件的情况，周末也很难得到休息。

二是工作难度大。看不完的资料，找不完的法条，搜不完的判例。不要说实习律师，即使执业十年以上的老律师，加班加点也是常有的事。

三是突发情况多。即使下班或放假，当事人如果有法律问题需要协助，必须随叫随到。

四是沟通之类。沟通之累包括与司法机关沟通之累，以及与当事人沟通之累。与司法机关沟通之累具体包括沟通的困难，很多情况下打了很多次电话却联系不上。与当事人沟通之累在于追根刨底之问，实习律师尽力解释，当事人最终也可能没听明白。

三、"穷"与"累"是实习律师的职业特点

实习律师的穷与累绝不是个别现象，而是一种普遍现象。产生这种现象的原因到底是什么？是律师事务所的苛刻，还是社会的不公？细心观察不难发现，实习律师的穷与累既然是一种普遍现象，一定有其深层次的原因。

首先关于穷。实习律师报酬低并非律师事务所有意克扣薪酬，而是实习律师没有能力独立处理案件。实习律师所提出的法律意见、方案等均需要指导老师把关。而在律师行业要想获得好的报酬，前提之一是能够独立办案，这可以节约指导律师的时间，从而创造收益。否则的话虽然实习律师在工作，但处处离不开指导律师的指点，能承担的工作实际很少，如何能够提高报酬？

此外，实习律师的穷并非真正的穷，而是一种假穷——短暂的穷——长期的富。从职业发展来看，同为法学专业毕业的学生，考公务员以及去机构做法务，报酬要比实习律师高得多，但后者的吸引力并没有想象中的那么大，原因何在？虽然实习律师的薪酬起点低，但后续提升空间大，是其他任何法律职业无法比拟的。所以，虽然实习律师报酬偏低，这条路上永远不乏来者。

其次是关于累。实习律师的累绝非自艾自怜，而是有目共睹的。但这种累又和实习律师所处的工作状态密不可分。实习的本意包含对某项工作不熟悉，需要指点的含义。实习律师工作时间长是由于对法条、相关判例不熟悉，并非一定是工作内容多。因为律师是一门注重实践的职业，同样一个案件，在经验丰富的律师看来可能可以快速解决，但作为新手可能要花数倍的时间还不见得有解决的方案。实习律

师之累不是他人造成的，而是自己对专业知识不够熟悉造成的。事实上，实习律师之"累"亦非真正的"累"，而是一时之累，随着实践知识的丰富，实习律师之累将迎刃而解。

四、如何克服实习期的穷与累

首先，正确看待实习律师的穷与累。实习律师都比较年轻，年轻人的穷不是真的穷，相反是"财富"，只有老无所依才是真的穷。实际上，大多数人在从业之初都是如此，只不过律师尤为明显。以发展的角度，从收入的角度考察，很多行业后期的收入不如律师高。所以，穷和累只是暂时的。

其次，做好合适的预算。从事律师职业属于厚积薄发，需要前期的积累，每个人都要根据自己的家庭情况做好预算，有父母支援固然不错，实在条件不允许，在其他岗位上做一些积累对于顺利度过实习期有帮助。

最后，可以根据实际情况寻求协助，比如实习单位的援助贷款（一般是无息的），律师协会针对实习律师的特别帮助等。

第二节　实习律师事务所的选择

既然《律师法》规定领取律师执业证必须在律师事务所实习一年，实习律师就需要了解如何选择实习的律师事务所。这一问题实际上又包括三个方面的内容：一是选择哪个城市；二是选择哪家律师事务所；三是选择哪位指导律师。

一、实习的城市

实习城市的选择应着重考虑两方面的内容。一是保持实习城市与执业城市一致，即选择的实习城市就是将来的执业城市，避免在一个城市实习，到另一个城市执业。这样做的原因是律师职业讲究积累和传承，不在实习城市执业会增加执业成本，过往的客户、熟悉的法制环境将被清零。实际上，律师事务所亦不愿聘用不在本市实习的律师，因为尽管我国实行单一法域，但在司法实务中对同一事务的处理，不同城市法院的处理方式不尽相同，从熟练程度进行考查，在实习城市执业的律师显然具有优势。二是选择适合自己的城市。中国目前的城市一般分为三类：第一类是一线城市，比如北上广深。这些城市的特点是经济发达，法制环境相对良好；不利之处是生活成本高，生活压力大。第二类是二线城市，主要指一些省会城市。相对于一线城市而言，生活成本略小一些。第三类是其他城市，法制环境、经济发展水平相对落后。中国的律师事务所较少开在农村，并非由于排斥，而是大多数律师居住在城市的缘故。

一线城市固然有其不利之处，特别是高企的房价，需要几代人共同努力才有能力供一套房。但也有不可替代的优势，比如机会多。这种机会多包括就业机会多，除了律师事务所之外，还有其他很多公司、金融机构可供选择。不但如此，机会多还体现在一线城市的案源多。由于一线城市经济发达，商业行为活跃，必然导致商业纠纷多，商业纠纷多律师案源就多。而且，一线城市诉讼案件有律师代理的比例高，当事人对于律师服务接纳程度高，有利于律师拓展案源。

以深圳作为参考，从深圳律师人数的发展情况中可以看出一线城市对律师的吸引力。根据统计，2016年深圳律师总数突破1万，2021年律师总数突破2万，而深圳最早的律师事务所为成立于1983年的蛇口律师事务所（见图3-1），即2016年至2021年之间的6年时间，深圳律师人数增长的数量是以前33年的总和。这个数据一方面表明深圳律师人数之多，另一方面表明律师人数增长之快。对于乐于吃苦耐劳，有意于追求卓越的实习律师，一线城市不失为一种优先的选择。

图3-1　深圳最早的律师事务所

当然，在了解各个城市的差别之后，还需要结合自身的特点。比如实习律师的家庭背景、个人性格特点、未来发展方向等。每类城市各有特点，无所谓好坏，在众人眼中坏的，对你而言有可能是好的，实际上唯有合适自己的才是好的。

二、实习的律师事务所

从律师事务所的规模进行区分，我国目前的律师事务所大体分为全国连锁大型律师事务所（比如盈科、德恒、大成、锦天成、汇业等），还有一些中小型律师事务所。基于律师执业的独立性，绝大多数律师事务所为中小型。

大所的优势在于品牌响亮，培训机会多，管理规范，位于不同地区或国家的分所之间能够方便地提供协助。对于实习律师而言，培训机会多非常有利，其他的优势不明显，因为在没有独立执业之前，品牌优势对实习律师而言作用不大。有些大型所将律师分为不同的法律业务团队（婚姻家事团队、公司业务团队、交通事故团队、医疗纠纷团队、知识产权团队等），实习律师跟随的是团队，并没有利用到整个所的资源。大型所还有一个不利之处在于利益冲突回避。根据对律师业务的相关规定，同一家律师事务所不得同时代理具有利益冲突的当事人的案件，大型所律师多，代理案件数量大，存在利益冲突的可能性大，这对于律师代理案件是一种限制。

中小型所的管理虽然没有那么规范，品牌也没有大型所那么高大上，代理的案件偏杂，没有那么纯粹，但对于实习律师而言，这些不尽是坏事。相反，如果巧妙地加以利用，可以将其变为一件好事。在中小所实习，实习律师据此可以最大限度地了解律师业务，全面了解各类律师的生存状态。中小型所代理案件偏杂，有利于实习律师参与不同类型的案件，从而有利于实习律师确定未来的专业方向。

此外，是否接受派驻也是实习律师值得考虑的问题。有些律师事务所承接了政府部门的项目，要求派驻法律专业人士，出于成本考虑，实习律师是承担这一角色的最佳人选。相对于派驻而言，在律师事务所实习是输入，随时可以向指导律师请教；而派驻纯粹是输出，需要随时提供法律服务。因此，对于实习律师而言派驻无疑是一种挑战，因为所知的实务知识甚少，在出具法律意见时难免胆怯。基于这种情况，有些实习律师在投递简历时特别注明，对于派驻事宜一概排斥，这无形中增加了实习难度。因为对于招聘实习律师，律师事务所相对来说选择性大。实习律师如果能兼顾派驻与专业知识的提高，对双方而言不失为一种合理选择。兼顾的方式包括先在律师事务所实习一段时间，然后再派驻；同时派驻时不宜全职派驻，最好定期轮换。

此外，完全的派驻实际上也不为律师事务所所接受。因为实习律师的专业表现关乎律师事务所的声誉以及是否能够续签派驻合同，实习律师出现的问题派驻单位要兜底，所以兼顾制是对双方都比较有利的方式。

三、指导律师的选择

律师是一门实务性非常强的工作，实习律师虽然从法学院毕业，但粗知律条，毫无办案经验。正因为如此，《律师法》规定，申请律师执业证必须在律师事务所实习一年。如此规定的立法目的并非出于对律师的限制，而是对法律专业服务水平的保障。这一点与医学较为相似，医学院毕业的学生并不能立即治病，也必须经过一定期限的锻炼才具备开处方的资格。

由于实习律师只具备理论知识，毫无办案经验，将实习律师比喻为一张白纸一点不为过。指导律师是实习律师从事律师执业的引路人，指导律师的工作作风将对实习律师产生终生影响。因此，指导律师的选择对于实习律师而言影响更大，更值得实习律师谨慎对待。

一般来说，能够得到一位专业知识过硬、作风正派的律师指导，对于实习律师而言无疑是一件幸运的事。因为作为一门专业性非常强的职业，律师的专业水平是保持竞争优势的最佳因素。实习律师如何辨别指导律师的专业水准？大体可以从以下几方面进行考察。

一是从业年限。指导律师不宜选择太年轻的，因为律师行业没有速成，一定的从业年限是职业经验的保障。

二是学历。律师是一门永远不能停止学习的职业，学历一定程度上代表持续学习的能力。

三是职称。虽然职称优势对于律师不明显，但职称无疑是专业能力的代表之一。

四是指导律师的工作状态。即是否还在出庭代理案件。有些律师已经达到"功成名就"，除一些大案、要案外，不办理一般的案件。实习律师选择这样的指导老师不见得最为合适。因为大案、要案毕竟少，大多数纠纷是常见的案件，实习律师即使学了大案要案的处理技巧，实习期满后，由于无案可办，会陷入职业瓶颈。还有些律师名声很响，社会活动频繁，已经脱离办案第一线。社会与法律都是动态发展的，如果不代理案件，不参与庭审，律师的专业知识就会与实际脱节，从专业上谈不上对实习律师的悉心指导。这种情况对于学习能力比较强的实习律师非常有利，因为可以得到放手办理案件的机会，相对而言，待遇也会比其他实习律师高。

通过查询中国裁判文书网（https://wenshu.court.gov.cn/），统计指导律师代理的案件数量、答辩意见、获得胜诉的比例、案件发生的时间就可以对指导律师的专业水准一目了然。

五是指导律师的专业方向。尽管我国对于律师执业领域没有强制性分类，除非公司律师、公职律师，其他律师均可以在任何级别的人民法院代理案件。但在实践过程中，基于指导律师个人的专业背景以及爱好，对某些领域的案件比较擅长是普遍现象。分类比较明显的有刑事律师和民商事律师，其中民商事律师又分为金融证券、公司法律事务、建设工程纠纷、知识产权纠纷、医疗纠纷等。实习律师最好选择执业领域与自己未来的执业兴趣相一致的指导律师。

六是能否带领实习律师度过成长期。实习律师取得律师执业证后，虽然具备独立代理案件的资格，由于案源、经验等限制，并不能立即获得独立工作的机会。特别是国家在一定程度上放宽法律职业统一考试的通过人数后，实习律师的数量剧增。2022 年，深圳的实习律师数量（1.3 万人）超过恢复律师制度后律师总人数（2022年深圳执业律师总人数为 2 万人）的 50%。数量如此庞大的律师释放到社会上根本无法找到工作。此时，如果指导律师可以继续聘用实习律师，既可以协助他们不断提高专业知识，又可以解决就业问题，不失为两全其美的方式。

实习律师成长期的问题不仅仅是其自身的问题，也不是单靠指导律师就能解决的问题，实际上是一个社会问题。这个问题已经逐步得到各方面的重视，深圳律师协会率先出台了相关扶持计划，比如对于青年律师，在缴纳会费方面给予极大的照顾。这一问题需要彻底解决还需要全社会的力量，比如政府采购、法律援助案件指派、税收等方面的共同努力。

第三节　实习律师之道

实习律师之道包含三层含义：一是道路，即路径；二是道理，即理念；三是规则，等同于"道可道，非常道"之道。"拥有聪明才智，付出艰辛努力"，这是实习律师的王道。[1]

1　[美] 迪特里希·鲁施迪耶：《律师与社会——美德两国法律职业比较研究》，于宵译，上海三联书店
　2009 年版，第 92 页。

一、实习的必要性

不同的意见会认为，律师已经不再是国家的法律工作者，作为社会的法律工作者，由市场选择更为合理。受过法学教育，通过国家考试，已经说明从业者具有一定的法律水平，为何要规定必须一年的实习期？这是由下列因素决定的。

其一，这是由律师的工作性质以及不同阶段的学习内容决定的。法学院、国家法律职业考试注重的是理论知识，缺少庭审诉讼实践，本科教育阶段无法把学生培养成一个法律职业的熟练工。[1] 而作为实习律师，可以在指导律师的带领下参与律师实务。律师工作实务性非常强，只有通过实习期的有效学习，才能够胜任专业工作。

其二，取得执业证之前进行实习是通例。美国建国早期，取得律师资格证的条件相对比较简单、随意，在一名应试者洗澡的同时，林肯就完成了对他的面试。[2] 不过通过律师资格虽然简单，但取得职业证要经过 5 年的学徒期——类似实习期。[3] 美国在实行严格的律师资格考试之后，没有要求从业者毕业后在律师事务所实习，但要求在法学院学习期间必须在律师事务所实习 1 年。[4] 我国澳门地区《求取律师业规章》第 21 条规定律师实习期为 18 个月。[5] 德国要求在法院、律师事务所、行政机关的预备服务期为两年。[6]

其三，也是最重要的一点，和执业律师相比，实习期的立法规定并非剥夺了实习律师的工作权利，只是限制实习律师单独办案，要在指导律师的指导下开展工作。试想，如果没有这项规定，实习律师也很难开独立展工作，没有经过实习期，面对一堆证据实习律师会丈二和尚摸不着头脑。

二、优先考虑增长专业知识

无论何时，专业性是任何一位律师生存、发展的基础。很难想象，一个对专业

1　薛晓蔚：《实习律师指南》，法律出版社 2021 年第 3 版，第 273 页。

2　[美] 德博拉·L.罗德：《律师执业伦理与行业管理》，许身健译，知识产权出版社 2015 年版，第 313 页。

3　[美] 理查德·L.埃贝尔：《美国律师》，张元云、张国峰译，中国政法大学出版社 2009 年版，第 53 页。

4　[美] 理查德·L.埃贝尔：《美国律师》，张元云、张国峰译，中国政法大学出版社 2009 年版，第 319 页。

5　黎晓平、刘为忠：《澳门律师制度的本地化与全球化》，濠江法律学社 2015 年版，第 36 页。

6　[美] 迪特里希·鲁施迪耶：《律师与社会——美德两国法律职业比较研究》，于宵译，上海三联书店 2009 年版，第 102 页。

知识一知半解的律师如何谋求自身的发展。这样的律师不要说发展，错案赔偿恐怕就使其永无立锥之地。因此，稳步提升专业知识是实习律师首先需要考虑的问题。专业知识提升得越多、越快，其他因素（比如工资待遇）考量的权重就越小。

如何提高专业知识？这涉及方法问题。

首先要大量接触案件，实习律师从书本中来，缺乏的是实务，所以对于能够接触到的案件，应主动申请加入，不要由于对某一领域法律知识欠缺而抱有退缩心理。殊不知，只要战胜不熟悉，以后再遇到此类案件时就变成熟悉的了。在没有案件接触时怎么办？有主见的实习律师不是坐等，而是研究团队以前办理的案件，从中发现问题。

其次要研究类案，虽然我国不是判例法国家，但同案同判是法律适用统一性的必然要求，特别是最高人民法院公布的指导案例，对审判机关具有一定程度的约束力。在司法实践中，如果原、被告双方就某一问题争论不休，任何一方无论多么引经据典，都不如另外一方轻轻地拿出一份最高人民法院公布的指导案例。

在笔者曾经代理的一起上诉案件中，笔者发现上诉状中上诉人的签名笔迹与授权委托书中上诉人签名的笔迹完全不同，由此可以推断两者至少有一份签名为假。无论哪一份签名为假，上诉程序均不能进行。如果上诉状签名为假，则上诉不能成立，应视为上诉人未提起上诉，一审裁决自动生效。如果授权委托书签名为假，则上诉人未能委托代理人出庭诉讼，本案将因上诉人的缺席而视为自动撤回上诉，一审裁决也自动生效。且，诉讼属于公法范畴，不适用民事代理的追认。

同时，笔者提交了一篇刊登于《民事审判指导与参考》第 66 辑，最高人民法院民一庭沈丹丹法官执笔的文章《当事人于上诉期间届满后对委托代理人的上诉行为进行追认的，不能视为当事人于法定上诉期间内提起上诉》，以支持我方的观点。经法庭调查，上诉人的代理律师承认上诉状中的签名确实非上诉人本人签署，而是自己模仿上诉人的笔迹提出的上诉，但该上诉得到了上诉人的同意，上诉人为此还向法庭出具了书面说明，以确认代理人陈述内容的真实性。但二审法院结合案件的事实最终采纳了我方的观点，裁定驳回上诉。从法官的内心确信而言，最高人民法院法官的观点具有一定程度的影响力。

三、保持勤奋刻苦的工作态度

法律工作不同于其他工作，案涉材料研究得是否全面，法条查找得是否仔细，案例研究得是否透彻，这些工作很难从量的角度进行衡量。基于这一行业特点，如果实习律师工作不认真，这是很难被发现的。但有一点毫无疑问，实习律师自己对是否认真工作心知肚明。因此，是否努力工作很大程度上凭实习律师自律。

从长期的角度来看，在专业水准的提升方面，实习律师是否勤奋努力在专业成就方面的区别非常明显。一般来说，经过一定时间的锻炼，勤奋的实习律师在工作安排中往往比较主动，且能够提出独到的见解。

勤奋刻苦主要表现在如下方面：

其一，追求卓越。对案件的代理不能确保完全获胜，但该代的理要全面，不因为自己的疏忽而使案件陷入被动。

其二，工作时间要有保障。类似于《孙子·计篇》所云，多算多胜，少算少胜，不算不胜。对一个案件的投入也是如此，唯有不惜花时间认真研究案情，方可确保诉讼策略正确可行，方可确保在法庭上应对自如。希望不到点不上班，到点就下班的，实际上不适合从事律师工作。因为法律事务的时效性非常强，超过一定的时效会产生失权的法律后果，这是由律师的工作性质所决定的。只有接受这种工作模式，方才适合这一岗位。

四、以执业律师的标准进行工作

尽管实习律师是在指导律师的带领下工作，但实习律师不能就此有依赖思想，否则永远停步不前。实习律师要以执业律师的标准进行工作——具有专业性与独立性，即使一时达不到这一标准，实习律师应在这种理念的指导下，主动提出工作方案请指导律师指点。当实习律师提出的方案日渐得到指导律师的认可之后，圆满完成实习任务只是时间问题。

专业的重要性自不待言，一般都能够引起大家的重视，容易被疏忽的是工作的主动性，实质上这对实习律师而言尤其重要。要想取得有利的办案结果，必须源于对案件材料的认真研究，包括合同条款的含义、往来函件的内容等。其中，既有对法条的解读，也有对案由的选择，每一个细节都关心着案件的成败。而这些细节可能发生在案件代理过程的任一阶段，唯有全面参与，才可能了解这种随机应变。实习期正是实习律师全面参与的绝佳时机，因为在这一阶段可以与指导律师一起全面参与案件，此后自己办理的案件他人再也没有时间、理由全面参与。故此，实习律师务必保持主动积极的工作态度。

五、3—5年的执业成长期

尽管实习律师的主要目的是通过实习考核，领取律师执业证，但即使实习律师领取到执业证，从专业技能方面尚不能满足独立执业的要求。特别是作为诉讼律师，在开庭过程中，面对对方律师的来势汹汹，主审法官的咄咄逼人，唇枪舌剑中难免乱了阵脚。因此，要成为一名能够独当一面的律师，必须再锻炼3—5年。度过成长期的最佳途径是继续跟随指导律师。通过实习考核就想着另谋出路并不是一种好的选择，除非从事其他行业的法律工作。比如经过实习锻炼之后，实习律师经过全面审视，认为自己不适应高对抗性的诉讼事务，有意向从事非诉业务，此时有律师执业证具有很大的竞争优势。

重新选择工作的有利方面是报酬会得到一定程度的提高，不利方面是专业提升速度趋缓。因为作为专业律师入职到其他机构，不可能再有指导律师的悉心指点，完全靠自己努力提升。

六、实习律师的误区

（一）急于求成

读完四年法学本科教育（或硕士），通过国家法律职业统一考试，有些实习律师认为已经掌握法律要义，对实践中的事务要么轻易地觉得全都会，要么受不了不会的打击。实际上这两种误区都源自不恰当的急于求成。律师职业值得长期从事，不少律师至今已经从业30余年，法律知识错综复杂，必须经过长期实践方可运用自如。

（二）入职后过于挑剔参与案件的类型

有不少实习律师在实习期限尚未届满离职，理由是指导律师的案件类型单一，担心学不到知识。希望办理自己感兴趣的案件固然是一件好事，但实习期离职导致再入职其他律师事务所时，前期的实习清零，实习期又得重新计算，无形中延长了律师的实习期。

事实上，在入职之前就可以通过中国裁判网查询指导律师承办的案件类型。此外，指导律师承办的案件须根据市场情况而改变，无法根据实习律师的需要进行选择。再者，一年的实习耽误不了律师的终身学习，当前任务是通过考核，具备独立办案资格，不宜长时间在实习阶段徘徊。

（三）难以承受实习律师之苦

无论外界给律师多少光环，但没有人认为律师是一个闲散、安逸的职业。律师工作非常辛苦，实习律师尤其如此。先不说撰写法律文书，单纯事务上的工作就令实习律师忙得晕头转向。次日要开庭的案件，实习律师要提醒主办律师，要核对案件材料，还要通知当事人携带原件。对于在外地开庭的案件，还要与法官核实是否改期，以免千里迢迢扑了个空。在别人看来很正常的下班、节假日，对于实习律师而言却是奢望，没有一定的思想准备，实习律师对这种情况难以承受。没有坚持的会半途而废，坚持下来的，律师通途将日渐打开。

律师审查经济合同要点

第一节 律师审查经济合同概述

律师审查经济合同是指律师就企业提交的经济合同中可能存在的涉及合法性、可操作性条款提出法律建议，供企业决策参考。企业以营利为主要目的，签署各类经济合同是企业营利的主要方式，这就决定了律师担任企业法律顾问的过程中，有大量的合同需要审查。由于企业经营的业务不同，所签署合同的主要权利义务以及面临的问题不同，律师应有针对性地出具审查意见。

一、律师审查经济合同的基本原则

（一）促进交易

与其他市场主体开展交易是企业生存、发展的基础一样，促进交易是律师担任企业法律顾问第一需要遵循的原则。在这种原则的支配下，律师应客观对待合同中可能存在的风险和不平等条款。律师的职责应当是在促进交易的情况下，减少和避免风险和不平等因素，而不是为了减少风险否定合同。比如，对方要求不承担违约责任，这种情况律师不能简单地以合同存在不平等条款而投反对票。合同地位的强弱是由各个企业的市场地位决定的，理论的公平并不当然适用于市场实践，"看不见的手"发挥着更重要的作用。法律顾问审查合同并不能扭转这种不公平性，但能够发现隐藏的不公平或让不公平得以更有效评估。

（二）客观提出不同意见

促进交易并不意味着对企业的意见一味顺从，而是应当客观地提出不同意见。这也是企业聘请法律顾问的目的所在。从企业内部人员的角色考量，业务拓展人员通过长期努力有机会签单，必定极力推进，难免忽视或弱化可能存在的风险。此时，律师应客观提出不同意见。律师提出不同意见的目的不在于否定项目，而是客观审视项目可能存在的风险，有助于企业全面考量以及提前设计防范措施。

（三）合法性

企业委托律师审查合同的主要目的是防范纠纷，合同的合法性是所有防范措施得以发挥作用的前提。如果合同无效，合同中防范性的约定不具有法律约束力，无法实现合同目的。常见合同无效的情形是主体是否得到授权，公司的特定决策是否得到股东同意，合同的生效是否存在需要审批，合同成立是否需要招、投标等。

（四）纠纷的防范性

合同条款中规定适当的违约责任有利于促进合同相对方守约，从而防范纠纷。合同作为商业行为，本质上是获得利益，在承担违约责任与否的情况下，不承担责任显然是有利的，避免承担违约责任的驱动力促使合同得到遵守。

（五）文义的精准性

文义的精准性是指合同文字含义非常准确，没有任何疑义。

（六）专业词汇的通俗化

专业分工促使特定领域形成一套行业内专用术语，外行人很难从字面上予以理解。

诉讼中的"举证"并非指把证据举起来，而是指列举之意；回避的对象是司法机关的工作人员，不包括当事人等。在合同审查时，如果遇到上述专业术语，审查律师应将其用通俗语言予以表达。比如"UPS"这个简称，既可以指联邦快递（United Parcel Service），又可以指不间断电源（Uninterruptible Power Supply），究竟是何种含义，应结合当事人的意愿予以明确。再比如对于医疗器械销售代理的合作，双方约定合作期限为两个注册有效期。外行人对于两个注册有效期是多久没有概念，合作的双方知道一个注册有效期是 5 年，两个注册有效期即为 10 年。[1] 为便于其他行业人士的理解，律师应将上述专业术语翻译为通俗语言。

---

1 《医疗器械监督管理条例》第 22 条：医疗器械注册证有效期为 5 年。有效期届满需要延续注册的，应当在有效期届满 6 个月前向原注册部门提出延续注册的申请。

（七）合同履行跟踪

律师审查合同之后，应当跟进合同的履行过程。这是因为除即时结清的合同之外，合同履行都要经历一定的时期，在合同履行期内，市场情况可能会发生某些变化，这些变化必然影响双方的市场地位。此时，律师应准确掌握这种变化，在双方签署补充协议时，及时主张原先不便主张的权利，比如约定适当的违约金、律师费的承担、主场管辖权等。

（八）纠纷解决方式

基于不同的利益诉求，当事人在履行合同的过程中难免发生争议，争议如果不能得到很好的解决，则容易产生纠纷。纠纷的解决方式通常包括诉讼或仲裁，当事人可以在合同中予以约定，没有约定视为进行诉讼，不能提起仲裁，因为存在仲裁协议是进行仲裁的前提。

在合同审查中，纠纷的解决方式容易被律师忽视。律师会认为，当事人选择哪种纠纷解决方式都可以，如果选择仲裁，通过律师审查可以确保仲裁条款的有效性，但当事人如果没有选择纠纷的解决方式，律师一般不主动提出。这种情况不是非常妥当，因为有些当事人对于纠纷的解决方式并不清楚，无法作出正确的选择。

以仲裁方式解决纠纷越来越受到政府以及当事人的欢迎，为建立多元化的纠纷解决机制，许多地区成立了仲裁委员会，清晰了解仲裁与诉讼的区别，有助于作出正确的选择。仲裁与诉讼主要有以下区别：

1. 裁决效率

仲裁的效率普遍比诉讼高，一方面仲裁实行一裁终局，另一方面法院受理的诉讼案件太多，每个法官每年要审理数百起案件，不堪重负，而仲裁员一年审理的案件数量要少得多。以上海为例，上海仲裁委员会成立于1995年，至今审理案件合计4万件，目前有仲裁员1784名，平均每年人均案件不到一件。

为进一步提高仲裁效率，《深圳国际仲裁院仲裁规则》第56条规定，当事人可以书面同意适用快速程序进行裁决，快速程序的裁决期限为组庭之日起两个月。

2. 专业性

仲裁员的任职资质与法官不同，除了具备法学知识以外，还需要具有更为丰富的实践经验，特别是医疗、金融等领域的仲裁员，都是各个行业的精英，仲裁员的平均专业性高。

3. 联络通畅

基于仲裁机构的民间性，当事人可以更为方便地联系仲裁机构的工作人员。

4. 仲裁费用

仲裁机构收取的仲裁费用比诉讼费略高，以上海仲裁委的收费标准为例（见表4–1）：[1]

表 4–1　上海仲裁委收费标准

争议金额（人民币）	收费标准	案件受理费
1000 元及其以下		最低不少于 100 元
1001–50000 元	5%	100 元加收争议金额 1000 元以上部分的 5%
50001–100000 元	4%	2550 元加收争议金额 50000 元以上部分的 4%
100001–200000 元	3%	4550 元加收争议金额 100000 元以上部分的 3%
200001–500000 元	2%	7550 元加收争议金额 200000 元以上部分的 2%
500001–1000000 元	1%	13550 元加收争议金额 500000 元以上部分的 1%
1000001 以上部分	0.5%	18550 元加收争议金额 1000000 元以上部分的 0.5%

争议金额（人民币）	收费标准	案件处理费
200000 元及其以下		最底不少于 3000 元
200001–500000 元	1.2%	3000 元加收争议金额 200000 元以上部分的 1.2%
500001–1000000 元	1%	6600 元加收争议金额 500000 元以上部分的 1%
1000001–5000000 元	0.4%	11600 元加收争议金额 1000000 元以上部分的 0.4%
5000001–10000000 元	0.3%	27600 元加收争议金额 5000000 元以上部分的 0.3%
10000000–20000000 元	0.2%	42600 元加收争议金额 10000000 元以上部分的 0.2%
20000000–40000000 元	0.1%	62600 元加收争议金额 20000000 元以上部分的 0.1%
40000001 元以上部分	0.05%	82600 元加收争议金额 40000000 元以上部分的 0.05%

财产案件诉讼费交纳标准：（1）财产案件根据诉讼请求的金额或者价额，按照下列比例分段累计交纳：①不超过 1 万元的，每件交纳 50 元；②超过 1 万元至 10

---

[1]　申请仲裁收费标准 – 上海仲裁委员会，http：//www.accsh.org/index.php?m=content&c=index&a=lists&catid=30&menu=7-28-30，2022 年 3 月 19 日最后访问。

万元的部分，按照 2.5% 交纳；③超过 10 万元至 20 万元的部分，按照 2% 交纳；④超过 20 万元至 50 万元的部分，按照 1.5% 交纳；⑤超过 50 万元至 100 万元的部分，按照 1% 交纳；⑥超过 100 万元至 200 万元的部分，按照 0.9% 交纳；⑦超过 200 万元至 500 万元的部分，按照 0.8% 交纳；⑧超过 500 万元至 1000 万元的部分，按照 0.7% 交纳；⑨超过 1000 万元至 2000 万元的部分，按照 0.6% 交纳；⑩超过 2000 万元的部分，按照 0.5% 交纳。

比较上述两种收费方式，仲裁收费是诉讼收费的双倍，考虑到两审终审，实际差别没有那么大。

5. 仲裁员自律性高

仲裁员的聘任一般实行期限制，每期 3 —5 年不等。为了获得续聘，在聘任期限内，仲裁员必须自觉遵守仲裁员规则。

6. 无代理人资格及人数限制

诉讼对代理人的资格及人数有严格限制，代理人的数量不得超过两人，一般以律师为主，其他人员作为代理人应符合特别要求。仲裁则不同，对于代理人的人数以及身份一般没有任何限制，主要由各个仲裁机构的仲裁规则决定。这种规定的好处在于仲裁程序中可以委托更为专业的人员共同代理。

7. 律师费的承担

除非特别约定，诉讼程序中发生的律师费一般不会由败诉方承担。仲裁程序则不同，即使双方没有约定，仲裁机构亦会支持合理的律师费由败诉方承担。

8. 公开性

除非有特别理由，诉讼案件公开审理，任何人都可以旁听，判决结果在中国裁判文书网上公布。仲裁案件实行不公开审理，未经双方允许不可以旁听，裁决内容也不公开。这对于有保密需求的企业特别重要。

9. 当事人的特定性

诉讼案件原告对于被告、第三人有比较大的选择权，法院也可以依据职权追加当事人。仲裁程序则不同，除非有仲裁协议，否则不得对没有仲裁协议的当事人提起仲裁。

二、律师审查合同的边界

（一）确保合法性

凡经律师审查确认的合同，必须确保合法性，这是律师应尽的首要义务。如果合法性没有得到确认，属于律师失职。

（二）商务条款审查排除

对于合同中涉及的商务条款，比如价格、交货期、付款方式等，属于企业自行决策的条款，这些内容不属于法律顾问审查的范畴。

商务条款的排除也不是绝对的，对于明显损害公司利益的行为，法律顾问应明确提出。比如一家公司由于对外销售的需要向律师的顾问单位采购货物，该公司要求，待其向买方收回销售款后再向顾问单位支付货款。这样的约定貌似合理，实质给顾问单位增加了不恰当的义务。其合理性在于该公司销售的是从顾问单位采购的货物，只有收回货款才有款项向顾问单位支付。不合理性在于该约定突破了合同的相对性，合同相对性要求市场主体应对自己的经营行为负责，是否收到款项不能作为是否付款的依据。还有一种情况，万一这家公司与购货单位是利益共同体，岂不是存在顾问单位永远收不到款项的情况？因此，面对这样的要求，律师要勇于提出，并坚决予以反对。

（三）兼顾可操作性

合同的可操作性是指使合同主要权利义务条款紧密相连，且得以有效履行，不存在履行受阻。合同可操作性条款可以促进合同按约定履行，有利于实现当事人的合同目的，是委托人最需要的条款，也是最能体现律师功力的条款。比如合同约定验收后付款，如果对方迟迟不验收，是否合同就无法得到履行？这是合同条款设计时尤其要注意的问题。

可操作性条款一直是立法中关注的问题。原《合同法》第45条规定，"当事人对合同的效力可以约定附条件。当事人为自己的利益不正当地阻止条件成就的，视为条件已成就，不正当促成条件成就的，视为条件不成就"，即是以"视为"作为链条，链接不成就的条件。《民法典》基于其法律地位，将适用范围由合同扩大到所有民事法律行为。《民法典》第159条规定："附条件的民事法律行为，当事人为自己的利益不正当地阻止条件成就的，视为条件已成就；不正当地促成条件成就的，视为条件不成就。"这里规定的视为条件成就就是逻辑闭环的体现。与此相类似的还有建设工程施工合同中的相关约定，建设工程未经竣工验收，发包人擅自使用的，以转移占有建设工程之日为竣工日期；当事人约定，发包人收到竣工结算文件后，在约定期限内不予答复，视为认可竣工结算文件的，按照约定处理。承包人请求按照竣工结算文件结算工程价款的，人民法院应予支持。

可操作性条款一般与合同履行密切相关，通常作为合同履行的节点或条件，但不能反推，不能由于到下一个节点就视为前一个节点完成。可操作条款的内容因合同类型的不同而不同。

三、律师审查合同常见问题

（一）企业过高的期待

企业聘请法律顾问以后，对法律顾问会有很高的期待，而企业法律工作的推进需要从管理层到每一位员工的共同努力，单纯凭法律顾问一己之力很难改变企业的法律文化。这种过高的期待往往会造成双方的落差。

（二）缺乏商务经验

律师的成长经历决定了律师不具有商务从业经验，而合同审查的内容与商务合作密切相关，缺乏商务经验的律师难免力不从心。

（三）审查内容的局限性

作为学院派成长的律师，在审查合同时往往局限于合同条款的文义，没有从企业经营、市场规则的角度看待问题。除必备的合法性审查外，律师常见的审查内容为争夺管辖权。律师以为，由顾问单位所在地法院管辖较为有利。此外，常见的审查内容为违约责任的设计。律师出具此类合同审查意见出于对顾问单位权益的维护，较少从促进交易以及可行度方面进行考量。审查建议的主旨固然不错，但实践接受度较低，容易使对方产生抵触情绪，不利于促进合同的签署。

法律的作用有其局限性，决定强弱的是双方的市场地位。劳动合同纠纷中的某些规定，看似保护劳动者合法权益，实际上并没有改善劳资双方的局面。律师审查合同的情形与此类似，合同条款必须服从市场，对于明显不公平的条款，顾问单位不是没有考量，而是达不到一致意见。因此，律师审查合同时应妥善对待市场地位决定的条款。

四、律师提高合同审查能力的路径

（一）熟悉各类常见合同的主要权利义务

《民法典》规定了19类有名合同，多数为双务合同。只有熟悉各类合同的主要权利义务，方可在可操作性条款上给予恰当的建议。

（二）总结各类合同常见纠纷类型

每类合同都存在常见纠纷，原因在于与纠纷有关的内容容易引起争议。比如双务合同中，对于付款事宜争议最大，需要律师在审查付款条件时，确保相关内容明确、可行。从常见的纠纷类型着手，就容易引起纠纷的原因提出审查意见，有利于防范纠纷的发生。

（三）研读判决书

判决书陈述的理由系双方争议问题的答案，仔细研读判决书，可以了解法官的判断标准，以之作为合同审查的内容可以充分发挥纠纷的防范性。

第二节　建设工程施工合同审查要点

建设工程合同包括施工、设计、勘察等，实践中施工合同居多且最容易产生纠纷，本节主要讨论施工合同的审查事宜。

一、建设工程施工合同的特点

（一）合同金额大

建设工程施工合同涉及的金额一般都比较大，少则数千万元，多则数十亿元。金额大，则涉及的利益多，容易引起纠纷，防范工作特别重要。

（二）履行周期长

建设工程施工合同履行周期短则数月，长则数年。

（三）涉及主体多

建设工程施工合同可能涉及的主体包括发包方、分包方、转包方、实际施工人、材料供应商等。

（四）履行风险大

由于履行周期长，不确定因素大，出现纠纷的可能性增强。

（五）资金、劳动双密集性

建设工程合同金额普遍较大，从数千万元到数亿元不等，有些项目的建筑面积高达几百万平方米，合同金额数十亿元。建设工程项目周期长，从挖地基，到竣工，需要多个工种，大量人员参与，是典型的劳动密集型行业。

（六）合同金额不固定

这是由于建设工程施工合同的总价很难固定，即使双方在合同中明确约定固定总价，在合同履行过程中难免出现设计变更、天气变化等原因，这些因素导致结算总价随之发生变化，双方应根据实际施工量进行结算。

二、常见建设工程施工合同纠纷类型

（一）合同履行主体争议

合同履行主体是指合同法律关系建立在哪些主体之间。基于合同的相对性，只有向合同相对方主张权利，才可能获得法院支持。根据前述分析，建设工程施工合同涉及主体多，劳务合同、材料供应合同并不当然建立在总包方或分包方之间。

1. 劳务合同主体

建设工程施工合同需要的工种比较多，有木工、泥水工、杂工、钢筋工、水电工等多个工种。同时，根据施工进程，这些工种分批进场。基于建设工程施工合同劳动密集型的特点，很少建筑企业直接聘用大量员工，而是与其他劳务公司或包工头建立劳务合同关系，再由后者雇佣农民工实际提供劳务，这是目前我国建筑市场的普遍情况。此时，农民工的工资由谁支付？与哪一方建立了劳务法律关系非常重要。

根据劳务合同的主要权利义务，劳务合同的主要特征是由雇主安排劳务工提供劳动，并支付报酬。查清劳务工由谁联系、安排到工地工作，哪一方对劳务工进行日常管理，特别是哪一方支付报酬，这是准确认定劳务合同相对方的前提。此外，还应兼顾劳务工法律意识淡薄，处于弱势的市场地位，应从保护农民工利益的角度查明相关事实。

相关案例如"毕广磊与广东省中港装饰股份有限公司、王新山提供劳务者受害责任纠纷案"[（2019）浙 0683 民初 8552 号]，嵊州市人民法院经审理后认为：[1]

事实如下：中港公司承包了位于嵊州新城吾悦广场的装饰装修工程，发包人为新城公司。……2017 年 8 月 17 日上午，原告另一工友安某站于涉案工地的钢制脚手架上安装铝板，工友宋彬与另一工友站于地面为便于施工需要推移原告站立的脚手架。在推移脚手架过程中，脚手架的底部遇障碍物受阻引起脚手架发生歪斜，导致站于脚手架上的原告以及安某同时摔落在地。此间原告摔落受伤，并被送至嵊州市人民医院治疗。

由此本院归纳本案争议焦点如下：原告所提供的劳务，其接受者是案涉哪方当

---

1 毕广磊与广东省中港装饰股份有限公司、王新山提供劳务者受害责任纠纷案，文书全文 https：//wenshu.court.gov.cn/website/wenshu/181107ANFZ0BXSK4/index.html?docId=342ff516e6674acd97d5ab86009b403b，2022 年 3 月 16 日最后访问。

事人的问题。

本案中，被告王新山从李卉华处分包了案涉的嵊州吾悦广场商业公共部位装修工程的铝板安装施工业务后，其为施工班组筹集人手叫来原告等人为其从事铝板安装工作。原告等人做工期间的工资报酬由王新山支付。上述事实说明被告王新山已经接受原告提供的特定劳动服务，并按照约定支付相应的报酬。而所谓劳务关系是指劳动者为被服务方提供特定的劳动服务，被服务方依照约定支付报酬所产生的法律关系。由此可见，原告已与被告王新山形成了事实上的劳务关系。据此，对被告王新山关于事发当日原告并不受其雇佣，而是受项目部的李斌调派，故原告在事发当日受伤与王新山没有关系的辩称，与事实不符，本院不予采信。

从该案中可以看出，劳务工与谁建立雇佣合同关系应考察洽谈、安排工作、报酬结算等这些要素，劳务工在工地工作并非就是与工地的承包方建立雇佣法律关系。这与建筑施工的社会实际亦是相符的，因为作为承包方，不一定都安排自己的工人工作，可以将部分劳务分包给包工头，包工头再雇佣劳务工提供劳务。这种模式是市场自发形成的，有利于促进劳务工就业。

2. 采购合同主体

工地进行施工，需要对外采购各种建筑材料，材料供应商和哪方主体成立买卖合同关系应根据买卖合同的定义进行考察。有些材料供应商误将工地总承办方作为采购方，一旦发生纠纷，容易造成损失。

相关案例如"成都鸿国盛商贸有限公司、刘建勇等承揽合同纠纷案"[（2021）川 1102 民初 5792 号]，四川省乐山市市中区人民法院经审理后认为：[1]

关于与成都鸿国盛公司签订案涉合同的相对方是谁的问题。第一，虽然李刚、刘建勇以案涉工程项目部管理人员的名义开展工作，但无证据证明李刚、刘建勇以广东中港公司名义与成都鸿国盛公司签订案涉合同是履行职务的行为，成都鸿国盛公司应承担举证不能的不利后果。……本院认为，李刚以广东中港公司名义与成都鸿国盛公司签订案涉合同时，未出示足以让成都鸿国盛公司相信李刚可以代表广东中港公司签订案涉合同的材料。……故，成都鸿国盛公司在整个商事活动过程中存在过失。李刚与成都鸿国盛公司签订案涉合同的行为不构成表见代理，不能约束

1　成都鸿国盛商贸有限公司、刘建勇等承揽合同纠纷案，文书全文 https：//wenshu.court.gov.cn/website/wenshu/181107ANFZ0BXSK4/index.html?docId=165ef53783ad4f939548adfd015547a2，2022 年 3 月 16 日最后访问。

广东中港公司。第三，结合成都鸿国盛公司、广东中港公司、李刚的陈述以及广东中港公司提交的其与刘建勇签订的《工程项目责任人责任书》的内容可以看出，刘建勇系案涉项目的实际施工人，成都鸿国盛公司经办人员与刘建勇联系后，李刚受刘建勇的指派与成都鸿国盛公司签订案涉合同，李刚与成都鸿国盛公司签订案涉合同的法律后果应由刘建勇承担。综上，与成都鸿国盛公司签订案涉合同的相对方是刘建勇。成都鸿国盛公司主张广东中港公司、李刚、中青旅乐山公司承担责任的意见，于法无据，本院不予支持。

本案中，人民法院根据买卖合同的法律属性认定合同相对方。同时，根据表见代理的构成要件认定本案不符合表见代理的适用条件，进而驳回原告的主张符合法律规定。

相反，在广东省中港装饰股份有限公司、成都睿铭暖通工程有限公司等买卖合同纠纷民事二审案中，成都市中级人民法院所作出的判决理由不能令人信服：[1]

本案二审的争议焦点为中港公司与睿铭公司之间是否成立买卖合同关系，若构成，睿铭公司是否完成了合同约定的供货义务。对此，本院分别评析如下：首先，案涉嘉定坊三江悦度假酒店装饰装修工程由中港公司承建，中港公司承建后，将案涉工程转包给了刘建勇，并与刘建勇之间签订有《工程项目责任人责任书》，约定刘建勇具有该项目管理的全部管理权；案涉工程项目部系中港公司设立，并由中港公司配发项目部印章，刘建勇掌握并管理该项目部印章；案涉合同系刘建勇、李刚以中港公司名义与睿铭公司之间签订，并加盖有中港公司案涉项目部印章；睿铭公司向中港公司承建的案涉工程进行了供货，中港公司承建的案涉工程已经完工，中港公司实际享有了睿铭公司供货的利益，故刘建勇、李刚具有充分的权利外观使相对人睿铭公司相信其具有中港公司的代理权，刘建勇、李刚以中港公司名义签订的案涉合同对中港公司构成表见代理，中港公司系与睿铭公司成立买卖合同关系。中港公司承包案涉工程后未自行施工，而是收取刘建勇一定的管理费后转包给刘建勇实际施工，并给刘建勇配发案涉项目部印章，故其对于刘建勇以其名义对外签订合同的行为系其自身未尽到管理责任导致，该后果不应由相对人承担。其次，发包人出具的情况说明证明案涉工程已经完成施工和安装调试，足以认定睿铭公司已经完

---

1 广东省中港装饰股份有限公司、成都睿铭暖通工程有限公司等买卖合同纠纷民事二审案，文书全文 https://wenshu.court.gov.cn/website/wenshu/181107ANFZ0BXSK4/index.html?docId=cd672f4a6cac4a21b68ea e200161af59，2022 年 3 月 16 日最后访问。

成了案涉合同项下的供货义务。

首先，本案与上一个案件属于同案，是同一个工地，同一种操作模式，同案应当同判，但成都法院的判决与本案不一致值得思考。

其次，权利外观是对于相对人而言的，对于行为人没有权利，"故刘建勇、李刚具有充分的权利外观使相对人睿铭公司相信其具有中港公司的代理权"这样的观点系对权利外观的误用。

再次，法院刻意回避项目部印章中"非合同"字样，"非合同"足以说明限定了印证的用途及不具有权利外观。

最后，以工地使用建筑材料就应当承担责任无异于纵容刘建勇等人获得非法利益，没有体现法律的公平、正义、智慧。

（二）工程款金额争议

这是建设工程合同纠纷案件中最常见的争议类型。由于施工周期长，施工内容多，在施工过程中还存在大量设计变更等情况，双方在施工量、单价、签证等方面不能达成一致意见，最终导致双方对簿公堂。

1. 约定一方收到结算文件逾期不答复视为认可

发包方一般处于建设工程合同的强势地位，经常故意拖欠工程款，这种现象不利于对施工企业的保护。为平衡双方的关系，特别是体现对农民工的保护，司法解释规定对于双方在合同中约定，收到结算资料不回复的，视为对结算金额的认可——逾期默认，人民法院按照约定处理。此时，如果发包方对结算金额不予认可而申请鉴定，人民法院不予准许。[1]这样规定尽管存在结算金额与实际金额不一致的情况，但基于当事人意思自治，以认可为妥。如果司法解释对此予以否定，无疑增加了发包方与承包方的不平等性。此外，这种情况也不会造成对发包人权利的严重损害，因为如果存在结算金额与实际金额不一致，发包人可以予以回应，只要予以回应，提出关于结算的不同意见，则不发生默认效力。司法解释认可默认条款的规定还包含一定程度的惩罚性。

相关案例如"日照中骏贸易集团热电有限公司、滕州建工建设集团有限公司建设工程施工合同纠纷"案 [（2021）最高法民申 2174 号]，最高人民法院经审理后

---

1 《最高人民法院关于审理建设工程施工合同纠纷案件适用法律问题的解释（一）》（法释〔2020〕25号）第 21 条："当事人约定，发包人收到竣工结算文件后，在约定期限内不予答复，视为认可竣工结算文件的，按照约定处理。承包人请求按照竣工结算文件结算工程价款的，人民法院应予支持。"

认为：[1]

关于原审判决认定的结算依据是否适当问题。《最高人民法院关于审理建设工程施工合同纠纷案件适用法律问题的解释》第二十条规定："当事人约定，发包人收到竣工结算文件后，在约定期限内不予答复，视为认可竣工结算文件的，按照约定处理。承包人请求按照竣工结算文件结算工程价款的，应予支持。"本案中，涉案施工合同约定中骏公司应在接到滕州公司结算报告书后六个月内审核完毕，否则视同中骏公司认可结算报告。滕州公司提交了基础分项工程质量评估报告及主体结构分项工程质量验收记录，能够证明涉案工程已经验收合格，中骏公司未提交证据予以否定，其主张涉案工程未经竣工验收合格，缺乏事实依据，不予采信。中骏公司现场负责人柴本国、赵亚已于 2018 年 12 月 25 日签收了滕州公司提交的工程结算书，但中骏公司始终未予审核，根据合同约定及法律规定，应视为其认可该工程结算书。原审判决以滕州公司制作的结算报告作为认定工程价款的依据并无不当，中骏公司主张应由法院委托鉴定机构对涉案工程造价进行司法鉴定的理由不能成立。

最高人民法院之所以驳回申请人的再审申请，是因为双方在合同中约定了发包人应当在收到结算报告六个月内审核完毕，否则视同认可结算报告。发包人一方面收到结算报告后超过六个月不予回复，另一方面又要求进行鉴定，明显属于拖延结算，不应获得法院支持。

2. 未予约定逾期默认条款的结算不予认可

在适用上述逾期默认条款时，应注意区别于《最高人民法院民事审判庭关于发包人收到承包人竣工结算文件后，在约定期限内不予答复，是否视为认可竣工结算文件的复函》的相关规定。

《最高人民法院民事审判庭关于发包人收到承包人竣工结算文件后，在约定期限内不予答复，是否视为认可竣工结算文件的复函》

你院渝高法〔2005〕154 号《关于如何理解和适用最高人民法院〈关于审理建设工程施工合同纠纷案件适用法律问题的解释〉第二十条的请示》收悉。经研究，答复如下：

---

1 日照中骏贸易集团热电有限公司、滕州建工建设集团有限公司建设工程施工合同纠纷，文书全文 https：//wenshu.court.gov.cn/website/wenshu/181107ANFZ0BXSK4/index.html?docId=429a7dd11e2648108983adc800c9a5eb，下载日期 2022 年 3 月 16 日。

同意你院审委会的第二种意见，即适用该司法解释第二十条的前提条件是当事人之间约定了发包人收到竣工结算文件后，在约定期限内不予答复，则视为认可竣工结算文件。承包人提交的竣工结算文件可以作为工程款结算的依据。建设部制定的建设工程施工合同格式文本中的通用条款第33条第3款的规定，不能简单地推论出，双方当事人具有发包人收到竣工结算文件一定期限内不予答复，则视为认可承包人提交的竣工结算文件的一致意思表示，承包人提交的竣工结算文件不能作为工程款结算的依据。

最高人民法院民事审判庭

二〇〇六年四月二十五日

后者并非对前者的否定，而是对适用条件的限制与明确。因为结算条款是一种视为结算行为，关系着双方的重大利益，适用条件应予以明确。再仔细研读建设部起草的《建设工程合同》（示范文本 GF-1999-0201），在《复函》中提及的"通用条款第 33 条"，其中并无发包人不回复承包人提交的竣工结算资料即视为认可的内容，根据建设部通用合同模版不能得出逾期默认的内容，自然不能予以适用。通用条款第 33 条全文如下：

33．竣工结算

33.1 工程竣工验收报告经发包人认可后 28 天内，承包人向发包人递交竣工结算报告及完整的结算资料，双方按照协议书约定的合同价款及专用条款的合同价款调整内容，进行工程竣工结算。

33.2 发包人收到承包人递交的竣工结算报告及结算资料后 28 天内进行核实，给予确认或者提出修改意见。发包人确认竣工结算报告后通知经办银行向承包人支付工程竣工结算价款。承包人收到竣工结算价款后 14 天内将竣工工程交付发包人。

33.3 发包人收到竣工结算报告及结算资料后 28 天内无正当理由不支付工程竣工结算价款，从第 29 天起按承包人同期向银行贷款利率支付拖欠工程价款的利息，并承担违约责任。

33.4 发包人收到竣工结算报告及结算资料后 28 天内不支付工程竣工结算价款，承包人可以催告发包人支付结算价款。发包人在收到竣工结算报告及结算资料后 56 天内仍不支付的，承包人可以与发包人协议将该工程折价，也可以由承包人申请人民法院将该工程依法拍卖，承包人就该工程折价或者拍卖的价款优先受偿。

33.5 工程竣工验收报告经发包人认可后 28 天内，承包人未能向发包人递交竣工结算报告及完整的结算资料，造成工程竣工结算不能正常进行或工程竣工结算价款不能及时支付，发包人要求交付工程的，承包人应当交付；发包人不要求交付工程的，承包人承担保管责任。

33.6 发包人承包人对工程竣工结算价款发生争议时，按本通用条款第 37 条关于争议的约定处理。

相关案例如"河南中汇建设工程有限公司、河南省临颍华寓房地产开发有限公司建设工程施工合同纠纷再审审查与审判监督"案 [（2021）最高法民申 2760 号]，最高人民法院经审查后认为：[1]

在建设工程施工合同领域，为防止发包人怠于结算，损害承包人合法权益的情况发生，双方可约定如发包人逾期结算，则按承包人提交的竣工结算文件作为结算依据。若发包人没有按期结算，则承包人以竣工结算文件主张工程款应予支持。同时，因承包人提交的竣工结算文件一般系其单方制作，承包人可能存在利用发包人不具备专业知识等虚高工程款。若只要发包人在收到竣工结算文件后未予答复，一律按照承包人提交的竣工结算文件结算，势必造成不公平，损害发包人的合法权益。所以，发包人逾期结算，并不必然发生以承包人提交的竣工结算文件为结算依据的后果，仍然应以双方存在此种约定为前提。

本案中最高人民法院没有支持逾期默认条款的原因是合同中没有此类约定，为平衡双方利益，逾期默认条款只有在有约定的情况下才予以适用，否则仍应进行鉴定。

三、律师审查建设工程施工合同的基本内容

（一）主体

合同主体包括发包方和承包方，以及其他分包方、材料供应商、劳务提供方等，律师应明确合同主体以及资质要求。

1. 发包人

发包方应为将工程发包给承包人，并向承包人支付报酬的一方。根据《最高人民法院关于审理建设工程施工合同的司法解释》第 3 条第 1 款的规定，发包方应为

---

1 河南中汇建设工程有限公司、河南省临颍华寓房地产开发有限公司建设工程施工合同纠纷再审审查与审判监督案，文书全文 https：//wenshu.court.gov.cn/website/wenshu/181107ANFZ0BXSK4/index.html?docId=6aea4c46c2094a5e9df0ad6300d17540，2022 年 3 月 16 日最后访问。

取得建设工程规划许可证的一方。[1] 如果一时没有取得建设工程规划许可证，则应当为取得土地使用证和建设用地规划许可证的一方。

2. 总承包人

总承包人指承建建设工程的一方。在建设工程施工合同中，最重要的是施工人要有相应的施工资质，因为建设工程关乎公众安全，应由具备相应技术力量的建设单位进行施工。具体标准见《建筑业企业资质标准》（建市〔2014〕159号），进行建设施工应按照该标准执行，否则会产生合同无效问题。

3. 专业分包人

专业分包人是指与总承包人签署合同，就某个专业施工进行分包的一方，比如消防分包、空调分包等。分包人亦应当具有相应的施工资质。

4. 劳务分包

劳务分包系为总包方提供劳务的一方，一般由劳务公司承接。

5. 实际施工人

实际施工人指实际进行施工的一方，实际施工人的存在源于层层分包，或劳务分包。

6. 挂靠方

挂靠方指利用他人资质进行施工的一方。

（二）合同签署方式

合同签署的方式包括当事人自行协商或公开招投标，对于《中华人民共和国招标投标法》第3条规定的工程，必须通过公开招标，没有通过该方式签署的合同无效。[2]

相关案例如"陕西康泰置业有限公司与陕西广汇建筑有限公司建设工程施工合

---

1 《最高人民法院关于审理建设工程施工合同纠纷案件适用法律问题的解释（一）》（法释〔2020〕25号）第3条第1款："当事人以发包人未取得建设工程规划许可证等规划审批手续为由，请求确认建设工程施工合同无效的，人民法院应予支持，但发包人在起诉前取得建设工程规划许可证等规划审批手续的除外。"

2 《中华人民共和国招标投标法》第3条："在中华人民共和国境内进行下列工程建设项目包括项目的勘察、设计、施工、监理以及与工程建设有关的重要设备、材料等的采购，必须进行招标：（一）大型基础设施、公用事业等关系社会公共利益、公众安全的项目；（二）全部或者部分使用国有资金投资或者国家融资的项目；（三）使用国际组织或者外国政府贷款、援助资金的项目。"

同纠纷再审"案 [（2017）陕 03 民再 4 号]，宝鸡市中级人民法院经审理后认为：[1]

本案涉案工程是商品房建设工程项目，且投资总额估算价为 5000 万元人民币，依法应当进行招投标。本案涉案工程未经招投标，依据《最高人民法院关于审理建设工程施工合同纠纷案件适用法律问题的解释》第一条第（三）项之规定，双方当事人于 2010 年 7 月 31 日签订的《建设工程施工合同》因违反法律的强制性规定而应认定为无效。

（三）劳务工工资

严格地说，该内容不是建设工程合同的主要权利义务，但实际施工过程中常出现包工头利用劳务工讨薪逼迫承包人以及发包方。特别是承包人在并未拖欠工程款的情况下，包工头挪用收到的款项之后，欺骗没有收到工钱的劳务工，怂恿他们到政府部门抗议。政府部门对承包人以欠薪罪立案查处，迫使承包人同意包工头的非法要求。政府部门维护劳务工权利的做法被不法分子作为牟利的工具。

在这种情况下，作为发包人或承包人应约定劳务工工资支付事宜，必要时应要求披露劳务工名单、收款账号，并要求包工头提供给劳务工转款的付款凭证，确保劳务工获得应当的报酬。

（四）购买人身保险

建设工程存在高空作业、货物搬运等工作内容，在合同履行过程中，难免发生意外事故，购买人身保险一方面可以增加对劳务工的保障，另一方面也可以减少承包人的负担。

（五）承包范围

承包范围直接影响着计价及工程量的计算，应对承包范围进行准确约定。

（六）承包内容

常见的承包内容包括包工包料、甲供、甲指乙供等各种方式，双方在合同中应予以明确。

（七）工程款结算方式

工程款结算方式包括固定总价和据实结算。如果固定总价应明确工程变更是否另行计价事宜，对于据实结算的工程，应明确结算标准。

1　陕西康泰置业有限公司与陕西广汇建筑有限公司建设工程施工合同纠纷再审案，文书全文 https：// wenshu.court.gov.cn/website/wenshu/181107ANFZ0BXSK4/index.html?docId=caef740cf38b4f84974aa92a01048 b5f，2022 年 3 月 16 日最后访问。

（八）逾期默认条款

逾期默认条款有利于保护承包人的利益，但只要发包人认真对待，对于收到的竣工结算材料没有置之不理，确认逾期默认条款有利于获得承包方的认可。

（九）建设工程价款优先受偿权排除

根据《民法典》第 807 条的规定，承包人就建设工程拍卖款有优先受偿权，该优先受偿权优于抵押权和其他债权。建设工程为资金密集型行业，发包方在进行建设贷款时，银行从保护自身利益出发，常要求承包人放弃优先受偿权。根据《最高人民法院关于审理建设工程施工合同纠纷案件适用法律问题的解释（一）》第 42 条的规定，这种放弃不能获得法院支持。[1] 同时，为突出对施工方的保护，优先受偿权的行使期限从原来的 6 个月延长到 18 个月。

第三节　买卖合同审查要点

买卖合同位居《民法典》19 类典型合同之首，是数量最多、最常见的合同。

一、买卖合同常见纠纷

（一）拖欠款项

买方没有按合同的约定支付款项是买卖合同中最常见的纠纷，买方纯粹拖欠货款的不多，一般伴随着不满足付款条件等原因，比如质量不合格，没有对账、验收等。

（二）质量争议

货物质量争议是指买卖双方对提交货物的质量是否符合约定的标准产生争议。货物质量是衡量货物品质的重要参数，同一种物品，质量不同，价格、用途大相径庭。因此，货物的质量对于当事人是否能够实现合同目的至关重要，应在合同中进行明确。

根据《民法典》第 511 条的规定，质量标准包括强制性国家标准、推荐性国家标准、行业标准、通常标准、符合合同目的的特定履行标准。在合同中究竟适用哪种标准应根据具体情况进行确定。特别需要指出的是，随着科技水平的快速发展，很多领域尚未能够建立国家标准或行业标准，而一般的律师又不具备行业专业知识，

1　《最高人民法院关于审理建设工程施工合同纠纷案件适用法律问题的解释（一）》（法释〔2020〕25号）第 42 条："发包人与承包人约定放弃或者限制建设工程价款优先受偿权，损害建筑工人利益，发包人根据该约定主张承包人不享有建设工程价款优先受偿权的，人民法院不予支持。"

这就需要律师启发委托人，尽量明确符合合同目的的特定履行标准。特定履行标准个性化非常强，与行业发展水平、设备配置等密切相关，需要律师与当事人一起进行研究探讨，提炼出符合合同目的的履行标准。该标准越明确，越便于清晰认定双方权利义务。比如在涉及 LED 显示屏质量纠纷中，LED 灯珠使用寿命、故障率、黑屏面积等参数均没有相关的国家或行业标准，如果双方能够在合同中就相关标准进行约定，则可以减少或预防相关纠纷。

符合合同目的的特定履行标准案例："上海子创镀膜技术有限公司、中国建材国际工程集团有限公司买卖合同纠纷民事申请再审审查"[（2021）最高法民申 7083号]，最高人民法院经审理后认为：

> 上海子创公司在再审审查阶段向本院提交其与宏宇公司之间的三份录音证据，拟证明案涉生产线设备已被宏宇公司接受且宏宇公司认可每月生产 11 万～12 万平方米 LOW-E 产品，根据本案合同"买方在该设备上投入商业运行达一个月或日生产的镀膜产品超过 10000 平方米，视同该设备通过验收"之约定，案涉生产线设备已视同通过验收。根据原审判决查明的事实，案涉生产线设备产量基本能达到 10000 平方米 / 天，但是设备处于不稳定状态，不能连续工作，在试产过程中板面划伤一直未处理好，且设备有些地方设计不合理，对设备产能稳定性有影响。此后，双方为生产线试运行中出现的问题多次沟通调试，但均不满足投产的要求。本院认为，上海子创公司提交的证据不能证明案涉生产线设备处于稳定运行状态且满足投产要求，故不足以推翻前述另案生效判决对相关事实的审查认定，原审判决认定案涉生产线设备不符合合同约定的质量标准，并无不当。上海子创公司关于有新证据足以推翻原审判决的再审理由，不能成立，本院不予采信。

根据上述案例，上海子创公司向宏宇公司提供生产线设备，此类合同的特点是生产线设备根据客户的要求进行定制，并非销售者标准化的产品，因此，调试达标非常重要。根据双方合同约定，交货标准为"买方在该设备上投入商业运行达一个月或日生产的镀膜产品超过 10000 平方米，视同该设备通过验收"。依据法院查明的事实，"案涉生产线设备产量基本能达到 10000 平方米 / 天"，但不稳定，不符合"商业运行"，因此没有支持再审请求。严格地说，双方约定的履行标准不够明确，何谓"商业运行"，如果约定稳定运行、故障率、成品率等客观指标，更有利于界定双方权利义务。好在最高人民法院以稳定运行且满足投产要求界定"商业运行"的内涵，否则这样的约定会由于不够明确而无法获得法院支持。

（三）验收争议

验收是买方对卖方交付的货物是否符合合同约定的评价。验收是买卖合同的重要环节，是评判卖方合同义务是否按约定履行完毕的标志，同时是支付合同价款的重要条件和时间节点。验收分为即时验收和合理期限验收。对于外观、数量等立即可以判断的项目，应适用即时验收；对于使用一段时间后才能判断的质量问题，可以允许在合理期限内进行验收。

验收中常见的问题是如果买方为拖延付款，迟迟不验收该如何处理？或者买方故意作出质量不合格的验收结果，卖方该怎样应对？如果买方迟迟不验收，卖方可以发函催促验收，如果买方人为阻碍验收条件成就，视为条件已成就。至于货物质量争议，如果双方对此不能达成一致意见，则可以聘请具有相应资质的第三方进行鉴定，以鉴定意见作为质量是否合格的标准。此外，买方已经将设备投入正常使用是质量合格的重要标志。

对投入使用的设备未在合理期限内提出异议——视为验收合格的案例如"宏大中源太阳能股份有限公司、湖南红太阳光电科技有限公司买卖合同纠纷再审审查与审判监督"案 [（2019）最高法民申 4300 号]，最高人民法院经审理后认为：[1]

关于涉案生产线是否通过验收的问题。因宏大公司和红太阳公司没有就验收期限进行约定，宏大公司应在合理期限内进行验收并提出质量异议，否则视为验收通过。原审法院认定 2012 年 9 月 1 日视为验收合格日，从红太阳公司提交验收申请之日 2012 年 6 月 11 日起算，已给予了宏大公司近 2 个多月的验收期间，根据涉案生产线的性质和双方对验收通过条件的约定，该期间属于合理期间。宏大公司于 2012 年 8 月 21 日以书面的形式向红太阳公司提出涉案生产线的质量异议，红太阳公司已举证证明及时解决后，一直到 2013 年 11 月 15 日红太阳公司向宏大公司催付合同尾款，在长达 1 年多的时间宏大公司并未进行验收或提出任何异议，宏大公司的行为属于怠于行使验收权利。故原审法院认定 2012 年 9 月 1 日视为验收合格日并无不当，本院予以维持。宏大公司该项主张无事实和法律依据，本院不予支持。

（四）违约金争议

一般情况下，违约金按双方约定计算，没有约定的按实际损失计算，实际损失

1　宏大中源太阳能股份有限公司、湖南红太阳光电科技有限公司买卖合同纠纷再审审查与审判监督案，文书全文 https://wenshu.court.gov.cn/website/wenshu/181107ANFZ0BXSK4/index.html?docId=f6a48d73a10a400496a7ab5700c26b29，2022 年 3 月 17 日最后访问。

无法估算的按贷款基础利率（LPR）执行。实际损失超过约定的违约金，可以请求增加，但不得超过另一方签署合同时的预期；违约金约定过高的（超过实际损失的30%），另一方可以请求减少。

此外，根据《保障中小企业款项支付条例》的规定，对于特定主体（国家机关、事业单位、大型企业）与中小企业发生经济往来，对中小企业的合法权益有特别保护。这些保护包括付款期限最长不得超过60日，且机关、事业单位和大型企业迟延支付中小企业款项的，应当支付逾期利息。双方对逾期利息的利率有约定的，约定利率不得低于合同订立时1年期贷款市场报价利率；未作约定的，按照每日利率万分之五支付逾期利息。

相关案例如"雪松物产（广州）有限公司与中铁上海工程局集团有限公司等买卖合同纠纷民事一审"案 [（2021）沪0113民初13707号]，上海市宝山区人民法院经审理后认为：[1]

原告与被告中铁上海轨道分公司之间存在买卖合同关系，本院对此予以确认。原告已按约定履行了交付货物的义务，被告中铁上海轨道分公司应按约定履行支付价款的义务。……被告中铁上海轨道分公司逾期付款的违约行为持续发生，其在《保障中小企业款项支付条例》实施后持续进行的违约行为，应按该条例的相关规定支付按日万分之五的标准计算的逾期付款利息。判决被告中铁上海工程局集团有限公司城市轨道交通工程分公司于本判决生效之日起十日内支付原告雪松物产（广州）有限公司以2,506,163.60元为基数，自2021年6月26日起至实际清偿之日止，按照每日万分之五的标准计算的逾期付款利息。

从该案例中可以看出，人民法院适用上述规定，判决向中小企业支付万分之五的日息。

二、买卖合同重点审查条款

（一）主体资信

主体资信包括对方公司成立时间、股东构成、注册资本金额以及是否实缴，是否存在涉诉案件，是否存在执行案件等。涉诉案件少、没有被执行案件、成立时间

1　雪松物产（广州）有限公司与中铁上海工程局集团有限公司等买卖合同纠纷一审案，文书全文 https://wenshu.court.gov.cn/website/wenshu/181107ANFZ0BXSK4/index.html?docId=635d613ccc37413ea4a3ae2900ce1c16，2022年3月17日最后访问。

长等因素有利于提高企业的资信度，资信度越高的企业越值得合作。

在企查查（https：//www.qcc.com）、天眼查（https：//www.tianyancha.com）、中国执行信息公开网（http：//zxgk.court.gov.cn/zhixing/）等平台上可以查询上述内容。

主体资信是律师审查合同的必备内容，有些律师往往只注意审查合同文本，忽视合同相对方的资信，与资信不高的企业合作，无异于增加违约因素。

（二）所有权保留

根据买卖合同的定义，买卖合同系一方支付货款，一方取得标的物所有权。标的物所有权的取得方式因标的物的不同而不同，不动产以转移登记为准，动产以交付为准。如果买卖的系动产，该动产交付后，即使买方没有付清款项，标的物亦为买方所有。此时，如果买方存在执行案件，该动产将被作为执行财产予以处置，这对于卖方而言极不公平。因此，《民法典》第641条规定，买受人未支付货款的，标的物所有权属于出卖人。如此规定，有利于出卖人对货物以物权的方式进行保护，比债权更具有排他性。在金额比较大的设备交易中适用所有权保留条款，对卖方特别有益，可以避免发生货款没有收到，货物又拿不回来的情形。

相关案例："深圳市力雕数控设备有限公司、深圳市润合模型有限公司买卖合同纠纷民事一审"案 [（2020）粤0306民初28946号]，深圳市宝安区人民法院经审理后认为：[1]

原告与被告在销售合同中约定，在被告付清合同全部货款之前，本合同约定的机床所有权归原告方所有，因此，原告请求本院确认在被告付清设备款前原告出售给被告的两台型号为LDS-760的雕铣机所有权归原告所有的诉求，有事实与法律依据，本院予以支持。

判决如下：

一、被告深圳市润合模型有限公司应于本判决生效之日起三日内向原告深圳市力雕数控设备有限公司支付货款人民币118600元及逾期付款利息（利息按全国银行间同业拆借中心公布的贷款市场报价利率的1.5倍从2020年1月21日起计至实际清偿之日止）；

二、被告深圳市润合模型有限公司应于本判决生效之日起三日内向原告深圳市

---

1 深圳市力雕数控设备有限公司、深圳市润合模型有限公司买卖合同纠纷民事一审"案，文书全文 https：//wenshu.court.gov.cn/website/wenshu/181107ANFZ0BXSK4/index.html?docId=8a04d17f79b34db2a2ed ae0f00cfbc74，2022年3月17日最后访问。

力雕数控设备有限公司支付维修费用人民币 10600 元；

三、确认在被告深圳市润合模型有限公司付清设备款前原告深圳市力雕数控设备有限公司出售给被告的两台型号为 LDS-760 的雕铣机所有权归原告；

四、驳回原告深圳市力雕数控设备有限公司其他诉讼请求。

通过该案可以看出，原告将所有权保留条款运用得登峰造极，法院不但判决原告有权收款，还确认了原告对货物的所有权。

在执行案件中，所有权保留条款可以对抗法院的执行。相关案例："卢立秀与南京冠能机械设备有限公司、于芹等执行异议之诉二审"案 [（2021）苏 08 民终 2397 号]，淮安市中级人民法院经审理后认为：

《中华人民共和国民法典》第六百四十一条规定：当事人可以在买卖合同中约定买受人未履行支付价款或者其他义务的，标的物的所有权属于出卖人。……在我国案涉挖掘机不需要办理相关的证件，过户也不需要履行相关的登记手续，因此冠能公司与于芹就案涉挖掘机约定所有权保留，无专门机构办理登记备案。

最后，本案上诉人卢立秀只是被上诉人于芹、杨桂林的一般债权人，是在法院强制执行过程中，查封并扣押了案涉挖掘机，因此卢立秀并非善意第三人。故上诉人以其是善意第三人来要求继续执行案涉挖掘机，无法律依据。

本案如果没有所有权保留条款，卖方的设备将被法院拍卖以偿还买方的债务。

在破产案件中，所有权保留条款更能凸显对出卖人权益的保护。相关案例如"徐盛余、江苏文达照明电器有限公司民事一审"案 [（2021）苏 1084 民初 3810 号]，江苏省高邮市人民法院经审理后认为：[1]

本院认为，涉案起重机共有 4 台，总价 172000 元（2 台合计 82000 元、2 台合计 90000 元），被告文达公司已经支付了 90000 元的货款，故原告要求确认全部 4 台起重机均为其所有显然本院无法全部支持。现本院结合各起重机的单价和被告的付款情况，确认其中 2 台 3 吨合计 82000 元的起重机归原告所有。

根据《中华人民共和国民法典》第六百四十一条、《中华人民共和国民事诉讼法》第六十四条第一款之规定，判决如下：一、确认案涉 2 台起重机（型号：3t-20m）的所有权归原告徐盛余所有。

---

1 徐盛余、江苏文达照明电器有限公司民事一审案，文书全文 https：//wenshu.court.gov.cn/website/wenshu/181107ANFZ0BXSK4/index.html?docId=36608a68fc6544c6b746adc80137821a，2022 年 3 月 17 日最后访问。

原告持这份判决就可以获得案涉两台起重机的所有权，否则，只能享有82000元的债权，该债权偿还比例究竟几何还未可知。

（三）逾期默认条款

对于需要经过验收方才可确认质量合格的合同，同时设定一个逾期默认条款，即经过一定的时间，如果另一方没有提出异议，可以视为合格。这种自动默认条款有利于促进当事人及时提出不同意见，避免因一方的故意而损害另一方的利益。

三、房产买卖合同的特别规定

房产属于不动产，不动产的交易有不同于一般货物买卖的特殊规定，且房产买卖涉及金额巨大，是大多数家庭的所有积蓄，律师在审查房产买卖合同时应特别注意。

（一）交易标的

我国房地产市场发展得比较晚，常见的房产除商品房之外，还有诸多其他类型的房产，比如小产权房、军产房、回迁房、村民私宅等。根据我国法律规定，可以上市交易的是商品房（还须符合当地限购政策），其他房产的交易受到一定程度的限制，应谨慎把握。

（二）配偶权

中华民族历来重视家庭，这种重视体现在配偶权方面就是财产混同以及共同决策机制。除非合同特别约定，否则配偶不知情对买卖合同的履行会带来不利影响，特别在买卖房产中常出现由于一方不同意而引发纠纷。

（三）对卖方主体的审查

房产买卖分为一手房买卖和二手房买卖，一手房买卖指直接从开发商处购得房产，二手房买卖指从其他购房者处购买房产。对于一手房买卖，主要审查开发商的资信，是否能够按时、保质交房。二手房买卖主要审查房产证上登记的产权人是不是卖方，有无其他产权共有人，是否获得共有人（尤其配偶）同意。

（四）租客权益的保护

如果交易的房产存在租赁关系，根据法律规定，对租客有特别的保护——继续租赁权和优先购买权。对此，应与卖方进行特别约定并督促落实，具体方式包括走访租客、要求提交租赁合同、核实租客意见等。

（五）户口迁移

我国目前大多数地区实行居民户口与房产相挂钩，除非亲友，在同一个房产上不能登记其他不相干人员的户籍。由于户籍迁移问题，在购房过程中发生不少关于户籍问题的争议。

相关案例如"梁洪余与邹优敏房屋买卖合同纠纷一审"案［（2018）桂 0102 民初 4322 号］，南宁市兴宁区人民法院经审理后认为：[1]

> 关于逾期迁移户口的违约金。原、被告双方签订的《房屋买卖合同》约定"卖方需在房屋过户之前或过户当天起，负责把在上述物业内的户口迁出，如因卖方逾期不办理户口迁出造成买方未能如期将户口迁入，则卖方负违约责任，每逾期一天按房屋成交总价万分之四的违约金支付给买方"，现被告仍未将户口迁出涉案房屋，故被告构成违约，原告有权基于该合同条款主张逾期迁移户口的违约金，但鉴于被告已交付房屋并将房屋转移登记给原告的事实，被告已履行了作为房屋出卖人的主要合同义务，迁移户口仅是双方房屋买卖关系中的一项附随义务，被告因此承担的违约金不应超过原告买受房屋而享受到的房屋利益，故根据公平原则，同时结合双方关于该违约金以房屋总价款作为基数计算的约定，本院酌定被告应承担的逾期迁移户口的违约金以房屋总价款的 30% 为限即 168000 元。综上，被告应付的逾期迁出户口违约金计算为：以 560000 元为基数，从 2018 年 7 月 13 日起至被告将户口迁移出涉案房屋为止，按每日万分之四计算，以 168000 元为限。

在北京市房山区人民法院审理的"李立秀与张宝萍等房屋买卖合同纠纷一审"案［（2019）京 0111 民初 20207 号］中，法院经审理认为：[2]

> 李立秀与汤艳海、张宝萍签订的存量房屋买卖合同，是双方当事人真实意思表示，不违反法律和行政法规的强制性规定，应系合法有效，各方均应按合同约定履行。现因汤艳海、张宝萍未能按合同约定期限将涉案房屋内户口迁出，已构成违约，李立秀要求支付违约金，理由正当，本院予以支持。汤艳海主张户口未能迁出并非其主观故意亦不构成免责的法定事由，其同意支付违约金的意见，于法无据，本院不予采纳。鉴于李立秀并未就违约行为给其造成的损失提供证据，本院根据案件实际情况，采纳汤艳海认为违约金过高的意见，酌情确定违约金数额为 2 万元，对李立秀过高部分的诉讼请求，本院不予支持。关于李立秀要求汤艳海、张宝萍立即

1 梁洪余与邹优敏房屋买卖合同纠纷一审案，文书全文 https：//wenshu.court.gov.cn/website/wenshu/181107ANFZ0BXSK4/index.html?docId=c3790202fadc43b3ab30ab1400343e5c，2022 年 3 月 21 日最后访问。
2 李立秀与张宝萍等房屋买卖合同纠纷一审案，文书全文 https：//wenshu.court.gov.cn/website/wenshu/181107ANFZ0BXSK4/index.html?docId=470c6224f38c4ef09b0cab74000c80b0，2022 年 3 月 21 日最后访问。

将户口自涉案房屋迁出一节，不属于民事案件的受理范围，本院不予处理。

由上述案例可以看出，法院可以支持一定金额的赔偿，但关于过户事宜不属于民事案件受理范围，人民法院不予处理，这无疑给买房人带来不少困扰。这类问题要在风险规避时一并处理。

（六）学位的使用情况

各地对于交易房产学位使用规定不一，有些地区规定，如上一手业主使用过交易房产的学位，则一定年限以后才可以继续获得学位。有些购房人购买房产是冲着学位去的，如果学位使用情况没有了解清楚，难免影响购房目的。

（七）常见风险规避

不动产交易与动车交易不同，不但要交付，而且要办理过户手续。不动产还存在抵押、被法院查封等其他可能，在交易过程中要特别注意风险的控制。

对于卖方而言，最大的风险在于过户、交付后没有收到房款。对于买方而言，支付购房款后没有收到房。为解决双方的顾虑，比较合理的方式是选择银行进行资金监管。我国房地产交易市场经过一定阶段的发展，目前规范的中介公司已经形成一套比较成熟的交易方案，可以化解双方的风险。

此外，上述提及的户口迁移、学位使用情况在交易时应一并考虑，只有相关问题得以落实才支付余款。

（八）商品房价格快速波动期的应对

我国商品房市场建立以来，尽管领导层一再强调房住不炒，但货币贬值的历史经验以及拥有自有住房的传统观念，导致商品房价格至今整体上扬。与最初的每平方米 1000~2000 元的单价相比，全国商品房价格一路飞涨，有些地区上涨数十倍。在整体上扬的过程中，也出现过下滑，比如 2008 年的金融海啸。在商品房价格涨跌快速波动时，难免出现违约行为。价格快速上扬，卖方为了获得更大的利润而违约；价格快速下跌，买方为了以更便宜的价格购得房产而违约。与其贬低房产交易各方的契约精神，不如根据这种特点，设计解约定金条款。该条款的设立有助于各方承担一定责任后有权解除合同，更能体现当事人意思自治原则。

第四节　其他常见合同的审查要点

一、保证合同审查要点

（一）保证的意思表示

保证是债权人为了保障债务得到履行，要求保证人在债务人不履行债务时代为履行的法律制度。保证人是否承担保证责任具有不确定性，可能承担，也可能不承担，决定因素为债务人是否履行债务。因此，不同于必定承担责任的共同债务人，保证人在签署保证协议时可能比较松懈。保证人签署保证协议以后，等于将是否承担责任的结果交与债务人。

保证人承担保证责任的前提是明确的保证意思表示。《最高人民法院关于审理民间借贷案件适用法律若干问题的规定》[法释〔2020〕17号]第20条："他人在借据、收据、欠条等债权凭证或者借款合同上签名或者盖章，但是未表明其保证人身份或者承担保证责任，或者通过其他事实不能推定其为保证人，出借人请求其承担保证责任的，人民法院不予支持。"如此规定的原因是对保证人而言，承担保证责任是较重的责任，对保证人有害无利；保证责任对债权人则不同，有利而无害，基于获利者应承担责任的朴素观念，债权人需要他人承担责任，应有他人明确承担责任的意思表示，否则不应当承担责任。这一点在下述关于保证责任约定不明时，按照一般保证承担保证责任的规定中可以得到进一步的印证。

在唐山市中级人民法院审理的"杨兆友、尹福女等民间借贷纠纷二审"案中[（2018）冀02民终5105号]，法院认为：[1]

2013年12月4日和2015年8月1日，王翠荣为尹福女出具两张借条，分别为320万元、400万元，第一张借条王翠荣为"协助借款人"，第二张借条借款人处由王翠荣代签"孙燕"，担保人处由王翠荣签字。且涉案借款有195万元通过王翠荣转账给孙素彦。一审法院认定王翠荣为320万元的借款人并无不当，况且无论王翠荣作为借款人还是担保人，均应对涉案借款承当相应法律责任，或还款责任或保证责任。孙素彦在一、二审中均认可自己为实际借款人，故孙素彦应承担涉案借款以及利息的偿还责任。

1　杨兆友、尹福女等民间借贷纠纷二审案，文书全文 https：//wenshu.court.gov.cn/website/wenshu/181107ANFZ0BXSK4/index.html?docId=4617285352974b8b9b7ba93f0077f958，2022年3月18日最后访问。

如此判决难以解决如下疑问：

首先，借条中明确标明"孙艳借尹福女"，借款人显然系孙艳。

其次，落款处为"协助借款人"并非借款人，两者有明显区别。

再次，除非共同借款，否则认定一方为借款人，又根据另一方的自认也认定为借款人，两方均为借款人自相矛盾。

最后，担保人的意思表示并不明确，因为落款标明的系"担保人中间人"，究竟为担保人还是中间人，抑或担保人中间人，都无法得出担保人的意思表示。

只是该案发生的时间较早，更为公平的司法理念尚未得到贯彻，如果现在审理该案，处理的结果或未可知。

（二）保证人的信用

保证合同属于人的保证，是信用保证，保证人的征信关系着保证合同是否能够得到履行。

（三）公司保证合同的有效性

公司保证与自然人保证不同，基于利益平衡，对于损害公司利益的担保行为，根据《最高人民法院关于适用〈中华人民共和国民法典〉有关担保制度的解释》第7条，其有效性视情况而定。[1]

相关案例如"北京安得保物业管理有限公司等与张贵芝保证合同纠纷二审"案[（2021）京02民终11964号]，北京市第二中级人民法院经审理后认为：[2]

安得保公司上诉提出，案外人刘鹏未经安得保公司授权擅自在《执行和解协议》上加盖公司公章，不构成对张贵芝提供担保的意思表示。但安得保公司既在《执行和解协议》上加盖公章，已明确了其公司的意思表示，至于该意思表示能否产生法

---

[1] 《最高人民法院关于适用〈中华人民共和国民法典〉有关担保制度的解释》（法释〔2020〕28号）第7条："公司的法定代表人违反公司法关于公司对外担保决议程序的规定，超越权限代表公司与相对人订立担保合同，人民法院应当依照民法典第六十一条和第五百零四条等规定处理：（一）相对人善意的，担保合同对公司发生效力；相对人请求公司承担担保责任的，人民法院应予支持。（二）相对人非善意的，担保合同对公司不发生效力；相对人请求公司承担赔偿责任的，参照适用本解释第十七条的有关规定。法定代表人超越权限提供担保造成公司损失，公司请求法定代表人承担赔偿责任的，人民法院应予支持。第一款所称善意，是指相对人在订立担保合同时不知道且不应当知道法定代表人超越权限。相对人有证据证明已对公司决议进行了合理审查，人民法院应当认定其构成善意，但是公司有证据证明相对人知道或者应当知道决议系伪造、变造的除外。"

[2] 北京安得保物业管理有限公司等与张贵芝保证合同纠纷二审案，文书全文 https://wenshu.court.gov.cn/website/wenshu/181107ANFZ0BXSK4/index.html?docId=06876ef8ef834991ac55b105f761af86，2022年3月18日最后访问。

律效力，应当根据《中华人民共和国公司法》第十六条和《担保制度司法解释》第七条关于公司担保的相关规定内容加以认定。公司为公司股东或者实际控制人提供担保的，必须经股东会或者股东大会决议，且获持表决权的股东过半数通过。相对人有证据证明已对公司决议进行了合理审查的，构成善意，担保合同对公司发生效力，反之则担保合同对公司不发生效力。本案中，张贵芝并未对安得保公司就提供担保一事审查股东会决议，《执行和解协议》对安得保公司不发生效力。但安得保公司已在《执行和解协议》上盖章，从外观上表达了承担担保责任的意思表示，故对《执行和解协议》无效存在过错，一审法院根据《担保制度司法解释》第十七条第一款"主合同有效而第三人提供的担保合同无效，人民法院应当区分不同情形确定担保人的赔偿责任：（一）债权人与担保人均有过错的，担保人承担的赔偿责任不应超过债务人不能清偿部分的二分之一"的规定，并结合本案实际情况，认定安得保公司应承担刘刚不能清偿债务部分的三分之一责任，处理并无不当。安得保公司上诉主张，缺乏事实和法律依据，本院不予支持。

该案公司对外保证不发生法律效力的原因在于法定代表人并未按照公司章程约定履行相关手续，作为向对方，亦无证据证明其系善意。

（四）保证责任的方式

保证责任的方式包括一般保证责任和连带保证责任，两者承担责任的内容大不相同，后者的责任大，前者具有先承担责任抗辩权。此次《民法典》编撰的一个重大变化在于保证责任的承担方式约定不明时，应认定为一般保证责任，这与以往规定的认定为连带责任完全不同。[1]

在保证方式约定不明时，适用《民法典》判决保证人承担一般保证责任的案例如"杨威、刘会梅、杨兰停借款合同纠纷民事二审"案 [（2021）豫 16 民终 6309号]，周口市中级人民法院经审理后认为：[2]

对于案涉借条，双方并未约定担保的具体方式，依据《中华人民共和国民法典》第六百八十六条的规定，杨兰停作为担保人签字，依法应认定为承担一般保证责任。

1　《民法典》第 686 条第 2 款："当事人在保证合同中对保证方式没有约定或者约定不明确的，按照一般保证承担保证责任。"文书全文 https://wenshu.court.gov.cn/website/wenshu/181107ANFZ0BXSK4/index.html?docId=kq9U36fE7LrmaQL2/M0JwtIVp0DV9HN/W8HD5g+Qc5CO8FU+9AD/LJ/dgBYosE2g3IbfxXYzDTYq4MXiL+BRDPhaAA2PMHY7z+jQ47dmlB5sDwb/EJSC78iMlmSfrFtF，2023 年 3 月 12 日最后访问。

2　杨威、刘会梅等借款合同纠纷民事二审案，文书全文 https：//wenshu.court.gov.cn/website/wenshu/181107ANFZ0BXSK4/index.html?docId=58cd054877424a809c35ae22016474df，2022 年 3 月 19 日最后访问。

在保证方式约定不明时，适用《民法典》施行之前的法律规定，判决保证人承担连带保证责任的案例如"张蓓蕾与诸葛华保证合同纠纷民事一审"案［（2021）沪0106民初30850号］，上海市静安区人民法院经审理后认为：[1]

被告出具的《声明》系真实意思表示，合法有效，被告应予恪守。第一，有关《声明》性质。原、被告双方均认为《声明》属于保证，但对于保证方式双方持有异议。本案中，《声明》中"连（代）戴"字样虽有删改且为错别字，但考虑双方当事人均非法律工作者，同时结合被告作为涉案基金产品的业务员，为销售产品极易在推介过程中作出"刚兑"承诺，《声明》也是原告最终选择投资该基金产品的因素之一。因此，该《声明》认定为连带责任保证为宜。即使该《声明》属于保证方式约定不明情形，由于本案所涉法律事实发生于《民法典》施行以前，有关保证方式的认定应当适用1995年《中华人民共和国担保法》（以下简称1995年《担保法》）及其司法解释的规定，即保证方式约定不明的，按照连带责任保证承担责任。

由该案可以看出，即使《民法典》施行之后的判决，如果法律行为发生于《民法典》施行之前，人民法院亦应适用当时的法律，在保证方式约定不明时，判决承担连带保证责任。

《民法典》为何要做这一重大改变？体现了怎样的法律理念？保证制度的设立有利于增加债权人信心，从而促进交易，提高财产的流通性，创造更多的社会财富，这无疑值得肯定。如果当事人在合同中没有约定保证方式，大体的原因是对于保证制度不了解，这也可以说明债权人并未追求连带保证的结果，尽管保证人亦未排斥连带责任的承担。此时，考量保证责任的方式更应兼顾权利义务的对等性。日常生活中的保证一般是无偿的，对无偿的行为加重责任不具有正当性。而且，一般保证责任并非不承担责任，只是应当先执行债务人的财产，在债务人的财产不足以清偿的情况下才由一般保证人承担责任。与连带责任在一定程度上替代债务人承担责任相比较，一般保证同样可以担保债权的实现，其中承担责任的顺序更符合担保的本意。基于权利义务的对等性，《民法典》的这一修改更能体现公平性。

（五）保证责任的顺序

一般保证责任、连带保证责任从保证方式上规范了责任顺序的承担，但并没有

---

1 张蓓蕾与诸葛华保证合同纠纷民事一审案，文书全文 https：//wenshu.court.gov.cn/website/wenshu/181107ANFZ0BXSK4/index.html?docId=0677529ad2ad4218b73eae4400c53854，2022年3月19日最后访问。

规定在同一保证方式内承担责任的顺序。对于有多人（债务人、第三人）以多种方式（人保、物保）提供担保时，对于担保顺序有约定的，按约定执行。

1. 顺序约定的法律依据

《民法典》第 392 条规定，债权人应当按照约定实现债权，可见对于债权实现的顺序，可以由当事人进行约定，只有在没有约定的情况下才根据法律规定。

2. 顺序约定的界限

顺序约定不得违背一般保证责任与连带保证责任的界限，如果超越界限，视为约定不明，按一般保证责任处理。

3. 顺序约定的意义

对债权实现的保证顺序进行约定，既可以保护当事人合法权益，体现当事人的意思自治，同时也能体现律师的专业性。

当事人没有约定担保责任顺序的，应按法律规定承担责任的案例如"贵阳农村商业银行股份有限公司南明支行、贵州亿宏汽车销售有限公司保证合同纠纷二审"案 [（2018）最高法民终 460 号]，最高人民法院经审理后认为：[1]

根据农商行南明支行的上诉请求与理由，本案二审的焦点问题为在案涉金融借款债权既存在第三人提供物的担保又存在保证的情况下，债务人不履行到期债务或者发生当事人约定的实现担保物权的情形，债权人可否同时向第三人主张抵押担保责任、向保证人主张保证责任，抵押人与保证人承担担保责任有无先后顺序的问题。《物权法》第一百七十六条规定，被担保的债权既有物的担保又有人的担保的，债务人不履行到期债务或者发生当事人约定的实现担保物权的情形，债权人应当按照约定实现债权；没有约定或者约定不明确，债务人自己提供物的担保的，债权人应当先就物的担保实现债权；第三人提供物的担保的，债权人可以就物的担保实现债权，也可以要求保证人承担保证责任。提供担保的第三人承担担保责任后，有权向债务人追债。根据该条规定，被担保的债权既有物的担保又有人的担保的，债务人不履行到期债务或者发生当事人约定的实现担保物权的情形，债权人实现债权分为以下几个层次：第一，当事人之间有约定的，按照约定实现债权；第二，当事人没有约定或约定不明，如果存在债务人自己提供物的担保的，债权人应当首先就债务人自

---

1 贵阳农村商业银行股份有限公司南明支行、贵州亿宏汽车销售有限公司保证合同纠纷二审案，文书全文 https://wenshu.court.gov.cn/website/wenshu/181107ANFZ0BXSK4/index.html?docId=0ad8141cdc7146ab81d3a96100c65b0b，2022 年 3 月 19 日最后访问。

己提供的物的担保实现债权；第三，在第三人提供物的担保的情况下，债权人可以就物的担保实现债权，也可以要求保证人承担保证责任。提供担保的第三人承担担保责任后，有权向债务人追债。也就是说，在第三人提供物的担保与保证并存的情况下，债权人有选择权，其既可以就物的担保实现债权，也可以要求保证人承担保证责任。债权人当然也可以同时主张实现物的担保与人的保证。在债权人同时主张实现物的担保与人的保证的情况下，如果当事人之间的相关合同并未约定实现担保权利的先后顺序的，抵押人与保证人均无后于其他担保人承担担保责任的抗辩权。

法院支持当事人对保证顺序进行约定的案例如"三门峡市鑫都置业有限公司、门峡市鑫都发展股份有限公司金融借款合同纠纷二审"案［（2019）最高法民终 1454 号］，最高人民法院经审理后认为：[1]

结合对本案《保证合同》以及四份《最高额抵押合同》相关条款的审查，本案被担保债权既有债务人提供的物的担保又有人的担保。虽然，根据四份《最高额抵押合同》第 10.8 条中就物的担保与人的担保实现顺序为"商务中心区支行有权自行决定实现担保的顺序"的约定，不能得出已就担保物权的实现顺序与方式等作出了明确约定，但结合《保证合同》第 6.2 条的约定，该条为关于物保和人保关系的约定，且明确约定"涧南支行主债权存在物的担保的""不论其他担保是否由债务人自己所提供"，商务中心区支行均可"先"要求保证人"依照合同约定在保证范围内承担保证责任"，鑫都发展公司、岳森、贾建华、袁春华、郭红、乔中兴将"不因此提出抗辩"。此处"先承担保证责任"应理解为包括无须先行就物保（含债务人物保）主张权利，"不因此提出抗辩"应理解为包括不得提出先就债权人物保先行清偿的抗辩。故此条无疑属于就实现担保物权的顺序所作的明确约定。本案商务中心区支行可以按照其与保证人的上述约定，直接要求保证人承担保证责任。鑫都发展公司、岳森、贾建华、袁春华、郭红、乔中兴的此项上诉理由不成立，本院不予支持。

（六）保证责任的份额

根据《民法典》第 699 条的规定，同一笔债务有多人保证的，按约定份额承担责任，没有约定份额的，债权人可以要求任何一个保证人承担责任。对保证人而言，约定保证责任可以控制责任限额。除非获得律师协助，实际合同中能约定份额的偏少。

1　三门峡市鑫都置业有限公司、门峡市鑫都发展股份有限公司金融借款合同纠纷二审案，文书全文 https：//wenshu.court.gov.cn/website/wenshu/181107ANFZ0BXSK4/index.html?docId=4253da5eb88a42de8e0fa b0a00c14397，2022 年 3 月 19 日最后访问。

二、民间借贷合同审查要点

（一）款项来源

在当前民间借贷案件的审判实践中，人民法院不但要审查贷款人的资金来源，而且规定凡套用金融机构贷款出借的，借款合同无效。这体现出国家在进一步加强对金融市场的管理，因为出借金融贷款无疑增加了金融业的风险。

即使套取的是金融机构的担保贷款，根据目的解释的原则，对信贷资金应作扩大解释，人民法院亦判决借贷合同无效。相关案例如"郭靖、刘明财民间借贷纠纷二审"案[（2020）川34民终994号]，凉山彝族自治州中级人民法院经审理后认为：

2017年1月9日，被上诉人王德刚在凉山农村商业银行股份有限责任公司办理抵押贷款，贷款金额为3600000元，执行年利率为6.8875%，能够认定被上诉人王德刚在与上诉人郭靖、刘明财签订借款合同时，存在尚欠银行贷款未还的事实。被上诉人王德刚也没有举出相反的证据，证明出借资金是自有资金，被上诉人王德刚在与上诉人郭靖、刘明财签订的借款合同中，均约定了月息3分和4分，能够认定被上诉人王德刚通过转贷行为牟利，王德刚的行为已构成套取金融机构信贷资金又高利转贷给借款人，该借款合同无效。

在最新颁布的《最高人民法院关于审理民间借贷案件适用法律若干问题的规定》中，第13条第1项已经改为"套取金融机构贷款转贷的"，说明这一扩大解释符合司法解释的本意并已经得到确认。

（二）利率上限

为降低债务人负担，司法解释规定了利率上限——合同成立时一年期贷款市场报价利率四倍，超过部分无效。

三、不动产租赁合同

不动产租赁合同是生活实践中广泛存在的合同。轻资产是现代企业经营的特色，无论办公还是工厂、店铺，很少有企业购买物业后投入经营的，而是向业主租赁。不动产租赁涉及的租金总额高、时间长、装修投入成本大，律师必须协助当事人严格把关，以免造成损失。

（一）出租方

出租方是指有权将不动产出租的一方，出租方一般为业主，但也有不少地区的业主方图省事，习惯将整栋物业包租给承租人，再由承租人转包给实际使用人。承租人并非实际使用物业的一方，其承租的目的是转租牟利，实际使用人为次承租人。

律师在审查不动产租赁合同时，应根据不动产权利证书审核出租人是否有权签署租赁合同。如果出租人非产权人，应审核其是否具有委托授权或转租权，如果有转租权还要审核转租物业的范围、年限等，转租期限不得超过其剩余的承租期限。

（二）租赁物用途

承租人基于不同的合同目的承租物业，包括办公、厂房、商场、宿舍、餐厅、宾馆等，其中商场、餐厅、宾馆一次性投资大，务必确保租赁用途。

相关案例如"深圳市机场股份有限公司、深圳市正宏汽车科技发展有限公司房屋租赁合同纠纷"案［（2021）最高法民申 2361 号］。[1] 在该案中，由于出租人未能实现在租赁合同中约定的案涉物业的商业用途，赔偿承租人巨额损失（近 7000 万元）。该案经深圳市中级人民法院一审，广东省高级人民法院二审，直至最高人民法院再审，均维持一审判决。最高人民法院经审查后认为：

关于深圳机场公司是否违约的问题。深圳机场公司（甲方）与正宏公司（乙方）签订的《深圳机场 AB 航站楼商业转型项目物业租赁合同》（以下简称《租赁合同》）以及《补充协议》中……深圳机场公司的主要义务之一是需保证租赁标的物能够用于正宏公司商业综合体项目的正常经营，如违反上述义务，则深圳机场公司需承担由此给正宏公司造成损失的赔偿责任。……由于 AB 航站楼的原用途为民用航空候机楼，深圳机场公司主张的航站楼本身具有商业用途并无事实依据。故二审判决认定深圳机场公司构成违约，并无不当。

（三）租赁物面积

租赁物面积是计算租金、物业管理费的最重要凭证。租赁物面积包括建筑面积和套内实用面积，以套内实际面积计算租金最为符合实际情况。相关面积应以房产证记载为准，如果面积不实，双方就租金计算容易引起争议。

计租面积大于实际面积的，应以计租面积计算租金的案例如"韩冬与北京朝富国有资产管理有限公司房屋租赁合同纠纷二审"案［（2020）京 03 民终 11444 号］，

---

1 深圳市机场股份有限公司、深圳市正宏汽车科技发展有限公司房屋租赁合同纠纷案，文书全文见 https://wenshu.court.gov.cn/website/wenshu/181107ANFZ0BXSK4/index.html?docId=fd8407df2d8e4a5e9299a dc000c9951b，2022 年 3 月 20 日最后访问。

北京市第三中级人民法院经审理后认为：[1]

根据当事人诉辩主张与查明的事实，本案二审争议焦点为朝富公司应向韩冬退还多收取的租金数额问题。依法成立的合同，对当事人具有法律约束力。朝富公司与韩冬于 2011 年 9 月 16 日、2014 年 10 月 21 日、2018 年 2 月 6 日签订的《房屋租赁合同》均系双方当事人的真实意思表示，内容不违反法律法规的强制性规定，应属合法有效，双方均应按照约定履行各自的权利义务。根据上述《房屋租赁合同》及《北京市朝阳副食品总公司租赁合同审批表》载明内容可知，自 2014 年 10 月 27 日起，租金数额与租赁面积直接相关，租金数额等于租金单价乘以合同约定的面积，其中 2014 年 10 月 21 日签订的合同约定的第一年租金单价为 2.5 元 / 平方米 / 天，2018 年 2 月 6 日签订的合同约定的第一年租金单价为 3.5 元 / 平方米 / 天。根据查明的事实，涉诉房屋的实际面积为 352 平方米，《房屋租赁合同》中约定的房屋面积为 380 平方米，故韩冬有权要求朝富公司向其退还多收取的租金。一审法院依据韩冬主张的金额，判决朝富公司向韩冬退还 2014 年 10 月 27 日至 2017 年 12 月 31 日期间多收取的租金 85641 元，合法有据。

四、对赌协议——股权投资合同审查

对赌协议是指投资人对具有上市潜力的公司（目标公司）通过股权转让或增资扩股（或两者兼而有之）的方式进行股权投资，获得目标公司的股权，以目标公司上市为获利方式。同时约定，如果目标公司不能在约定的时间内上市，目标公司及其股东以约定的价格回购投资人的股份。因上市不具有确定性，且如果上市成功，投资人将获得巨额回报，故而称之为对赌协议。

对赌协议对于促进公司发展具有重大的积极意义，可以使公司快速获得资金。投资人看好公司的发展潜力，在对赌协议中受让的股权价格比股权的实际价值高许多，因此，对赌协议很受企业股东以及投资人的欢迎。如果对赌成功，企业上市，则不会存在任何纠纷，因为此时投资人拥有的股份可以在股票市场上自由交易，不存在任何限制。但能够成功上市的毕竟是少数，如果目标公司上市不成功，特别是企业经营不如预期，则回购条款的履行常发生纠纷。

1　韩冬与北京朝富国有资产管理有限公司房屋租赁合同纠纷二审案，文书全文 https：//wenshu.court.gov.cn/website/wenshu/181107ANFZ0BXSK4/index.html?docId=0a4c9f29a8854ce0837eac6c0009c19f，2022 年 3 月 20 日最后访问。

根据目前的判例，争议最大的是目标公司回购自己的股份以及向投资人股东支付固定回报能否获得法院支持问题。关于投资人与目标公司之间对赌协议的效力，司法判例有无效向有效演变的趋势。《第九次全国法院民商事审判工作会议纪要》（以下简称《九民纪要》）的颁布对此类案件的审理提出了规范性的意见，反馈到合同审查，律师应据此作出调整。

（一）谨慎对待与目标公司的对赌

基于对法律本意的探索以及促进交易的目的，虽然就投资人与目标公司对赌协议的效力问题司法机关不再一概否定，但作为司法机关的审判活动仍应遵守法律原理。根据《九民纪要》的规定，即使与目标公司对赌有效，仍存在实际履行问题。

（二）把握对赌协议的履行要点

对投资人而言，目标公司如果不能成功上市，退而求其次的是触发退出机制，收回投资款。因此，在确保这一目的的情况下设计合同能够体现投资人的本意。以目标公司作为股权回购付款担保，不但能够实现合同目的，而且容易获得法院支持。

五、技术合同

技术创新对于企业发展具有决定性的作用，这个世界也越来越感受到科技进步带来的各种变化。为了提高技术水平，企业间的技术合作必不可少。

技术合同具有如下特点：

（一）风险高

当事人的合同目的是否能够实现并不完全取决于双方的努力，而是囿于技术发展的客观条件，不能简单地将技术失败等同于合同责任。

（二）周期长

技术开发、合作、服务合同周期短则数月，长则经年。

（三）金额大

技术合同涉及人员、材料等，金额一般都比较大。

（四）明确双方的权利义务

为防止双方产生纠纷，应对各方合同义务进行准确界定，特别是合同时限。附时限的技术合同，因时限届满而终止。

六、中介合同审查要点

随着二手房交易量的不断提高，大多数人都选择中介机构进行房产交易。中介机构不但可以提供房源信息，而且可以带领看房，为房产交易提供定金监管、政策解答、协助贷款等相关服务，方便双方交易。委托人在与中介机构建立委托关系时，对于中介合同的审查要点在于委托人的合同目的与中介合同付款条件的冲突。根据《民法典》第 963 条的规定，中介人促使合同成立的，委托人应支付中介费，至于合同是否得到履行，中介机构可以不管。现实过程中就出现由于一方违约，房产交易并未完成，但中介机构索要全部或大部分佣金的情况，这对于委托人而言不尽合理。如果分别约定收费方式，更符合委托人的本意。

第 5 讲

律师代理民事案件快速入门

从中国裁判网公布的法律文书的数量上看，截至 2022 年，民事案件 8000 多万件，刑事案件约 1000 万件，行政案件 300 多万件，民事案件的数量约是刑事案件与行政案件数量总和的 7 倍，即民事案件数量远大于刑事案件和行政案件。各类案件的数量决定了律师代理诉讼案件的类型以民事案件为主。基于此，快速掌握民事案件的代理技巧，可以尽快适应律师工作。

第一节　管辖法院的选择

一、确定管辖权的基本原则

律师在代理民事案件的过程中，首先面临的是如何确定管辖法院。除专属管辖、级别管辖、裁定管辖（根据人民法院的裁定确定的管辖）无法由当事人选择之外，对于地域管辖，法律具有较高的授权灵活度。[1] 当事人可以在法律规定的授权内选择管辖法院。对律师而言，熟练掌握地域管辖的规定，在诉讼实践中作出对当事人有利的选择，是做好开局谋篇的第一步。

裁定管辖只在特殊的情况下才予以适用。最高人民法院就恒大案件集中管辖的案例如启东市启创商贸有限公司、泰兴市亿达防水工程有限公司等票据追索权纠纷案。

1　齐树洁主编：《民事诉讼法》，厦门大学出版社 2017 年第 12 版，第 135 页。

江苏省泰兴市人民法院

民事裁定书

（2022）苏1283民初312号

......

本院经审查认为，涉及恒大集团及其关联公司为第三人（包括绿洲公司）除知识产权纠纷、劳动争议纠纷、商品房预售合同纠纷、商品房销售合同纠纷、租赁合同纠纷、物业服务合同纠纷等以外的一审民商事诉讼案件，统一由广东省广州市中级人民法院管辖，故本案应移送广东省广州市中级人民法院处理。

依照《中华人民共和国民事诉讼法》第三十七条、第一百五十七条第一款第（十一）项规定，裁定如下：

本案移送广东省广州市中级人民法院处理。

本裁定一经作出即生效。

审判员　冯　军

二〇二二年一月二十四日

书记员　李幸婷

根据上述在中国裁判文书网上查询到的裁定书，上诉人提及《最高人民法院关于将涉恒大集团有限公司债务风险相关诉讼案件移送广东省广州市中级人民法院集中管辖的通知》，人民法院确认"涉及恒大集团及其关联公司为第三人（包括绿洲公司）除知识产权纠纷、劳动争议纠纷、商品房预售合同纠纷、商品房销售合同纠纷、租赁合同纠纷、物业服务合同纠纷等以外的一审民商事诉讼案件，统一由广东省广州市中级人民法院管辖"。

当然，最高人民法院安排广州中级人民法院集中管辖，由于恒大集团涉及太多案件，广州中级人民法院可以根据实际情况裁定由其他法院审理。

本节对管辖的讨论并非基于管辖的具体定义，而是结合实际案例，探讨在诉讼实践中如何具体运用规则，从而获得对委托人有利的诉讼结果。

（一）主场优先

足球比赛有主场和客场之分。运动员在主场比赛，比赛场地、居住环境、饮食甚至呼吸的空气等都比较熟悉，有利于运动员集中注意力和技能的正常发挥。诉讼案件也是如此，律师跑到人生地不熟的客场开庭，增加当事人差旅费成本、耗费律师工作时间、舟车劳顿不说，还容易出现其他意想不到的情形。因此，在受理法院的地域可以选择的情况下，尽量选择主场开庭对委托人比较有利。

（二）经济水平发达地区法院优先

除港、澳、台地区之外，祖国大陆属于单一法域，理论上法律适用不存在差别，但实际情况却是经济发达的地区集中了更多的资源，司法水平、案件处理效率相对较高，在涉及复杂疑难、新型案件时应优先选择。

此外，经济水平发达地区的交通也更加方便快捷。如果在偏远地区外设法庭开庭，律师往往要乘坐多种交通工具，必须提前达到。

特别对于人身损害赔偿案件，受害人选择的管辖法院对于能够获得赔偿的金额影响巨大。根据诉讼法及相关司法解释规定，侵权案件在地域管辖方面有九大标准可供选择，分别为侵权行为地、被告住所地、侵权行为实施地、侵权行为结果发生地、计算机设备所在地、被侵权人住所地、产品制造地、产品销售地、服务提供地。[1]而根据《最高人民法院关于审理人身损害赔偿案件适用法律若干问题的解释》，计算标准按受诉法院所在地共有 6 个条文，分别为第 7 条的误工费，第 12 条的人均收入，第 14 条的月平均工资，第 15 条的人均收入（与第 12 条一致），第 17 条人均消费支出，第 18 条人均收入（与第 12 条、第 15 条一致）。

通过图 5-1 可以看出，收入最高的上海、最低的是甘肃，相差 4 倍多，同样的人身侵权案件，在上海法院受理和在甘肃法院受理，当事人所获得的赔偿可能存在巨大差异。

从人民法院公布的案例看，同为 2021 年的判决，黄文成等与上海市轮渡有限公司生命权、身体权、健康权纠纷一案中，上海法院判决的死亡赔偿金为 1444640 元；[2]朱某 1、朱某 2 等机动车交通事故责任纠纷案中，甘肃法院判决的死亡赔偿金额为 338218 元。[3]前者是后者的 4 倍多。

1　根据《民事诉讼法》第 28 条的规定，侵权案件由侵权行为地或被告住所地人民法院管辖。根据司法解释的规定，侵权行为地又分为侵权行为实施地、侵权行为结果发生地。信息网络侵权行为实施地包括计算机设备所在地，侵权结果发生地包括被侵权人住所地。因产品、服务质量不合格而提起的侵权诉讼，产品制造地、产品销售地、服务提供地、侵权行为地和被告住所地人民法院都有权管辖。

2　黄文成等与上海市轮渡有限公司生命权、身体权、健康权纠纷案，文书全文 https：//wenshu.court.gov.cn/website/wenshu/181107ANFZ0BXSK4/index.html?docId=6686b2f4d2ea46b9b7e1ae2d00ad7f1c，2022 年 2 月 25 日最后访问。

3　朱某 1、朱某 2 等机动车交通事故责任纠纷案，文书全文 https：//wenshu.court.gov.cn/website/wenshu/181107ANFZ0BXSK4/index.html?docId=46c33e852c1b4315ac13ae0b014a6899，2022 年 2 月 25 日最后访问。

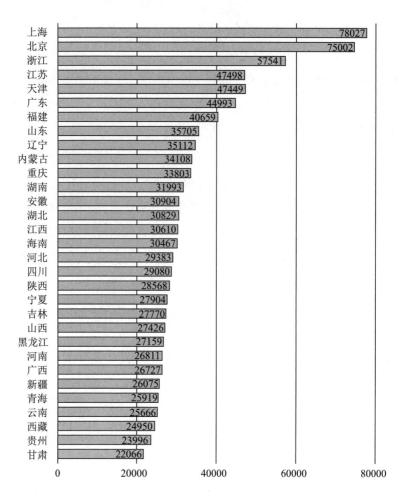

图 5-1 31 个省（自治区、直辖市）2021 年居民人均可支配收入情况（单位：元）

数据来源：国家统计局

黄文成等与上海市轮渡有限公司生命权、身体权、健康权纠纷一案判决书如下：

上海市杨浦区人民法院

民事判决书

（2021）沪 0110 民初 20515 号

......

判决如下：

被告上海市轮渡有限公司应于本判决生效之日起十日内赔偿原告黄文成、吴雨蕾死亡赔偿金 216,696 元、丧葬费 8622 元、精神损害抚慰金 7500 元、交通费 150 元、律师费 5000 元。

朱某1、朱某2等机动车交通事故责任纠纷判决书:

甘肃省平凉市崆峒区人民法院

民事判决书

（2021）甘 0802 民初 7690 号

......

判决如下:

1. 原告朱某1、朱某3、朱某2 的亲属朱天恒的医疗费 7721.90 元、死亡赔偿金 338218 元、丧葬费 41696 元、处理丧葬事宜支出的交通费 400 元、处理丧葬事宜的误工费 2457.30 元、拖车费 300 元、精神损害抚慰金 9000 元，合计 399793.20 元，由被告太平财产保险有限公司商丘分公司在×××号车交强险分项责任限额范围内赔偿 188021.90 元，在商业第三者责任险责任限额范围内赔偿剩余 211771.30 元的 30 % 即 63531.39 元，以上共计赔偿 251553.29 元（原告朱某1、朱某3、朱某2 在领取上述赔偿款项时退还被告陈某支付的 50000 元）；

（上述执行内容限本判决生效后十五日内履行）

二、谨慎提出管辖权异议

管辖权异议既是当事人的一项权利，也是当事人的一项义务。所谓权利，指当事人有权就法院受理错误提出不同意见，且有权上诉。所谓义务，指当事人提出管辖权异议必须实事求是，合法有据，不得因意图拖延案件审理时间而恶意提起管辖权异议。司法实践中存在不少法院认为当事人提起管辖权异议的行为违反诚实信用原则，拖延诉讼，进而予以处罚的案例。[1]

根据当事人提出管辖权异议的理由，可以分为以下类别。

第一种是理由明显不成立的，具体包括法院硬件设备不完善、空气不新鲜等。

第二种是故意曲解法律的，提出的理由明显没有法律依据或违背法律规定。

第三种是故意歪曲事实提出管辖权异议的，比如故意隐瞒或杜撰合同关于管辖的约定。

第四种是伪造证据提起管辖权异议。

第五种是违背禁反言原则，就同一案件故意提出前后矛盾的理由。比如原告向

---

1 滥用管辖权异议被罚 5 万元！https：//baijiahao.baidu.com/s?id=1710957472793636607&wfr=spider&for=pc，2022 年 2 月 22 日最后访问。

A 法院起诉，被告提出管辖权异议，认为应当向 B 法院起诉；当原告向 B 法院起诉时，被告又提出本案应由 A 法院管辖。这种异议完全不是基于法律规定，而是故意对抗，拖延诉讼的目的非常明显。

就当事人违背诚信，是否应予以处罚事宜，最高人民法院关于林亚查其他决定书中所阐述的理由，对于界定管辖权异议的处罚边界具有重要指导意义。[1]

中华人民共和国最高人民法院

复议决定书

（2019）最高法司惩复 6 号

......

《民事诉讼法》第十三条第一款规定："民事诉讼应当遵循诚实信用原则。"该项原则体现在民事诉讼法的具体规定和整个诉讼程序过程中，违反该项原则，应承担相应的法律后果。林亚查在保证合同明确约定管辖法院的情形下提起管辖权异议，有违诚实信用原则，江西高院（2019）赣民初 54 号之一民事裁定依法予以驳回，正是司法裁判贯彻诚实信用原则的体现，当事人因其滥用管辖权异议权利的行为已承担了相应的法律后果。在法律明确采取完全列举条款限制罚款强制措施适用范围的前提下，司法实践中并无依据诚实信用原则扩张适用该项强制措施的余地。故江西高院依据诚实信用原则，对当事人滥用管辖权异议行为课以罚款，适用法律不当。

......

最高人民法院阐述的理由对于此类案件正确适用法律具有普遍的指导意义。客观地讲，林亚查是否存在违背诚实信用原则，恶意拖延诉讼的故意？江西高级人民法院尽管未对其进行询问（即使询问当事人亦未必如实陈述），未获得其亲口承认，从行为（客观）上也可以高度盖然地推导其具有主观故意。最高人民法院并没有局限于这些细枝末节，而是从法律适用的角度阐述理由。民事诉讼诚实信用原则是贯穿整部法条的基本原则，具有指导意义和概括性。根据基本原则，立法机关制定具体的法律规范，人民法院根据具体的规范进行判决，而不是相反。基本原则不具有直接适用性，违反基本原则的法律责任只有体现在具体的法

1　最高人民法院：林亚查其他决定书，文书全文 https：//wenshu.court.gov.cn/website/wenshu/181107ANFZ0BXSK4/index.html?docId=7bffc3b8bc9246c3a5eeadc600c983b5，2022 年 2 月 22 日最后访问。

律规范后才具有可适用性。

此外，因当事人意欲拖延诉讼就罚款，罚款的正当性值得商榷。犹如原告的起诉行为，毫无疑问，原告意欲法院支持其诉讼请求，在原告的诉讼请求没有全部获得法院支持的情况下，是否也应当罚款？正如最高人民法院的裁定所示，原告的诉讼请求没有获得支持，本身就是一种处罚。此外，判决原告分担部分诉讼费，是对原告进一步的惩罚，这些已经足以体现对原告的惩罚，另外再予惩罚于法不妥。管辖权异议也是如此，驳回其异议即可。

司法实践中对于当事人提起管辖权异议的案件确实能够拖延诉讼，短则数月，长则经年，但这并非当事人的缘故。管辖权异议案件审查简单，拖延如此之久是因为司法机关案件流转的缘故，只要提高效率，当事人利用管辖权异议拖延诉讼根本无法实现。

还有一个原因是管辖权异议的案件费用非常简单，只有区区的 100 元，司法机关可能会觉得单纯驳回管辖权异议的处罚不够，所以另外再予以罚款。这种补罚的行为有违法治精神，如果认为诉讼费分担处罚金额不够，应改变立法，增加管辖权异议的成本。

在司法实践中，确实有些当事人存在恶意提起管辖权异议的行为，而且恶意特别明显。比如有些当事人，收到仲裁通知时，提出本案应当诉讼；可面对同一案件在收到法院传票时，又说本案应当仲裁。与此类似的情形是当事人在收到 A 法院的受理通知书时，提出案件应当由 B 法院管辖的异议；可面对同一案件在收到 B 法院的传票时又说是 A 法院管辖。[1]

与此类似的是，对于同类案件，管辖权异议已经被法院驳回，在此后的案件中，明知管辖权异议不能成立，可是仍提起申请。面对这些异议申请，除非修改相关规定，对于诚实信用原则不应扩大适用，否则无异于牺牲了法律适用的合法性。诚实信用原则适用的扩大，会造成法官自由裁量权的滥用，不利于促进司法的统一性。

三、特殊情况下的管辖权异议

还有一类比较典型的管辖权异议案件，原告到法院起诉，被告认为双方不存在任何法律关系，此类案件应如何确定管辖权？对于海口市琼山区人民法院受理的

---

[1] 魏丽娜：《滥用管辖权异议浪费司法资源，这家公司被重罚 90 万》，https：//baijiahao.baidu.com/s?id=1695840010379218362&wfr=spider&for=pc，2022 年 2 月 23 日最后访问。

（2021）琼0107民初5425-5428号劳务合同纠纷案件，被告否认与原告存在任何法律关系；被告同时认为，法院受理该案没有管辖的法律依据，因为原告到法院起诉，没有提交任何与被告存在法律关系的证据，且本案不适用审理后才查明的情形。针对被告的管辖权异议，海口市琼山区人民法院最终作出将案件移交被告所在地人民法院管辖的裁定。

管辖权异议申请书

申请人：广东省中港装饰股份有限公司

被申请人：张秋豪、刘志忠、熊海强、王成

关于海口市琼山区人民法院受理的（2021）琼0107民初5425-5428号劳务合同纠纷案件，申请人认为贵院无管辖权，依法应移送申请人所在地人民法院审理。因为申请人并未承包海航空乘学院模拟机楼的装修工程，从被申请人提交的初步证据看，并没有申请人与第三人签署任何施工合同的依据，因此被申请人以工程所在地法院管辖于法无据。

同时，尽管是否存在案涉工程需要待审理后才能决定，但目前以合同存在受理案件与此相悖。在被申请人没有证据证明施工合同存在的情况下，由被告所在地深圳市福田区人民法院管辖符合法律规定。

特此申请，敬请批准。

申请人：广东省中港装饰股份有限公司

2021 年 10 月 9 日

四、律师选择管辖法院的要点

律师与人民法院在确定管辖时的原则既有相似之处，又有不同点。人民法院制定管辖原则时考虑的是便于当事人行使诉权及便于法庭查明案件事实。律师在选择管辖法院时应考虑的是如何对委托人有利的原则。

（一）多名被告管辖法院的确定

对于有多名被告的诉讼案件，当事人有权选择其中任何一位被告所在地法院管辖。对于此类案件，并非必须将所有被告均列入诉讼，而是应根据案件实际需要进行确定。考量的因素包括哪些被告是构成管辖的连接点，哪些被告不宜立即起诉等。由于我国诉讼法规定诉讼费的缴纳仅与诉讼标的有关，与被告的人数无关，所以与案件有利害关系的一方均可以考虑作为被告。

（二）接收货币一方所在地法院管辖

《最高人民法院关于适用〈中华人民共和国民事诉讼法〉的解释》第18条第2款规定的接收货币一方作为合同履行地，此处的合同不应局限于借款合同，还包括其他类型的合同。最高人民法院审理的关于"郑孟君与肖爱民买卖合同纠纷"案中，就确定了买卖合同适用该规定管辖。[1]

中华人民共和国最高人民法院

民事裁定书

（2017）最高法民辖26号

……

本院认为，从郑孟君起诉的情况看，本案系买卖合同纠纷，肖爱民从郑孟君处购买了云南三七牙膏后，郑孟君主张肖爱民未支付全部货款，请求人民法院判决肖爱民履行给付货款的义务，故本案的争议标的为给付货币，合同履行地为接收货币一方即郑孟君的住所地湖南省隆回县。根据《中华人民共和国民事诉讼法》第二十三条关于"因合同纠纷提起的诉讼，由被告住所地或者合同履行地人民法院管辖"的规定，肖爱民住所地昆明市西山区人民法院和合同履行地湖南省隆回县人民法院对本案均有管辖权。湖南省隆回县人民法院在先立案的情况下，将本案移送昆明市西山区人民法院审理不当。

依照《中华人民共和国民事诉讼法》第三十六条规定，裁定如下：

本案由湖南省隆回县人民法院审理。

本裁定一经作出即生效。

五、依职权移送管辖案件的异议

对于依职权移送管辖的案件，如果当事人有异议，此时应如何处理？

最高人民法院对十三届全国人大二次会议第5785号建议的答复

……

因此，人民法院依职权作出的移送管辖裁定，是不允许上诉的裁定。从依职权移送管辖的目的来看，管辖作为民事诉讼的重要制度，是民事程序运作的前提，对于保障当事人诉权具有重要意义，法律规定人民法院发现本院受理的案件无管辖权

1　郑孟君与肖爱民买卖合同纠纷案，文书全文 https：//wenshu.court.gov.cn/website/wenshu/181107ANFZ0BXSK4/index.html?docId=917ea34ddf7448e89cbaa85700bf6cf2，2022年2月25日最后访问。

时应移送有管辖权人民法院，目的是及时纠正管辖错误，属于人民法院行使职权，解决内部具体分工和协调问题。同时，若当事人对于法院依职权移送管辖有异议，可向受移送人民法院提出管辖权异议。因为依职权作出的移送裁定无关当事人关于管辖的主观意思，不涉及"一事不再理"原则问题，对此，《民事诉讼法》并未排除当事人具有提出管辖权异议的诉讼权利。

综上，您的建议非常具有前瞻性和建设性，下一步我们将加强调查研究，指导全国法院严格遵守《民事诉讼法》关于依职权移送管辖的相关规定，及时总结司法实践中的问题并研究解决方案，最大程度的保护当事人的诉讼权利，减轻当事人诉累。

感谢您对人民法院工作的关心和支持。

2019 年 7 月 22 日

从最高人民法院给出的答复中可以明确看出，对人民法院依职权移送的案件，当事人不得提起上诉，但可以向受移送的人民法院提出异议，如此规定的目的是及时纠正管辖错误。对于该规定，无论从理由还是做法均值得商榷。

（一）目的缺乏正当性

根据最高人民法院的意见，不允许当事人对法院依职权移送裁定提起上诉的目的是由于该移送系法院自行纠错。但允许当事人提起上诉与纠正管辖错误并不矛盾，上诉可以更好地纠正管辖错误。

（二）向受诉法院提出管辖异议不利于提高审判效率

作为救济手段，最高人民法院认为可以向受移送法院提起异议，此举不如规定当事人有上诉权，因为如果异议成立，受移送法院应报共同的上级，如此反复可能经年累月。从上述最高人民法院审理的关于"郑孟君与肖爱民买卖合同纠纷"案中，原告自 2015 年 12 月立案，到最高人民法院作出 2017 年 12 月作出裁定，关于管辖问题历经两年。不但严重耽误原告实现债权的时间，而且严重影响审判效率，基层人民法院层层上报，直至最高人民法院，严重浪费司法资源，损害司法公信力。

第二节　诉讼请求的明确

[引例]

洪深、海南中度旅游产业开发有限公司房屋买卖合同纠纷再审案 [（2020）最高法民再 287 号]：原告洪深因与被告海南中度旅游产业开发有限公司存在房屋买卖合同纠纷，于 2017 年向海南省三亚市中级人民法院提起诉讼，诉讼请求：判令中度旅游公司继续履行编号为 20141102550238 的《商品房买卖合同》。一审法院判决：驳回洪深的诉讼请求。二审法院判决：驳回上诉，维持原判。该案经最高人民法院提审后，于 2020 年改判支持原告一审诉讼请求，海南中度旅游产业开发有限公司继续履行 2014 年 11 月 9 日与洪深签订的《商品房买卖合同》。[1]

试评析原告的诉讼请求。

一、诉讼请求的确立

诉讼请求是律师代理民事案件首先要面对的问题。诉讼请求是原告的诉讼目的，诉讼程序的启动、审理乃至最终的判决与执行均围绕着原告的诉讼请求，可见诉讼请求对于原告而言无比重要。

鉴于人民法院仅就当事人的诉讼请求进行审理，不审理诉讼请求之外的内容，且诉讼请求的变更截止于法庭辩论终结之前，所以诉讼请求的明确、具体、全面尤其重要。

（一）明确、具体

诉讼请求明确是指请求法院判决的内容具体、不含糊、没有任何歧义。这是律师的基本功，律师在确定诉讼请求时不应存在此类问题。

（二）符合法律规范

其一，我国关于诉的分类有三种，分别为给付之诉、确认之诉、形成之诉，当事人提出的诉讼请求应属于这三类之一，不得超出该三类的内容。

其二，确认之诉原则上以确认一定法律关系的存在与否作为诉讼请求，单纯的事实不宜作为请求的对象。此外，还要区别先决事项与确认之诉的关系，不宜将诉讼中的先觉之诉作为诉讼请求。

其三，给付之诉又分为现在给付之诉和未来给付之诉，未来给付之诉可能涉及的金额非常巨大，对当事人的利益非常重要，在起诉时应予以考虑。

在最高人民法院作出的关于吉林佳垒实业有限公司、张泽亮民间借贷纠纷二审民事判决书中，原告在起诉时主张了未来给付的内容，可能的未来给付金

---

[1] 洪深、海南中度旅游产业开发有限公司房屋买卖合同纠纷再审案，文书全文 https：//wenshu.court.gov.cn/website/wenshu/181107ANFZ0BXSK4/index.html?docId=0f88a6fcacf548a39934acca0122fa86，2022 年 3 月 3 日最后访问。

额高达 9000 余万元，如果原告在起诉时没有提起这项诉求，则可能造成巨额损失。[1]

中华人民共和国最高人民法院

民事判决书

（2019）最高法民终 1165 号

（判决书主文略）

综上所述，佳垒公司的上诉请求部分成立。本院依照《中华人民共和国民事诉讼法》第一百七十条第一款第二项之规定，判决如下：

一、维持吉林省高级人民法院（2018）吉民初 70 号民事判决第一项、第三项；

二、变更吉林省高级人民法院（2018）吉民初 70 号民事判决第二项为：刘子旭、刘建、吉林佳垒实业有限公司向张泽亮、刘雪花支付借款的逾期利息（逾期付款利息按照以下方式计算并汇总：以 2000 万元为基数，自 2014 年 3 月 10 日起，按中国人民银行当时确定的同期同类贷款基准利率计算至还清之日止；以 1000 万元为基数，自 2014 年 6 月 10 日起，按中国人民银行当时确定的同期同类贷款基准利率计算至还清之日止；以 1500 万元为基数，自 2014 年 12 月 30 日起，按中国人民银行当时确定的同期同类贷款基准利率计算至还清之日止；以 20083265 元为基数，自 2015 年 3 月 30 日起，按中国人民银行当时确定的同期同类贷款基准利率计算至还清之日止；上述各项利息累计总额即为刘子旭、刘建、吉林佳垒实业有限公司应向张泽亮、刘雪花支付借款的逾期利息，但该总额以 93309074.63 元为限）。

如果未按本判决指定的期间履行金钱给付义务，应当按照《中华人民共和国民事诉讼法》第二百五十三条之规定，加倍支付迟延履行期间的债务利息。

一审案件受理费 833761.7 元，由张泽亮、刘雪花负担 333504.68 元，由刘子旭、刘建、吉林佳垒实业有限公司负担 500257.02 元；财产保全申请费 5000 元由刘子旭、刘建、吉林佳垒实业有限公司负担。二审案件受理费 168480 元，由刘子旭、刘建、吉林佳垒实业有限公司负担 101088 元，由张泽亮、刘雪花负担 67392 元。

本判决为终审判决。

---

1 吉林佳垒实业有限公司、张泽亮民间借贷纠纷二审案，文书全文 https：//wenshu.court.gov.cn/website/wenshu/181107ANFZ0BXSK4/index.html?docId=7ec5895225d24f3889bcab7c011576bf，2022 年 2 月 27 日最后访问。

（三）诉讼请求的全面性

诉讼请求的全面性指律师在确定诉讼请求时，应本着全面维护当事人合法权益的原则，对于有法律依据的诉讼请求要全部提出，不能遗漏。比如上述将来给付之诉，律师应在起诉时一并向法院提出。如果不提出，在同一诉讼中就不能得到一并解决。另案再诉，虽然能够获得支持，但效率低下，或许还会出现得不到履行等其他意想不到的结果。

诉讼请求的全面性是律师应尽的专家职责，除非当事人特别表示予以放弃，如果由于律师考虑不周而导致诉讼请求的遗漏，可能与委托人之间产生不必要的纠纷。如东莞市第一人民法院受理的欧阳铁云与广东大洲律师事务所（以下简称"大洲所"）、曾庆光委托合同纠纷一审案[（2018）粤 1971 民初 7142 号]，原告欧阳铁云向法院起诉被告律师事务所及承办律师：

原告认为其于 2015 年 1 月 10 日 15：30 许在东莞市瑞利名城木艺制品厂上班期间受伤。原告住院 43 天，期间由其配偶护理，出院医嘱休息半年。2015 年 2 月 13 日，东莞市社会保障局向原告作出关于对违反社会保险法规行为的责令限期改正决定书，要求用人单位按照一次性赔偿办法赔偿。2015 年 5 月 28 日，东莞市劳动能力鉴定委员会鉴定原告的伤残等级为七级。原告因被告在诉求中有意出现错误，造成原告巨大的经济损失和精神打击。原告为维护自身合法权益，诉至法院，请求依法裁判。原告的诉讼请求：一、两被告向原告赔偿损失 103057.7 元（包括生活费差额损失 800 元、护理费损失 22300 元、住院期间的伙食补助费损失 1505 元、误工费 3000 元、车费 2000 元、一次性赔偿金差额损失 37010 元、精神赔偿费 5000 元、医疗费损失 15000 元、医疗期间工资 16442.7 元）；二、本案的诉讼费用由两被告承担。[1]

法院经审理后认为，原告与被告大洲所之间成立委托合同关系。被告大洲所应当在授权范围内维护原告的合法权益，按照原告的指示处理委托事务。本案的争议焦点是：被告大洲所在处理委托事务过程中是否存在过错、故意或重大过失，原告是否因此遭受损失。

其一，根据《中华人民共和国合同法》第 406 条的规定，若被告大洲所在提起

---

1 欧阳铁云与广东大洲律师事务所、曾庆光委托合同纠纷一审案，文书全文 https：//wenshu.court.gov.cn/website/wenshu/181107ANFZ0BXSK4/index.html?docId=94d16a8c280a4c6b8c4eab8000a83877，2022 年 3 月 3 日最后访问。

仲裁申请及诉讼请求过程中存在过错、在仲裁庭审过程中存在故意或重大过失，并由此造成原告遭受损失的，应当承担赔偿责任。

其二，根据《非法用工单位伤亡人员一次性赔偿办法》的规定，原告在非法用工单位受到事故伤害，可以向非法用工单位主张医疗期间的生活费、医疗费、护理费、住院期间的伙食补助费、交通费、一次性赔偿金。被告大洲所作为具有专业法律知识的受托人，应当在接受委托后了解案情并向原告释明其法定权利，原告决定是否主张以及主张哪项权利后，被告大洲所应当按照原告的指示完成委托事务。被告大洲所遗漏护理费、住院期间的伙食补助费、交通费等请求事项的行为存在过错。

其三，根据《非法用工单位伤亡人员一次性赔偿办法》的规定，非法用工单位伤亡人员不享有主张医疗期间工资待遇的权利，其可按照统筹地区上年度职工月平均工资标准主张医疗期间的生活费。被告大洲所计算该项诉求存在错误。由于被告大洲所的计算错误以及未在一审诉求中说明原告对仲裁裁决在生活费项目中扣除 800 元是否不服，导致一审民事判决认定原告放弃自身合法权益，原告因此遭受经济损失 800 元。因此，本院依法认定被告大洲所对生活费计算错误属于过错。

其四，被告大洲所制作的劳动争议仲裁申请书所列一次性赔偿金表述为"2014 年东莞市职工年平均工资 30067 元 ×4 倍 =120268 元"。被告大洲所代原告办理仲裁立案手续时，有关部门确实未发布 2014 年度东莞市职工年平均工资。但从原告提供的录音资料可知，原告的配偶于 2015 年 8 月 4 日到被告大洲所与之协商时，被告大洲所已查询到 2014 年度东莞市职工年平均工资 36057 元，并声称按"三万六"计算得出请求的标的额"十六万"。但被告大洲所指派的律师在 2015 年 9 月 25 日参加仲裁庭审时，明知道其申诉请求因情势变更需要特别说明，却未向仲裁庭明确说明计算标准，其行为构成重大过失。

综上，法院依法认定被告大洲所在处理委托事务过程中存在过错及重大过失，应当向原告赔偿损失。结合双方的行为与案涉损失之间的原因力大小、被告大洲所收取的代理费金额等因素，法院依据公平原则酌情认定被告大洲所应当向原告赔偿损失 20000 元。

该案即是由于律师事务所疏忽，承办律师不专业、不敬业，遗漏了部分诉讼请求，导致被委托人索赔。有些案件的诉讼请求虽然遗漏，但可以另行起诉，以获得法院支持。该案的诉讼请求由于遗漏，已经超过诉讼时效，损失不可能得到弥补，律师事务所应因此而承担责任。

此外，诉讼请求的全面性还包括诉讼请求的实现及可操作性。比如在房屋买卖合同纠纷案件中，应将协助办理过户手续及腾空交付房产一并作为诉讼请求。否则，单纯请求法院判决确认房产归原告所有，过户手续及交房事项难以请求法院予以执行。因为这些内容没有作为判决内容，法院强制执行没有依据。尽管依据民事实体法，房产所有权包括占有、使用、处分、收益等权利，这是针对房产在自己控制、支配之下的权利行使。如果房产不在自己名下，需要法院予以执行，上述协助过户的内容作为诉讼请求。

引例中，原告从一审、二审到再审，历时 4 年历经艰辛终于获得有利判决。原告诉讼请求的目的实质上是为了获得房产的所有权，作为不动产，所有权的标志是房产登记。因此，原告仅提出继续履行合同的诉讼请求尚不够全面，还应当包括交付案涉房产、协助办理过户手续等。当然，法院已经判决被告继续履行合同，从善意履行的角度应当包括上述内容，但如果被告不善意，无疑增加原告再次起诉的诉累。在被告破产，无法配合的情况下，诉讼请求的全面性更为重要。

关于将协助过户一并作为诉讼请求的案例，见任峰炜、田联祎等商品房销售合同纠纷案。

山西省平遥县人民法院

民事判决书

（2021）晋 0728 民初 1970 号

任峰炜向本院提出诉讼请求：1. 请求确认楼房转让协议合法有效；2. 要求四被告腾房并协助办理过户手续；3. 一切诉讼费用由被告负担。

（判决书主文略）

综上所述，对原告要求被告田联祎、王秀花的诉讼请求应予支持，对原告要求被告田锦、仵敏的诉讼请求不予支持。依照《中华人民共和国民法典》第五百九十五条、第五百九十八条、第六百零一条，《中华人民共和国民法》第一百四十四条之规定，判决如下：

一、原告任峰炜与被告田联祎、王秀花于 2021 年 6 月 1 日签订的楼房转让协议有效；

二、由被告田联祎（田长寿）、王秀花于判决生效后十日内将腾房交予原告任峰炜并协助办理过户手续。

三、驳回原告任峰炜的其他诉讼请求。

如果未按本判决指定的期间履行腾房义务，应当依照《中华人民共和国民事诉讼法》第二百五十三条规定，加倍支付迟延履行金。

案件受理费 10300 元，减半收取 5150.0 元，保全申请费 3770 元，由被告田联祎、王秀花负担。

上述是一则房屋买卖合同纠纷案，在该案例中，原告向法院起诉时明确将被告腾空并交付案涉房产、协助办理过户手续作为诉讼请求，法院亦支持了原告的诉请。当出现被告未按生效判决履行义务的情况下，原告有权按照判决内容申请执行。

上述案例还有一个特别之处在于第一项诉讼请求属于确认之诉，第二项诉讼请求属于行为给付之诉，不同的诉讼类型在一个诉讼中提出是否存在不妥之处？

这涉及诉的合并。诉的合并是为了提高诉讼效率以及法律适用的统一性而设置的诉讼制度。诉的合并和合并审理不同，后者是将数个单独的案件共同审理。这在解决当事人起诉的案件为一案还是数案时具有重要的实际意义。

对于何为一案？何为数案？立法并没有明确的规定，当事人相同、受理法院相同、诉讼程序相同是所有可以作为一案的前提依据。在此前提下，是否还有其他标准？上述案例足以说明诉讼请求的类型不是分案的依据，事实的关联性才是重要依据。同一法律事实引发的请求权，应当在一案中解决，即使存在多个或多种诉讼请求。即使事实不同，但属于同一性质，也可以在一个诉讼中解决，比如金融贷款纠纷，虽然当事人多次借贷，存在多份借款协议，仍可以作为一个案件起诉。

在考察诉讼请求全面性的同时，必要性也是值得注意的内容。除了前述先决事项不宜作为单独的诉讼请求之外，合同效力是否应当作为独立的诉讼请求亦值得注意。在审判实践中，案涉合同的效力是法庭必须要审查的内容，无论当事人是否提出此项诉讼请求。但在司法实践中，有不少当事人的诉讼请求为确认民事法律行为有效或无效。确认民事法律行为的效力是否多此一举？最高人民法院在鄂尔多斯市人民政府、远洋装饰工程股份有限公司建设工程施工合同纠纷二审案 [（2017）最高法民终 871 号] 中明确阐述："本院开庭庭审中，市政府对本院归纳的庭审争议焦点提出异议，要求将案涉《合作协议》是否有效增加为争议焦点。对此，远洋公司当庭提出异议。本院当庭已向双方释明，关于合同效力的审查，属于人民法院依职权主动审查的范围，不取决于当事人是否提出关于合同效力的诉讼请求。"

确认合同效力是否作为诉讼请求应结合当事人的总体诉求进行考察。如果诉讼请求仅涉及合同效力，不涉及其他内容，或者效力性的诉讼请求是其他诉讼请求的依据（非先决事项），则应当作为诉讼请求。比如在房屋买卖合同纠纷中，双方签署合同后，尚未履行，其中一方提出合同无效，不同意继续履行，则该方可以提起确认合同无效之诉。如果该方除要求确认合同无效之外，还主张合同无效给其造成的损失，则应当将合同无效与赔偿损失一并作为诉讼请求。因为这两者不但有关联性，合同无效是损失赔偿的基础，而且，判决合同无效还可以阻却对方要求继续履行的诉求。

最高人民法院在崔伟政、吴前华股权转让纠纷再审案中，原告崔伟政向一审法院起诉请求：（1）确认崔伟政与吴前华之间的股权转让合法有效；（2）判令吴前华、绿地公司按照股权转让的约定为崔伟政办理股权转让确认的天津市汉沽区东风南路东侧四季花苑（B区）36号楼-1-501，36号楼-3-401号，东风路111、113、115、117、119、121、123、125/127、129、131、133、135、137、139、141、143、145、147、149、151、153号，沟东街114、116、118号房屋的所有权转移登记手续；（3）判令吴前华按照155号房产的价款向崔伟政支付股权转让款2355336元；（4）诉讼费、担保费、保全费由吴前华、绿地公司承担。原告请求确认股权转让行为有效是其他诉讼请求的重要基础，因为只有股权转让行为有效，原告才有权取得股权转让的对价，并以该对价作为房款。

最高人民法院提审后部分支持了原告的再审请求：

崔伟政的再审请求部分成立。依照《中华人民共和国民事诉讼法》第二百零七条第一款、第一百七十条第一款第二项之规定，判决如下：

一、撤销天津市高级人民法院（2018）津民终99号民事判决和天津市第二中级人民法院（2017）津02民初813号民事判决；

二、确认天津市绿地置业有限公司2012年首届二次股东会决议（01号）及其附件中关于崔伟政将其名下天津市绿地置业有限公司24%的股权转让给吴前华的相关约定有效；

三、吴前华于本判决生效之日起十五日内办理将天津市汉沽区东风南路东侧四季花苑（B区）36号楼-1-501，东风路111、113、115、117、119、121、123、125/127、129、131号，沟东街114、116、118号等房屋所有权转移到崔伟政或者任汉林名下的所有权转移登记手续［其中，四季花苑（B区）36号楼-1-501号房屋过户到任汉林名下，其余房屋过户到崔伟政名下］；

四、天津市绿地置业有限公司在本判决生效之日起十五日内协助吴前华办理本判决第三项所涉房屋所有权转移登记手续；

五、驳回崔伟政的其他诉讼请求。[1]

诉讼费用的承担也是如此。将诉讼费的承担作为一项独立的诉讼请求是当事人的普遍做法。从当事人的角度，考虑的是不诉不理，如果不提起该项诉讼请求，担心法院对诉讼费的分担不予处理，从而有损自己的权益。值得考虑的是人民法院的处理方式，当事人提出独立的诉讼费分担的诉讼请求后是否应当予以受理？目前法院的普遍做法是，对此项请求予以受理，没有释明要求放弃，但即使当事人提出诉讼费分担的独立诉讼请求，人民法院并未将其作为一项诉请予以对待，没有就此予以裁决，而是在裁决项之外予以处理。

法院对于诉讼费分担的处理是正确的。因为《诉讼费用交纳办法》第29条明确规定了诉讼费的承担依据，既然法院通知原告预交诉讼费的依据为《诉讼费用交纳办法》，人民法院在决定诉讼费分担时也理应按该办法执行。[2]但人民法院对于原告诉讼费承担的诉讼请求予以受理显然不妥。

首先，从诉讼费的法律属性上看，人民法院不应受理原告的此项诉讼请求。诉讼费是由国家收取的，体现的是对败诉方一定程度的司法惩戒，有利于宣扬守法意识以及弥补部分公共财政支出。这一属性决定了诉讼法的分担属于公法范畴。而诉讼请求体现的是平等主体之间的权利义务，是私法范畴，属于私权利。显然，作为诉讼请求的私权利无权干涉具有公权力的诉讼费分担。

其次，人民法院既然受理了诉讼费分担的诉讼请求，但在判决时又不予处理，显然于法不妥，除非对该项诉请不予受理。

最后，从《诉讼费用交纳办法》第43条规定的"当事人不得单独对人民法院关于诉讼费用的决定提起上诉"，也可以进一步说明诉讼费承担不应作为诉讼请求。因为诉讼费适用的是决定，不是判项，且无权上诉。

反观司法实践，即使是最高人民法院受理的一审案件，如广东本草药业集团有限公司与贝斯迪大药厂产品责任纠纷案，研读如下判决书，可以发现原告将诉讼费承担作为独立诉讼请求，人民法院对此予以受理后在判决时却对该项诉请视而不见，

---

1 崔伟政、吴前华股权转让纠纷再审案，文书全文 https：//wenshu.court.gov.cn/website/wenshu/181107ANFZ0BXSK4/index.html?docId=9f38280c7d1944c498fbad3b0124398a，2022年3月3日最后访问。
2 《诉讼费用交纳办法》第29条：诉讼费用由败诉方负担，胜诉方自愿承担的除外。部分胜诉、部分败诉的，人民法院根据案件的具体情况决定当事人各自负担的诉讼费用数额。共同诉讼当事人败诉的，人民法院根据其对诉讼标的的利害关系，决定当事人各自负担的诉讼费用数额。

150

未作出任何回应。这或许司空见惯，但有损司法权威，应当予以改正。[1]

中华人民共和国最高人民法院

民事判决书

（2019）最高法商初 1 号

······

8. 判令贝斯迪药厂承担本案全部诉讼费用。

案件受理费人民币 482,718.82 元，由广东本草药业集团有限公司负担人民币 130,766.47 元，由贝斯迪大药厂（BruschettiniS.R.L.）负担人民币 351,952.35 元。

本判决为终审判决。

诉讼实践中还有一项费用——财产保全担保费，该项费用系基于行使权利而发生的，是当事人向担保机构缴纳的费用，应当作为独立的诉讼请求提出。至于是否能够得到法庭支持，要看双方的合同约定。凡是有合同依据的费用都应获得支持。

二、诉讼标的

诉讼请求与诉讼标的都是民事诉讼中涉及的两个概念。诉讼标的的概念在实务中使用得比较少，但在《民事诉讼法》及其司法解释中多次出现，比如第 55 条"当事人一方或者双方为二人以上，其诉讼标的是共同的，或者诉讼标的是同一种类、人民法院认为可以合并审理并经当事人同意的，为共同诉讼"，可见诉讼请求并非诉讼标的，两者存在区别。但何为诉讼标的，与诉讼请求有何区别与联系，以及这种区别在实务中有何作用，这些问题没有引起足够的重视。

诉讼请求是当事人向法院提出的具体的权益请求，是当事人根据自己对事实和法律的理解而提出的主张，诉讼请求必须具体。诉讼标的则不同，诉讼标的是当事人根据实体法提出的权利主张或声明。诉讼标的是诉讼请求的前提或内在原因，诉讼请求是诉讼标的的外在形式或具体体现。诉讼请求当事人可以进行处分，诉讼标的当事人不得任意处分。[2] 复旦大学段厚省教授的博士后出站报告《民事诉讼标的论》是关于诉讼标的的专著。[3] 在这本书中，段教授全面介绍了诉讼标的的各种学说、含

1　广东本草药业集团有限公司与贝斯迪大药厂产品责任纠纷案，文书全文 https：//wenshu.court.gov.cn/website/wenshu/181107ANFZ0BXSK4/index.html?docId=2034f4f975694045869aab220113f8ab，2022 年 2 月 27 日最后访问。

2　常怡主编：《民事诉讼法学》，中国政法大学出版社 2017 年版，第 140~141 页。

3　段厚省：《民事诉讼标的论》，中国人民公安大学出版社 2004 年版。

义、识别等。诉讼标的在司法实践中具有重要的作用，它是裁判对象、管辖的确定，是诉讼时效的适用，是既判力客观范围的确认。[1]比如在审查前案与后案是否属于重复诉讼的案件中，根据《民事诉讼法司法解释》第247条的规定，判断标准之一即是诉讼标的是否相同，而非诉讼请求是否相同。因此，我们有必要厘清两者的关系。掌握两者的区别并恰当地加以应用，对于获得有利的裁决结果意义重大。

贵州省修文县人民法院

民事裁定书

（2022）黔0123民初346号

……

本案在当事人和诉讼标的上均与（2020）黔0123民初2229号民事判决相同，而本案起诉人要求解除《商品房买卖合同》的诉请实质上否定了（2020）黔0123民初2229号民事案件中起诉人要求继续履行合同及被起诉人协助起诉人办理商品房按揭贷款手续的主张，故本院认为起诉人提起本案诉讼构成重复起诉。虽然《最高人民法院关于适用〈中华人民共和国民事诉讼法〉的解释》第二百四十八条规定裁判发生法律效力后，发生新的事实，当事人再次提起诉讼的，人民法院应当依法受理。但本案起诉人并不符合上述法条规定的情况。首先，（2020）黔0123民初2229号判决作出前涉案房屋已经存在抵押登记尚未注销的情况，起诉人没有证据证明生效判决发生法律效力后，有新的事实发生，导致其合同目的不能实现。其次，（2020）黔0123民初2229号案件审理过程中，发现房屋被抵押的情况下，起诉人坚持不变更诉讼请求，说明其已选择继续履行合同，现在没有新事实发生的情况下，其再次主张解除合同，明显否定了前诉生效判决的结果。最后，起诉人在申请执行过程中，系因为目前起诉人未向银行申请购房贷款，办理购房贷款的条件尚未成就，客观上无法办理房屋的贷款手续，导致执行不能。若在起诉人申请贷款后，被起诉人应协助提供关于该房屋贷款所需的资料，故终结案件的执行。

综上，起诉人坚持起诉，应当不予受理。依照《中华人民共和国民事诉讼法》第一百二十二条、第一百二十六条，《最高人民法院关于适用〈中华人民共和国民事诉讼法〉的解释》第二百四十七条规定，裁定如下：

对刘白洪的起诉，本院不予受理。

---

1 李浩：《民事诉讼法学》，法律出版社2018年版，第117~118页。

如不服本裁定，可以在裁定书送达之日起十日内，向本院递交上诉状，上诉于贵州省贵阳市中级人民法院。

上述案件不予受理就是由于前案和后案的诉讼标的相同。从案件中对当事人以"起诉人"的称谓上也可以看出本案不予受理。如果受理，当事人具备原告的身份地位，称谓应为原告，适用的是驳回起诉。

下列案件尽管当事人进行适当的"伪装"，与原案相比增加了被告人数，但法院审查后认为从诉讼标的角度进行判断，原告的诉讼"以达到其让本院就相同事实、相同标的重复裁决的目的"，属于重复起诉，依法应予驳回。

河南省濮阳县人民法院

民事裁定书

（2021）豫 0928 民初 6898 号

……

本案中，原告等人在上次诉讼（2020）豫 0928 民初 2170 号民事判决书生效后，现就相同事实、相同标的重复向本院提起诉讼，本次诉讼相比上次诉讼，故意减少了一个上次诉讼的当事人刘红亮，并故意增加一个当事人河南天安水利水电工程有限公司，以达到让本院就相同事实、相同标的重复裁决的目的，原告等人本次诉讼实质系重复起诉，违反一事不再理原则，应裁定驳回原告等人的起诉。原告等人可就（2020）豫 0928 民初 2170 号生效民事判决依法申请再审。综上，依据《中华人民共和国民事诉讼法》第一百二十四条第五项、《最高人民法院关于适用〈中华人民共和国民事诉讼法〉的解释》第二百四十七条之规定，裁定如下：

驳回原告王百胜、韩贵英的起诉。

驳回起诉案件，不收取诉讼费。

如不服本裁定，可以在裁定书送达之日起十日内向本院递交上诉状，并按对方当事人的人数或者代表人的人数提出副本，上诉于河南省濮阳市中级人民法院。

三、案由

根据最高人民法院颁布的《民事案件案由规定》，民事案件案由是民事案件名称的重要组成部分，反映案件所涉及的民事法律关系的性质，是对当事人诉争的法律关系性质进行的概括，是人民法院进行民事案件管理的重要手段。在《民事诉讼法》中涉及案由的法条共有四条，分别为第 139 条、第 140 条、第 155 条、第 172

条。我国法院目前受理民事案件的案由共有 473 个。

（一）选择确定案由的重要性

根据案由的定义，案由与诉讼标的、诉讼请求密切联系。当事人在确定诉讼标的或诉讼请求之后，案由随之确定。案由在司法实践中具有重要意义，是法院管辖的依据，是法律适用以及司法统计的需要。[1] 除此之外，案由对当事人诉讼请求能够获得有效支持关系重大。许多律师仅认识到案由对人民法院的重要性，没有认识到案由律师诉讼实务中的重要作用。

从案由在诉讼实践中的运行机制可以看出这种方式的不足。

其一，当事人到法院起诉必须明确案由，没有案由的起诉状法院会通知要求明确。从中国裁判文书网上也可以看出，每个案件都有一个名称，这个名称实质就是案由。

其二，人民法院根据当事人确定的案由确定法律适用，包括程序法与实体法的适用。

其三，根据当事人的诉讼请求以及法庭查明的事实与理由，如果当事人主张的法律关系的性质与事实不符，人民法院可以行使释明权，要求当事人予以变更。

由上述可知，当事人案由的选择可以决定人民法院案件审理的方向。"当事人负责事实，法官负责法律"，法官依据何种因素负责法律？最直接的因素就是案由，基础因素是事实。法官必须依据当事人对案由的选择寻找法律，从而进行法律适用。从审判实践中也可以进一步印证这一审理过程。无论当事人在诉状中就支持诉讼请求的法律援引是否正确，人民法院均不得以法律依据错误而驳回诉讼请求，而是应当按照当事人的诉请进行判决。这一司法过程是"法官负责法律"的真正体现。除非案由与事实不符，人民法院无权变更当事人选择的案由。特别在同一诉讼案件存在多重案由可以选择的情况下，案由的确定对于法律适用、举证责任分配，乃至最终的诉讼结果关系重大。

从下列裁定书中可以看出上述特点。案件的名称为：北京安联置业发展有限公司、北京安恒达投资有限公司股权转让纠纷民事申请再审审查民事裁定书。在裁定书主文第一段亦明确表示，本案股权转让纠纷一案，与案件名称一致。此处"股权转让纠纷"既是案件名称，又是案由。股权转让纠纷属于民事案件案由第 269 项。

---

1 段厚省：《民事诉讼标的论》，中国人民公安大学出版社 2004 年版，第 17 页。

中华人民共和国最高人民法院

民事裁定书

（2021）最高法民申 7385 号

再审申请人（一审被告、二审被上诉人）：北京安联置业发展有限公司，住所地北京市朝阳区东三环北路××楼。

法定代表人：孙慧芳，该公司董事长。

委托诉讼代理人：杨婷，北京市金杜律师事务所律师。

委托诉讼代理人：王琦，北京市金杜律师事务所律师。

被申请人（一审原告、二审上诉人）：北京安恒达投资有限公司，住所地北京市海淀区青云里满庭芳园小区××楼青云当代大厦××房间。

法定代表人：王波，该公司总经理。

委托诉讼代理人：蔡硕，北京金诚同达律师事务所律师。

委托诉讼代理人：张艳利，北京金诚同达律师事务所律师。

再审申请人北京安联置业发展有限公司（以下简称安联公司）因与被申请人北京安恒达投资有限公司股权转让纠纷一案，不服北京市高级人民法院（2019）京民终 1453 号民事判决，向本院申请再审。本院受理后，依法组成合议庭进行了审查，现已审查终结。

本院认为，安联公司的再审申请符合《中华人民共和国民事诉讼法》第二百零七条第二项规定的情形，依照《中华人民共和国民事诉讼法》第二百一十一条、第二百一十三条，《最高人民法院关于适用〈中华人民共和国民事诉讼法〉的解释》第三百九十五条第一款之规定，裁定如下：

一、本案由本院提审；

二、再审期间，中止原判决的执行。

在某些案件中，案由直接关系着诉讼请求的项目。

比如租赁合同纠纷与建设工程合同纠纷，都会涉及建设工程造价鉴定。由于案由不同，前者的赔偿项目应以一方违约给对方造成的损失为主，包括工程造价以及其他损失；后者的赔偿项目主要以建设工程造价为主。

（二）案由弱化的原因

司法实践中很少有人提及案由，案由没有得到应有的重视是由以下原因造成的。

其一，案由与审判实务无关，仅与律师执业技能有关，对案由进行研究的责任主体应为律师。

其二，人民法院对案由有最终的决定权，在当事人选择案由的基础上，根据查明的案件事实，人民法院可以最终确定争议法律关系的性质。

其三，人民法院在作出的判决书中，案由并非一项裁决内容，甚至该项目并不存在，而是被法律关系的性质和案件名称所取代，案由难以作为争议的内容。

四、律师费转付

律师费转付是指胜诉方支付的合理的律师费由败诉方承担，类似于诉讼费的分担。我国尚未实现律师费转付制度，但符合一定情况的律师费可以由败诉方承担。这种情况下，律师费转付应当作为一项独立的诉讼请求。律师费能够获得支持的主要包括下列情形：

其一，合同约定。如果当事人就律师费的承担在合同中有相应约定，则人民法院在判决时应予以支持。最高人民法院在关于海天建设集团有限公司、西安华峰置业有限公司等建设工程施工合同纠纷民事二审案件中认为："关于原审案件受理费应如何承担，律师费、保全费等费用应否支持的问题。海天公司主张因华峰公司违约导致其支出律师费、保全保险费、保全申请费及原审案件受理费，故该合理支出由违约方华峰公司承担。《复工协议》第七条明确约定：'若因甲方（华峰公司）未能按期足额支付上述款项，逾期除须以未付款项额日1‰的利息向乙方（海天公司）承担违约责任外，乙方有权向甲方主张包括但不限于律师费、调查费、交通费、住宿费、诉讼费及保全费等相涉合理费用。'因我国民事诉讼立法并无律师费的承担问题，法院在裁决案件的律师费应如何承担时应充分考虑海天公司诉求华峰公司支付律师费是否存在正当性和合理性及律师费数额应如何确定的问题。本案中，涉案事实清楚，华峰公司构成违约，双方当事人对此均不持异议。根据原审提交委托代理合同、《陕西省律师服务收费管理实施办法》《西安市律师服务收费指导意见》、陕西博义律师事务所律师费发票及二审新提交剩余律师费发票及部分转账凭证，应认定律师费金额合理，且委托代理合同明确约定分期支付律师费，分期支付方式亦不违反法律法规。财产保全阶段的律师费与律师代理工作紧密相关，具有合理性，亦属于海天公司为实现债权所支出的费用。海天公司二审提交的新证据足以证明待付律师费将得到支持。故，海天公司该项上诉请求应予支持。"遂判决：

综上所述，海天公司关于律师费、保全保险费的上诉理由成立，应予支持。原审判决认定事实基本清楚，适用法律正确。依照《中华人民共和国民事诉讼法》第一百七十条第一款第二项之规定，判决如下：

一、维持陕西省高级人民法院（2017）陕民初22号-5民事判决第三项，即"驳回海天建设集团有限公司的其他诉讼请求"；

二、变更陕西省高级人民法院（2017）陕民初22号-5民事判决第一项为"西安华峰置业有限公司应在本判决生效之日起三十日内向海天建设集团有限公司支付违约金和律师费、保全保险费、保全申请费等共计1072.8949万元"；

三、西安天朗地产集团有限公司对上述第二项中西安华峰置业有限公司应向海天建设集团有限公司履行的债务承担连带清偿责任。

二审案件受理费133495元，由上诉人西安华峰置业有限公司负担98780元，上诉人海天建设集团有限公司负担34715元。

其二，知识产权案件，此类案件根据规定，合理的律师费由败诉方承担。

其三，仲裁案件，根据深圳国际仲裁院实行的《仲裁规则》（2020年10月1日施行）第64条第4项，仲裁庭有权根据当事人的请求在裁决书中决定由败诉方补偿胜诉方的律师费。

其四，深圳地区劳动合同纠纷案件劳动者支付的合理律师费，这是体现对劳动者的特别保护。[1]

五、确立正确诉讼请求的路径

新入行的律师在拿到一个案件后，对于确定诉讼请求时难免打怵，不知道从何入手，怕由于考虑不周而引起错误。打怵难免，说明能够客观审视自己的能力，任何一个经验丰富的律师都经历过这个过程。快速、准确确立诉讼请求可以遵循以下路径。

其一，准确把握各类诉讼的含义。

其二，仔细研读各类司法解释，包括《九民纪要》等，了解随附诉讼请求的适用情形。

其三，研读中国裁判文书网公布的案例，以判决内容为参照确立诉讼请求。

这三种途径都能协助当事人确立合适的诉讼请求，其中第三点是最直接、最简

---

[1] 《深圳经济特区和谐劳动关系促进条例》第58条："劳动争议仲裁和诉讼案件，劳动者胜诉的，劳动者支付的律师代理费用可以由用人单位承担，但是最高不超过五千元；超过五千元的部分，由劳动者承担。"

便和有效的方式。

相关案例如湖北普罗格科技股份有限公司、北京格瑞纳健峰生物技术有限公司计算机软件开发合同纠纷民事二审案，原告一审时的诉讼请求：

1. 判令解除格瑞纳公司与普罗格公司于 2017 年 3 月 30 日签订的《北京格瑞纳健峰生物技术有限公司物流中心 Pro-TMS 软件许可证合同》（以下简称 TMS 合同）；2. 判令普罗格公司返还格瑞纳公司已经支付的合同款 64000 元；3. 判令普罗格公司向格瑞纳公司支付违约金（以 64000 元为基数，按照日千分之三的标准，自 2017 年 11 月 24 日起计算至实际支付之日止）；4. 判令普罗格公司承担格瑞纳公司因本案支出的律师费 15000 元及公证费 2000 元，合计 17000 元；5. 判令普罗格公司承担本案的全部诉讼费用。

一审判决：

一、格瑞纳公司与普罗格公司于 2017 年 4 月 1 日签订的《北京格瑞纳健峰生物技术有限公司物流中心 Pro-TMS 软件许可证合同》于 2018 年 10 月 27 日解除；二、普罗格公司于判决生效之日起十日内向格瑞纳公司返还合同款 64000 元；三、普罗格公司于判决生效之日起十日内向格瑞纳公司支付违约金 13000 元；四、驳回格瑞纳公司的其他诉讼请求。如未按判决所指定的期间履行给付金钱义务，则应依据《中华人民共和国民事诉讼法》第二百五十三条规定，加倍支付迟延履行期间的债务利息。一审案件受理费 2940 元，由格瑞纳公司负担 940 元，由普罗格公司负担 2000 元。

二审判决：

一、维持北京知识产权法院（2018）京 73 民初 1008 号民事判决第三项；

二、撤销北京知识产权法院（2018）京 73 民初 1008 号民事判决第一项、第二项、第四项；

三、北京格瑞纳健峰生物技术有限公司与湖北普罗格科技股份有限公司于 2017 年 4 月 1 日签订的《北京格瑞纳健峰生物技术有限公司物流中心 Pro-TMS 软件许可证合同》于 2021 年 11 月 24 日解除；

四、湖北普罗格科技股份有限公司于本判决生效之日起十日内向北京格瑞纳健峰生物技术有限公司返还合同款 15000 元；

五、驳回北京格瑞纳健峰生物技术有限公司的其他诉讼请求。

如果未按本判决指定的期间履行给付金钱义务，应当按照《中华人民共和国民事诉讼法》第二百五十三条之规定，加倍支付迟延履行期间的债务利息。

一审案件受理费 1825 元，由北京格瑞纳健峰生物技术有限公司负担 825 元，湖北普罗格科技股份有限公司负担 1000 元。二审案件受理费 1725 元，由北京格瑞纳健峰生物技术有限公司负担 725 元，湖北普罗格科技股份有限公司负担 1000 元。

这一判决值得借鉴之处在于解除合同的案件，根据合同法的相关规定，必然伴随着返还财产、赔偿损失等法律后果，原告在起诉时宜一并主张。

比较诉讼请求和判决结果，可以看出两者的差别，研究这些差别，可以修正诉讼请求的内容。鉴于不诉不理的原则，法院的判决受限于当事人的诉求，诉讼请求的最佳标准是既不遗漏可以主张的权利，又不超越应当的范畴。最好的诉讼请求即是判决内容。

在另一则江苏省泰州医药高新技术产业开发区人民法院审理的中国工商银行股份有限公司泰州新区支行、李金高信用卡纠纷民事一审案中，可以进一步比较诉讼请求与判决内容的关系。

原告的诉讼请求：

1. 判令被告立即偿还原告信用卡欠款本息合计人民币 100811.34 元（其中本金 93006.82 元，利息 5804.54 元、违约金 2000 元，计算至 2021 年 7 月 4 日，自 2021 年 7 月 5 日起至实际清偿之日止，按中国工商银行牡丹卡领用合约规定的标准所承担的利息、违约金）；

2. 判令被告承担本案诉讼费。

法院的判决：

一、被告李金高于本判决生效后十日内归还原告中国工商银行股份有限公司泰州新区支行截至 2021 年 7 月 4 日信用卡欠款本息合计人民币 98811.36 元（其中本金 93006.82 元，利息 5804.54 元）及自 2021 年 7 月 5 日起至实际清偿之日止，按中国工商银行牡丹卡领用合约规定的标准所承担的利息；

二、驳回原告中国工商银行股份有限公司泰州新区支行其他诉讼请求。

尽管从金额上法院没有完全支持原告的诉讼请求，但从内容上原告的诉讼请求完全获得支持，不存在诉讼请求遗漏之处。唯一不足是按"中国工商银行牡丹卡领用合约规定的标准所承担的利息"的判决内容不够明确，如果列明具体的计算标准则更加有利于判决的执行。

六、诉的合并

对于一份关于书法作品的买卖合同，如果卖方拒绝配合交付作品，作为买方，可以提出怎样的诉讼请求？

从可能性上考察，买方可以提出要求卖方继续履行合同的诉讼请求，但这里存在一个不确定性，万一书法作品已经出售给他人，根据《民法典》第580条的规定，买方要求卖方交付的诉讼请求因事实上不能履行而无法获得法院支持。但买方又不想轻易放弃，此时卖方就可以依据诉的合并原理提起诉讼。即同时提出两项诉讼请求，一项为继续履行合同；同时声明，在第一项诉讼请求无法获得法院支持的情况下，第二项诉讼请求为解除合同，要求卖房返还款项及赔偿损失。

诉的合并包括主体合并和客体合并。诉的主体合并比较简单，指将同一诉讼的多名原告或多名被告合并到一个程序中审理。诉的客体合并指同一原告针对同一被告提出两个或两个以上的诉（主张多数诉讼标的），法院将其合并审理并作出裁决。[1]诉的合并概念比较复杂，司法实务以及理论界并没有形成一致的认识，以致在审判实践中由于认识的不全面而作出不当裁决。

最高人民法院作出的甘肃省国营八一农场、金昌水泥（集团）有限责任公司决议效力确认纠纷再审案，甘肃省高级人民法院以当事人提出相互矛盾的诉讼请求而不予受理，最高人民法院经审查后认为："八一农场在提起股东会决议无效之诉的同时，又请求确认该股东会决议增资对应的股东权益归其所有，两个诉讼请求虽然是相互矛盾的，但八一农场提起的两个诉，诉讼要素齐全，均符合《中华人民共和国民事诉讼法》规定的立案标准，当事人可以在前一个诉的请求不被支持时，退一步选择主张后一个诉的诉讼请求，对当事人的两个诉，人民法院均应立案受理。甘肃省高级人民法院裁定驳回起诉，属于适用法律错误。"[2]

上述案例甘肃高级人民法院不予受理的依据系当事人的诉讼请求自相矛盾。既然原告提起确认股东会决议无效之诉，无权再提起依据股东会决议有效的确认股份所有权之诉，原告必须要在两者之间作出抉择，否则诉讼请求不明确，因而不符合受理条件。

160

最高人民法院从诉的构成标准上否定了甘肃高级人民法院的裁决，认为凡符合诉的构成要件就应当予以受理；同时解释了诉的合并中的选择合并，即原告的数个诉讼请求，法院择一判决。在诉的合并类型中，预备合并、选择合并是最常用的两种类型。在诉的合并案件中，原告的诉讼请求可以矛盾，只要法院的判决不矛盾即可，不能将对法院的要求同样要求当事人。最高人民法院在裁决时，对于诉的合并类型区分得不够明确，既有选择合并，又有预备合并，事实上这是两种不同类型的合并，不可能在同一案件中同时出现。

还有一种情形，对于矛盾之诉，法院要求当事人择一明确，否则就认为违反禁反言原则。比如在最高人民法院审理的中国华电集团资本控股有限公司、长安国际信托股份有限公司信托纠纷二审中，记载了一审法院陕西省高级人民法院要求择一诉讼请求的事实："2017 年 1 月 11 日，中国华电公司再次提交增加诉讼请求申请书，将第一次的诉讼请求再次提出并与后一增加的诉讼请求同时主张。经一审合议庭评议后作出释明：中国华电公司的第一次诉讼请求，是认为长安信托公司严重不尽责，违反信托合同约定，未恪尽职守，履行诚实、信用、谨慎、有效管理的义务严重损害了中国华电公司的合法权益，该诉讼请求要求的是长安信托公司承担违约责任，承担责任的前提是信托计划成立。而第二次诉讼请求认为信托计划不成立，要求的是长安信托公司承担返还责任。这两个诉讼理由在法律上是矛盾的，法院无法对矛盾的诉讼请求进行审理，要求中国华电公司在两个诉讼请求中选择一个诉讼请求。最终中国华电公司选择后增加的诉讼请求即信托计划不成立为其本案诉讼请求。"[1] 这实际上体现的是司法实务对于诉的合并原理的法律适用尚存在不一致之处，有必要进一步厘清。

（一）预备合并

预备合并又称选择性合并，是指原告提出有先后顺序的诉讼请求，在先的诉讼请求获得支持的情况下，无须审理在后的诉讼请求；只有在先的诉讼请求未获支持的情况下，才审理在后的诉讼请求。

在最高人民法院审理的关于宜春市利达房地产开发有限公司、袁何生合伙协议纠纷再审审查与审判监督一案中，正是基于预备合并进行审查的。最高人民法院认为，经查，袁何生一审提出的诉讼请求为：（1）请求确认袁何生为利达公司的股东，

---

1 中国华电集团资本控股有限公司、长安国际信托股份有限公司信托纠纷二审，文书全文 https：//wenshu.court.gov.cn/website/wenshu/181107ANFZ0BXSK4/index.html?docId=5282a9ee22ef48ee9640abf700d4ffd7，2022 年 2 月 28 日最后访问。

确认袁何生持有利达公司 18% 的股份，并责令利达公司在 10 个工作日内完成袁何生股东身份及持股比例的登记工作；（2）若上述诉请不能得到支持，则请求判令利达公司支付拖欠袁何生的股权转让款 1013.39 万元、利息 719.51 万元，合计 1732.9 万元，并请求责令利达公司向袁何生支付该 1732.9 万元的相应利息。据此可见，袁何生提出的第二项诉讼请求是在第一项诉讼请求不能获得法院支持情况下的预备性诉讼请求，在诉讼法学理论上称之为预备合并之诉，并不违反我国民事诉讼法的相关规定。原审法院在审理认为袁何生第一项诉讼请求不能成立的情况下对第二项诉讼请求予以审理并作出裁判，符合诉讼便利和经济的原则，也有利于法院对当事人争议裁判的协调统一，并无不当。利达公司认为本案应当驳回袁何生诉讼请求的再审申请理由不能成立。

由上述案例可知，原告的第一项诉讼请求与第二项是矛盾的，确认股东身份则不存在另行支付股权转让款，支付股权转让款则不存在确认股东身份。但如果不提起合并之诉，而是等待一个诉讼请求未获的支持后再起诉，无疑这是两个案件，审理周期要长一倍。

最高人民法院的裁决代表预备合并在司法实践中能够得到确认和支持。提起预备合并之诉可以在同一案件中审理两个诉讼请求，不损害任何一方的利益，能够极大程度地提高审判效率。

预备之诉还存在一个问题，比如被告不接受在先的诉讼请求，但接受在后的诉讼请求，此时法院应如何处理？对被告的意见视而不见，还是依据被告接受的诉讼请求进行判决？

对个案而言，如果判决，必须基于原告的申请，除非原告将在后的诉讼请求调整为在先的诉讼请求，法院不得擅自变更。且，判决必须根据相应的法律规范，不能根据被告的接受，除非双方达成调解协议。

（二）选择合并

选择合并是当事人提出数个诉讼请求，这些诉讼请求之间并无支持前后的顺序，由人民法院选择其一进行判决。

比较典型的是借款与不当得利的选择之诉，A 和 B 之间的款项往来，由于没有借条，A 提起不当得利和借款返还的合并之诉，从最高人民法院的判例来看，法院应当予以受理。至于法院如何判决，根据双方的举证决定。

第三节　举证与质证

证据是民事诉讼的核心内容，"打官司就是打证据"的观点毫不为过，因此，如何举证以及质证对律师而言尤其重要，这是律师专业性的集中体现。可以毫不夸张地说，举证、质证的过程直接关乎案件的成败。

一、举证、质证的原则

（一）实事求是

"知之为知之，不知为不知"，切不可为了案件胜诉结果而对事实选择性地承认或否认。殊不知，法院拥有巨大的司法权力，只要法庭愿意，无论当事人是否承认，无论待证事宜是否属于法庭调查的内容，法庭有诸多方法可以核实相关事实。所以，对案件事实实事求是地陈述，对对方证据实事求是地质证是明智之举。而且，以是否有利作为事实认定依据必然会出现前后不一的情况，出现难以自圆其说的情形，减损真实陈述的可信度。

此外，律师秉承实事求是的原则还可以避免与当事人之间发生不必要的纠纷。无论案件结果是否有利，实事求是是律师保护自己的法宝，律师绝不可能因实事求是而承担责任。反之，则为纠纷埋下隐患。如果律师没有实事求是，一旦案件没有达到当事人理想的结果，委托人难免追究律师责任，认为是律师没有实事求是导致的，即使该事实系当事人执意为之，当事人会以自己不专业，律师是专业人士，律师应为此承担责任进行推脱。

（二）及时

举证应当及时，必须要在举证期限内完成举证责任。举证既是责任，也是权利，该权利的行使有助于案件取得有利结果。如果没有在举证期限内提交证据，则根据《民事诉讼法》第 68 条的规定，应承担不利后果。[1] 这些不利的后果包括对证据不予采纳、罚款等，可以看出措施非常严重，直接损害当事人的诉讼后果和经济利益。

从实际情况看，这里训诫和罚款的对象是当事人，但在当事人不出庭的情况下，

1　《民事诉讼法》第 68 条："当事人对自己提出的主张应当及时提供证据。人民法院根据当事人的主张和案件审理情况，确定当事人应当提供的证据及其期限。当事人在该期限内提供证据确有困难的，可以向人民法院申请延长期限，人民法院根据当事人的申请适当延长。当事人逾期提供证据的，人民法院应当责令其说明理由；拒不说明理由或者理由不成立的，人民法院根据不同情形可以不予采纳该证据，或者采纳该证据但予以训诫、罚款。"

训诫的对象实质是律师。对于罚款，如果委托人坚持认为律师没有指导当事人及时举证，无形中又增加了不必要的争议。因此，指导当事人及时举证非常重要。

对于补正证据以及反驳证据，提交时限可以不受举证时限限制。《最高人民法院关于适用〈中华人民共和国民事诉讼法〉的解释》第99条第3款规定。"举证期限届满后，当事人提供反驳证据或者对已经提供的证据的来源、形式等方面的瑕疵进行补正的，人民法院可以酌情再次确定举证期限，该期限不受前款规定的期间限制。"

二、证据目录

（一）证据目录的相关规定

证据目录是当事人就向法庭提交的证据所编制的目录。证据目录不是一个直接的法律概念，是法律人根据相关法律规定以及实际使用需要而确定的一个名称。相关依据见《民事诉讼法》第69条："人民法院收到当事人提交的证据材料，应当出具收据，写明证据名称、页数、份数、原件或者复印件以及收到时间等，并由经办人员签名或者盖章。"《最高人民法院关于民事诉讼证据的若干规定》第19条："当事人应当对其提交的证据材料逐一分类编号，对证据材料的来源、证明对象和内容作简要说明，签名盖章，注明提交日期，并依照对方当事人人数提出副本。人民法院收到当事人提交的证据材料，应当出具收据，注明证据的名称、份数和页数以及收到的时间，由经办人员签名或者盖章。"根据上述规定的要求，当事人应对提交的证据进行分类、编号，故此形成证据目录。

（二）证据目录的内容

根据上述规定，证据目录应包括分类编号、证据来源、证明对象和内容的简要说明、签名盖章、提交日期等内容。为区别提交主体，证据目录应予以表明。

1. 证据目录名称

为了区别提交证据目录的主体，可以根据提交者诉讼地位的不同对证据目录进行命名，比如原告提交的证据、被告提交的证据、第三人提交的证据。如果存在数位当事人的情况，还应当注明当事人 N 提交的证据目录。

2. 分类编号

证据可以按份分类，也可以按组分类。份是指最小的证据单位，是单个证据，比如一份合同。组是共同证明某项事实的指多份证据的集合，比如合同、发货单、付款凭证、对账单，这一组证据共同证明双方存在法律关系以及欠款金额的事实。

3.证据名称

证据名称指对证据的称谓，最直接反映其自身属性，比如发票、机票、合同、催款函等。证据名称并非对证据进行分类，也非证据的种类。证据的分类包括本证与反证，直接证据与间接证据等。证据的种类为《民事诉讼法》第66条规定的八大类。

4.证据来源

证据来源并非指对于法庭是如何来的，而是对于证据自身是如何形成的。这类似物理学中的运动参照物，参照物不同，物体运动与否的状态不同。付款凭证是银行提供的，合同是原、被告双方签署的，报警回执是公安机关出具的。标注证据来源是为法院最终审核真实性、合法性提供依据。证据合法首先是来源合法，如果来源不合法，这样的证据即使真实也不值得采信。比较典型的是未经对方同意的录音，在实践中能否作为证据使用存在比较大的争议。与经对方同意的录音相比，前者可信度自然较低，但录音经同意可能不太现实。

5.证明对象和内容的简要说明（证明内容）

证明内容系当事人所提交证据希望的证明目的，是举证的核心，也是对方当事人质证的对象。证明内容应紧密围绕与诉讼请求的关联性，这同时决定了当事人应提交哪些证据。

证明内容根据请求权基础的不同而不同。对于追讨货款案件，应提交货款拖欠的依据，比如买卖合同、送货凭证、发票、对方付款记录、催款函、对账单等。有一个现实问题值得注意，依据举证责任分配规则，属于对方举证内容的证据己方是否提交？从诚实信用原则、举证能力以及便于法庭对事实的查明等角度，即使不属于己方的举证内容，这些证据也应当提交。比如追讨货款案件，对方付款金额是对方的举证内容，无须己方举证。但对于法庭查明而言，案涉合同已经支付的款项金额是必须要查明的内容，即使一方举证证明，如果双方都提交了相关证据，且能彼此印证，法庭对于虚假诉讼的排除以及事实的认定无疑提供了双重保障。

6.复印件、原件

当事人所提交的证据有些是原件，比如授权委托书、公证书等；有些是复印件，比如合同、发票等。根据《民事诉讼法》第69条的规定，人民法院对于收到的证据应当注明原件还是复印件。当事人向法院提交的证据一般为复印件，较少交原件。原件仅在有多份且必须交的情况下才提交。当事人所提交的证据是原件还是复印件关系着证据的审核认定。原件是直接证据，可以直接认定；复印件是间接证据，要结合其他证据才能认定。

《民事诉讼法》第 73 条规定："书证应当提交原件。物证应当提交原物。提交原件或者原物确有困难的，可以提交复制品、照片、副本、节录本。"何谓原件？法律并未规定。此外，法律规定书证、物证应当提交原件，没有规定其他证据需要交原件，是否意味着其他证据无须交原件？

原件是 20 世纪诉讼过程中使用的概念，那时的证据无论从形式还是内容上均比较简单。原件指当事人直接参与形成的，比如合同，是指双方加盖红色印章的。复印件是指在原件的基础上通过复印机复印的。在复印件上再加盖红印章视为原件。现代证据的形式和内容日臻复杂，有微信语音、视频、文字，有电邮等，区别原件、复印件显得更为专业。一般来说，证据的原始载体为原件，比如保留微信记录的手机、接收邮件的电脑等，将这些记录导出来的文件为复制件。

7. 页码

有些案件的证据比较庞杂，内容很多，在进行质证时很难查找。为解决这一问题，当事人应当对这些证据编制页码，并与每份证据相对应，以方便查找。

8. 证据目录的形式

一般以 Excel 工作表制作证据目录，模板见下表 5-1。

表 5-1　原告证据目录

序号	证据名称	证据来源	证明目的	页码	复印件、原件	备注

提交人签名：

日期：

（三）证据的三性

证据的三性指证据的真实性、关联性、合法性。前两者比较简单，证据的真实性是指证据非人为伪造，这是对证据的基本要求。这里的真实指主观真实，并非指客观真实。即当事人认为该证据为真，至于法院审核后是否确认为真不在其列。法庭审核证据的目的是确认证据是否能够证明待证事实，如果证据本身不属实，何谈对待证事实的证明？所以证据的真实性是证据的前提要求。

证据的合法性包括取得途径、形式等合法。比如在境外形成的文件，要经过使馆认证，否则会由于形式不合法而不能得到采信。又比如通过侵入他人的支付系统，将偷盗来的付款记录作为证据，即使确实存在付款事实，因证据获得途径不合法而不能采用。之所以将非法证据排除在外，原因在于不能牺牲合法性以获得有利结果，否则无异于鼓励违法。

证据的真实性和合法性有一定的关联，有些证据形式真实，但系双方串通伪造而成，证明的事实不真实，因而不合法。

证据形式真实，但反映的内容不真实的相关案例："上诉人南京金桥装饰城兴金鑫装饰材料经营部与被上诉人广东省中港装饰股份有限公司买卖合同纠纷"案 [（2019）苏 01 民终 2187 号]，[1] 在该案中公司将工程交给承包人自负盈亏，供货商经营部持承包人确认的送货单起诉公司，要求支付石材货款。从表面上看，该证据系真实的，因为送货凭证确实系经营部所开，签收人亦确认签收了实际货物，但经仔细考察，这些送货单存在下列问题：

1. 交易时间跨度长达半年，送货单却是连号的。

2. 交易货物系石材，价值数百万，体大物重，但没有物流单。

3. 经营部自认是贸易商，但没有对应的采购记录。

4. 从经营部送货的品质、规格、数量上看，明显与施工现场不一致。施工现场没有经营部送货单上的品种，厚度严重不符，特别是数量，现场的数量比经营部的少得多。

关于送货单连号事宜，对方辩称系事后誊写，故此连号。但誊写要有原始参照物，当要求对方提交原始单据时，对方又辩称凭记忆誊写。这种辩称显然不合常理，这些送货单有数千个数据，精确到小数点后两位数，人类记忆根本不可能达到。后经查实，经营部负责人与工地负责人系亲姐弟关系，这就更印证双方恶意串通的可能。这些存在的问题经营部均不能作出合理解释，法院最终没有支持经营部的诉讼请求。

与此相类似的发生在同一个工地的还有一个案例："南京金桥装饰城天宇装饰材料经营部与广东省中港装饰股份有限公司买卖合同纠纷二审"案 [（2019）苏 01 民

---

1 上诉人南京金桥装饰城兴金鑫装饰材料经营部与被上诉人广东省中港装饰股份有限公司买卖合同纠纷案，文书全文 https://wenshu.court.gov.cn/website/wenshu/181107ANFZ0BXSK4/index.html?docId=5805157 57d5445d1936faaa000c7efad，2022 年 3 月 20 日最后访问。

终 2043 号]，[1] 送货单与上述案件存在一样的问题。此外，该案还有两大疑问。其一，作为贸易商，其提交的关于此批货物的采购单购货人非经营部，且包装规格不一致。交易的货物系特定货物——电缆，包装规格是生产商的出厂标准，不存在改规格事宜。其二，根据施工合同，为确保安全，该电缆系开发商指定，不得向其他人采购，即工地上实际并未真正使用案涉电缆。

证据三性中最重要的是关联性。何谓关联性？指以逻辑推理的方式，根据提交的证据所显示的内容，达到证明待证事实的证明目的。能够证明待证事实即说明有关联性，不能证明待证事实则说明没有关联性。此处的待证事实既包括原告主张的事实，也包括被告主张的事实。一方所提的证据也可以被他方所用，并非证据的提交方才可以利用证据。待证事实指一方期待的证明内容，这一证明内容应与诉讼请求有关。如果与诉讼请求无关，即使与对方主张的待证事实有关联，亦不宜确认证据的关联性，并应当特别作出说明；否则会被法庭误认为对诉讼请求的关联性予以确认。

关联性如此重要，但仅在《最高人民法院关于适用〈中华人民共和国民事诉讼法〉的解释》第 104 条提及关联性，在其他条文中没有关于关联性的规定。[2] 该条的前半句在司法实践中贯彻得非常好，在对证据进行质证时，无论法庭还是律师都紧密围绕证据的三性进行陈述。后半句"并针对证据有无证明力和证明力大小进行说明和辩论"常被忽视，律师很少提及，法院亦未能予以引导。实际上具有重要的实践指导意义。因为司法实践非常复杂，在关联性简单明确的案件中，不涉及证明力大小事宜，但有些证据的关联性不是那么明显，或者对方提交的证据对关联性产生干扰，此时应根据前述后半句进行处理。后半句中关于证据的证明力指证据能够证明案件事实的证明程度。对于无证明力的证据，不予采纳[3]。对于有证明力的证据，应根据证明力大小进行采信，证明力大的证据的可信度大于证明力小的。关联性是证明力的反映，证明力大，则关联性强；证明力小，则关联性弱。

1　南京金桥装饰城天宇装饰材料经营部与广东省中港装饰股份有限公司买卖合同纠纷二审案，文书全文 https：//wenshu.court.gov.cn/website/wenshu/181107ANFZ0BXSK4/index.html?docId=9672492bb3354b28a471aa8d008b0c34，2022 年 3 月 20 日最后访问。

2　《最高人民法院关于适用〈中华人民共和国民事诉讼法〉的解释》第 104 条："人民法院应当组织当事人围绕证据的真实性、合法性以及与待证事实的关联性进行质证，并针对证据有无证明力和证明力大小进行说明和辩论。"

3　张卫平：《民事证据法》，法律出版社 2019 年版，第 18 页。

三、证明标准

当事人提交的证据达到何种程度才完成了证明任务，达到证明目的，这涉及证明标准的问题。掌握证明标准方才掌握举证、质证的核心，从而达到理想的判决结果。

我国民事诉讼证明标准有三类，从低到高分别为可能性较大的证明标准、高度可能性的证明标准、排除合理怀疑的证明标准。

（一）可能性较大的证明标准

根据《民事诉讼证据规则》第 86 条第 2 款的规定，主要指"与诉讼保全、回避等程序事项有关的事"，法庭结合当事人的说明及相关证据，达到认为有关事实存在的可能性较大的标准时，可以认定该事实存在。这是最低的证明标准，仅适用于上述程序性的事实认定，不涉及实体权益。[1]

（二）高度可能性的证明标准

高度可能性的证明标准见《民事诉讼法司法解释》第 108 条的规定，这种证明标准在司法实践中最为常用，但也最难把握。[2]

对于本证方，当待证事实的存在达到高度可能，则应认为待证事实存在。对于反证方，如果使待证事实真伪不明——使待证事实不存在达到高度可能，则应认定该事实不存在。表达时比较拗口，实际上表达的是同一个意思——可能性大、存在性大。存在事实达到高度可能性，则事实存在；不存在的事实达到高度可能性，则事实不存在。

最高人民法院审理的佛山市联信高新材料股份有限公司、佛山市腾信达自动化设备科技有限公司等侵害发明专利权纠纷民事二审案 [（2021）最高法知民终 833号]，在判决时适用的即为高度可能性原则。最高人民法院认为：

本案中，被诉侵权产品为一种双饰面板的生产设备，粤山公司主张以涉案专利权

---

1 《民事诉讼证据若干规定》第 86 条："当事人对于欺诈、胁迫、恶意串通事实的证明，以及对于口头遗嘱或赠与事实的证明，人民法院确信该待证事实存在的可能性能够排除合理怀疑的，应当认定该事实存在。

与诉讼保全、回避等程序事项有关的事实，人民法院结合当事人的说明及相关证据，认为有关事实存在的可能性较大的，可以认定该事实存在。"

2 《民事诉讼法司法解释》第 108 条："对负有举证证明责任的当事人提供的证据，人民法院经审查并结合相关事实，确信待证事实的存在具有高度可能性的，应当认定该事实存在。对一方当事人为反驳负有举证证明责任的当事人所主张事实而提供的证据，人民法院经审查并结合相关事实，认为待证事实真伪不明的，应当认定该事实不存在。法律对于待证事实所应达到的证明标准另有规定的，从其规定。"

利要求 1 确定其专利权保护范围。将被诉侵权技术方案与涉案专利权利要求 1 所记载的全部技术特征进行比对，当事人争议的是被诉侵权技术方案是否包含"质量检验翻板机构"的技术特征。根据原审法院现场勘验的情况，被诉侵权产品的钢质框架周边有废弃剪断的电线、气管等部件，并与整套设备有连接；被诉侵权产品的《较大危险因素告知卡》显示钢制框架上有类似质量检验翻板机构的机构实体画面，而被诉侵权产品的控制触摸屏监控界面的图示标识显示该套设备具有质量检验翻板机构的控制系统。粤山公司在原审中提交的照片显示钢制框架上有一动作机构，并有若干吸盘、类似翻板机构，联信公司、腾信达公司在原审中亦陈述被诉侵权产品的部分工艺曾被拆除。根据以上事实，可以推定被诉侵权产品曾经存在质量检验翻板机构，且该结构在现场勘验前被拆除。联信公司、腾信达公司主张《较大危险因素告知卡》是从案外人处购买的热压机自带的，控制触摸屏监控界面是借鉴其他厂家设置的，监控界面中的多个控制节点并不存在，但其提交的证据并不足以证明其主张。本案的现有证据足以证明被诉侵权产品包含质量检验翻板机构的事实具有高度可能性，在联信公司、腾信达公司不能对此作出合理解释并提交证据予以证明的情况下，原审法院认定被诉侵权技术方案包含"质量检验翻板机构"的技术特征，被诉侵权技术方案落入涉案专利权利要求 1 的保护范围并无不当。联信公司、腾信达公司主张被诉侵权技术方案未落入涉案专利权利要求 1 的保护范围的理由不能成立，本院对此不予支持。

（三）排除合理怀疑的证明标准

对于欺诈、胁迫、恶意串通事实的证明，以及对口头遗嘱或者赠与事实的证明，以高度可能性尚且不够，应提高相关证明标准。主要原因在于这些事实一旦被确认，则意味着改变已经形成的事实状态。民事法律行为存在欺诈、胁迫，则将被撤销；存在恶意串通，属于无效。而口头遗嘱或遗赠，涉及继承人的重大利益，有必要提高相关证明标准。如果进行量化，高度可能性应该大于 60%，可能性较大之意。排除合理怀疑应当为大于 80%，即待证不能说 100% 存在，但基本成立。[1]

上海市第一中级人民法院审理的关于陈玲与吴才英等民间借贷纠纷民事二审，对于赠与的事实没有达到排除合理怀疑的证明程度，故此没有支持上诉请求。法院认为：

---

1 《民事诉讼法司法解释》第 109 条　当事人对欺诈、胁迫、恶意串通事实的证明，以及对口头遗嘱或赠与事实的证明，人民法院确信该待证事实存在的可能性能够排除合理怀疑的，应当认定该事实存在。

本案的争议焦点是：被上诉人出资款项 911 万元的性质是赠与还是借款。

赠与合同是赠与人将自己的财产无偿给予受赠人，受赠人表示接受赠与的合同。赠与合同是转移财产所有权的合同并且为无偿合同、单务合同。《最高人民法院关于适用〈中华人民共和国民事诉讼法〉的解释》第 109 条规定，"当事人对欺诈、胁迫、恶意串通事实的证明，以及对口头遗嘱或者赠与事实的证明，人民法院确信该待证事实存在的可能性能够排除合理怀疑的，应当认定该事实的存在"，本条是关于提高证明标准的特殊情形的规定。提高的证明标准，要求达到显而易见的程度。对口头赠与的认定，应适用高于高度盖然性的证明标准。本案中，被上诉人依据支付购房款的转账凭证提起民间借贷诉讼，要求上诉人与原审被告偿还借款，根据《最高人民法院关于审理民间借贷案件适用法律若干问题的规定》第 17 条的规定，应视为被上诉人完成了初步的举证证明责任，上诉人抗辩该款项系被上诉人对上诉人及原审被告的赠与，上诉人应对其上述款项系赠与的主张提供证据证明。现上诉人提交的证据均不足以证明被上诉人对其与原审被告有赠与的意思表示，结合被上诉人两人对赠与意思表示的否认，原审被告对借贷关系认可等情况，认定存在赠与事实不能排除合理怀疑。

四、鉴定意见

鉴定意见以前被称为"鉴定结论"，名称的改变还原了鉴定的本质——作为供法庭参考证据的一种，而非法庭必须采纳的结论。鉴定在民事诉讼中较为常见，鉴于每个人知识的局限性，不可能就所有专业性的问题都能作出判断，对于专门性问题，允许法官寻求外援——鉴定机构。[1]

为准确适用鉴定的相关规定，在鉴定中应注意下列问题。

（一）鉴定程序的启动

鉴定程序的启动必须同时满足下列四个条件。

其一，鉴定内容属于专门性问题，不是专门性问题不得鉴定。何为专门性问题，法律并没有给出标准。通常认为，专门性问题是指必须依靠一定的专业知识才能作出判断的问题。比如在医患纠纷中，是否存在诊疗不当，这种诊疗不当与患者的损

---

1 《民事诉讼法》第 79 条："当事人可以就查明事实的专门性问题向人民法院申请鉴定。当事人申请鉴定的，由双方当事人协商确定具备资格的鉴定人；协商不成的，由人民法院指定。当事人未申请鉴定，人民法院对专门性问题认为需要鉴定的，应当委托具备资格的鉴定人进行鉴定。"

害结果之间是否存在因果关系，有多大程度的因果关系。这些都属于专门性问题，法官无法解决，必须依靠专业的医疗鉴定机构才能作出判断。

属于专门性这一鉴定前提问题貌似简单，但实际操作过程中容易引起争议。比如在装修工程合同纠纷中，原告申请对多领用的材料进行鉴定，这一鉴定内容就不属于专门性问题，而是一个加减法问题，审判庭可以作出认定，以领用量减实际使用量即为多领用的材料。如果对于实际使用量有争议，这属于专门性问题，可以申请鉴定。

其二，申请鉴定的内容与待证事实有因果关系，这是鉴定的意义所在，且待证事实与诉讼请求之间存在关联性，否则不应当进行鉴定。

其三，申请内容属于可鉴定范畴。受当前技术条件限制，并非所有的事项均能够鉴定，比如测谎、证据形成时间等。

（二）鉴定材料

鉴定材料系鉴定的重要依据，鉴定材料的真实性直接关系着鉴定意见的正确性。因此，鉴定材料必须经双方确认，没有经过双方确认的证据材料不应作为鉴定材料。

（三）对鉴定意见的质证

鉴定机构出具的鉴定意见并不当然获得法庭采信，而是必须经双方质证，由各方发表是否应当采信的意见。对于当事人发现的鉴定意见中存在的问题可以要求鉴定机构予以回复。对于符合重新鉴定情形的，当事人有权申请重新鉴定。

五、无须举证证明的事实

"谁主张，谁举证"是一般的证明责任分配原则，但在某些特定情况下，负有举证责任的一方当事人无需承担举证责任，法院即可认定相关事实的存在。

（一）自认的事实

根据《民事诉讼证据的若干规定》第 3 条的规定，对于一方当事人自认的事实，另一方当事人无须举证。[1] 自认规则是诚实信用原则和审判效率在司法实践中的具体运用，除非有相反的证据，当事人对自认的事实不得反悔，否则有违禁反言原则。

---

1 《民事诉讼证据若干规定》第 3 条："在诉讼过程中，一方当事人陈述的于己不利的事实，或者对于己不利的事实明确表示承认的，另一方当事人无需举证证明。在证据交换、询问、调查过程中，或者在起诉状、答辩状、代理词等书面材料中，当事人明确承认于己不利的事实的，适用前款规定。"

（二）已为人民法院生效裁决所确认的事实

生效判决具有既判力，当事人和人民法院均得遵守。根据既判力的效力范围，在生效判决中确认的事实无须当事人另行举证。

第四节　起诉与应诉

律师代理民事案件起诉、应诉实务中，涉及起诉状、答辩状、反诉状、代理词的撰写。前述已经讨论过起诉状中诉讼请求的确定，未涉及事实与理由。

一、事实与理由

事实与理由是起诉状中确定诉讼请求之后必须要精心准备的内容，诉讼请求能否获得支持，事实与理由是否合法、有据是关键。基于"当事人负责事实，法官负责法律"的原则，事实是关键中的关键，事实必须真实且能够支持诉讼请求，否则诉讼请求就会被法院驳回。理由则不尽然，事实之外的其他理由、法律适用因非当事人的职责不构成对判决结果的决定作用。即使当事人主张的理由不正确，法院亦不会据此驳回诉讼请求，除非确实没有理由——相应的法律依据。当事人甚至可以不谈理由，只声称依据法律规定，请求人民法院支持原告的诉讼请求。

在撰写事实与理由时，下列内容值得注意。

（一）基本事实

起诉状中所陈述的事实应为基本事实——支撑诉讼请求的事实，非基本事实无须陈述，基本事实必须陈述。

陈述基本事实时宜以时间作为顺序，条理清晰，言简意赅，这种行文方式便于为法官所接受。

（二）与证据的呼应

诉讼中的事实必须要有相应的事实证明，缺乏证据证明的事实，如果对方坚决否认，则获得法庭支持的可能性非常小。

对于涉及基本事实的重要、关键证据，可以将相应的证据序号、名称在事实与理由中列明。

（三）对事实进行必要的说明

比如诉讼请求中涉及的利息，不但涉及现在给付之诉，还涉及未来给付之诉，因此对于具体的计算方式及标准应予以列明。

最高人民法院审理的中诚信托有限责任公司、李春平等保证合同纠纷民事二审案中 [（2020）最高法民终 881 号]，原告在起诉时对于利息的计算标明得非常清楚。[1] 原告起诉：判令道行天下公司向中诚信托公司偿还借款本金 2.5 亿元人民币（以下币种均为人民币）及利息（以本金 2.5 亿元为基数计算，自 2016 年 6 月 17 日起至 2016 年 11 月 10 日止，按照年利率 12% 计算为 12166666.67 元）、罚息（自 2016 年 11 月 11 日起至款项实际付清之日止，按照编号为 2016FT0013JK15《借款合同》约定的上述借款利率水平上加收 50% 标准计算，暂计至 2016 年 11 月 15 日为 50 万元）、复利（自 2016 年 9 月 21 日起对不能按时支付的利息，按照《借款合同》约定的罚息利率计算，暂计至 2016 年 11 月 15 日为 206770.83 元）。法院判决：道行天下公司于判决生效后十日内向中诚信托公司支付编号为 2016FT0013JK15《借款合同》项下借款本金 2.5 亿元及利息（自 2016 年 6 月 17 日起至 2016 年 11 月 10 日止，以借款本金 2.5 亿元为基数，按照年利率 12% 标准计算）、罚息（自 2016 年 11 月 11 日起至本案全部款项实际付清之日止，以借款本金 2.5 亿元为基数，按照年利率 18% 标准计算）、复利（自 2016 年 6 月 17 日起至 2016 年 11 月 10 日止，以上述利息数额为基数，按照年利率 18% 标准计算）。本案原告要求支付的利息计算方式非常详细、明确，该计算标准最终全部获得法庭支持。对于原告而言，与诉讼请求一致的判决是最好的判决。

再比如原告主张律师费，应对律师费发生的合理性以及相关律师费的收取标准进行说明。在起诉前原告多次督促被告履行义务，被告置之不理。委托律师签发律师函，被告仍我行我素。这种情况下发生的律师费比较容易获得法庭支持。

（四）法律依据

事实比较好认定，即案件中认定的实际发生的事件。何谓诉讼中的理由？与事实有何区别？理由实际上是诉讼请求得以支持的依据。根据逻辑三段论，事实实际上也是理由，诉讼请求之所以得到支持，是有相应的事实理由与法律理由。从逻辑层级上来看，事实与理由并非处于平级的概念地位，如此并列是由于使用习惯。理由实际上是指法律依据。

1　中诚信托有限责任公司、李春平等保证合同纠纷民事二审案，文书全文 https：//wenshu.court.gov.cn/website/wenshu/181107ANFZ0BXSK4/index.html?docId=4f9dd4a89160487ba986ae050119986c，2022 年 3 月 3 日最后访问。

《民法典》第 10 条规定，处理民事纠纷应当依照法律，没有法律规定的可以适用习惯，由此可见，法律依据是当事人诉讼请求获得支持的重要因素。尽管如此，法律适用既是法官的权利，也是法官的义务。诉讼对当事人主张的法律依据非常宽松。根据北京市高级人民法院审理的中国华融资产管理股份有限公司北京市分公司与熊伟等借款合同纠纷一审案［（2018）京民初 223 号］，[1] 原告主张的法律适用很简单："华融北京公司为维护合法权益，根据我国相关法律规定，提出本案诉讼请求，请法院予以支持。"其没有指明具体的适用法条。法院经审理后判决："综上，依照《中华人民共和国合同法》第八条、第一百零七条、《中华人民共和国担保法》第十八条、第三十一条，《中华人民共和国物权法》第一百七十六条、第二百一十九条、第二百二十三条、第二百二十九条之规定，判决如下……"（判决内容略）对于判决所依据的法律，法院共寻找了三部法律，八个法条。相对于原告起诉时多提出的依据相关法律，法院在寻找适用的法律时要复杂得多。

二、答辩状

答辩是被告在收到原告的起诉状后，在答辩期限内向法庭提交的对原告起诉状事实和理由的同意或反驳。答辩分为书面答辩和口头答辩。

（一）提交书面答辩状的必要性

1. 有益于全面维护被告的合法权益

提交书面答辩状是权利也是义务。

答辩是案件审理必不可少的程序，是任何一份判决文书必备的内容。根据法律规定，被告应当在收到诉状之日起 15 日内提交答辩意见，可见答辩是义务。同时，当事人有权就自己是否应当承担责任以及承担责任的大小发表意见——答辩也是权利。答辩是辩论原则的体现，是当事人维护自身合法权益的手段。人民法院根据被告的答辩意见确定案件的争议焦点。兼听则明，答辩是人民法院正确审理案件的重要保障。

有观点认为，《民事诉讼法》第 128 条第 2 款规定"被告不提出答辩状的，不影响人民法院审理"，根据该条规定可以不交答辩状，因为不影响审理。这是对该条

1　中国华融资产管理股份有限公司北京市分公司与熊伟等借款合同纠纷一审案，文书全文 https：//wenshu.court.gov.cn/website/wenshu/181107ANFZ0BXSK4/index.html?docId=31b2997385de444abde6dd9ae9bb3f6f，2022 年 3 月 2 日最后访问。

文的误读。该条的第 1 款规定:"人民法院应当在立案之日起五日内将起诉状副本发送被告,被告应当在收到之日起十五日内提出答辩状。答辩状应当记明被告的姓名、性别、年龄、民族、职业、工作单位、住所、联系方式;法人或者其他组织的名称、住所和法定代表人或者主要负责人的姓名、职务、联系方式。人民法院应当在收到答辩状之日起五日内将答辩状副本发送原告。"上述法条位于《民事诉讼法》的第二编第十二章第一审普通程序。根据体系解释、整体解释的法律解释原则,该条是用于规范法院行为的,是对法院的一种授权,并非对当事人是否提交答辩状的许可。

答辩的形式可以口头,也可以书面。有些当事人由于准备不足,没有以书面方式进行答辩,这不利于对自身权益的有效维护。相对而言,口头答辩的逻辑性、全面性不如书面答辩。此外,口头答辩意见也不利于法庭的记录,难免出现的遗漏不利于当事人全面维护自己的合法权益。也有些当事人认为,如果提交书面答辩意见,法庭会转给对方一份,自己的观点就被对方全面了解了,对方可以全面应对,从而减少自己的胜算。这种担心实际上是多虑了,而且利弊比较,弊大于利。案件的输赢绝不是依靠这些小伎俩,而是对案件事实的详细研究、法律适用的仔细推敲。如果将胜算寄托在侥幸之上,不利结果是必然,有利结果是偶然。同时,经验丰富的法官看到被告拿着答辩状的文稿通篇在读却不提交书面意见,即使法官不明确指出,心之所向不言自明。

还有一个现实问题是提交答辩状的时间。有观点认为越晚越好,在开庭当天交才好,这样能给对方一个措手不及。殊不知,这样法官也会措手不及。对被告有利的观点也可能由于时间仓促而不被法官知悉。

2. 贯彻诚信原则,提高诉讼效率

2012 年修订《民事诉讼法》时,我国立法第一次将诚实信用原则确立为民事诉讼法的基本原则。此后,《民法典》将该原则简称为诚信原则,2021 年再次修正《民事诉讼法》时也将该原则相应地简称为诚信原则。诚信原则的重要内容之一是促进诉讼,提高诉讼效率。而及时提交书面答辩状,有利于法庭提前了解双方的争议焦点,便于法庭准备庭审内容,减少开庭次数,有利于及时判决,是提高诉讼效率的具体措施。

3. 防止出现与委托人发生纠纷的可能

答辩状系经当事人盖章确认的法律文书,答辩意见只能凭答辩当时掌握的信息,与最终法院的判决难免有不一致之处。为避免委托人就答辩内容发生争议,经被告确认的答辩状是最好的答辩凭证。

（二）答辩原则

1. 开门见山、言简意赅

答辩意见是被告对于原告诉讼请求的回应，法庭依据被告的答辩意见确定案件争议焦点，因此，答辩意见应当开门见山。在答辩意见的前言部分，总体回应是否同意原告的诉讼请求，是全部不同意还是部分不同意。同时陈述大概的理由，是没有案涉事实，还是原告理由不成立。总体回应便于法庭迅速掌握被告意图，从而顺利进入被告的理由展开模式。

在开门见山回应原告的诉讼请求时，应本着实事求是的原则如实陈述，不宜为了反驳原告的观点而故意编造，否则容易使案件弄巧成拙、适得其反。

答辩意见的言简意赅意味着观点清晰、直击要害，不宜赘述，因为法官承担了大量的审判任务，答辩意见不集中，会稀释审判人员的注意力，从而达不到说服效果。言简意赅还意味着答辩意见的篇幅不宜过长，能达到说清楚意见即可。

2. 逐点分析，各个击破

对于原告提起诉讼的请求权基础不成立的案件，应根据对方起诉要点逐个击破，依次否定原告的请求权基础，从而请求法庭驳回其诉讼请求。

3. 分别回应原告的各项诉讼请求

对原告诉讼请求的分别回应，有利于法庭掌握被告的答辩意见，从而核对被告的抗辩理由，以作出是否支持被告的意见。

从最高人民法院审理的广东本草药业集团有限公司与贝斯迪大药厂产品责任纠纷一审案中，可以看出被告的这种答辩特点。[1] 原告向法院提出的诉讼请求：

本草公司向本院提出诉讼请求：1. 判令贝斯迪药厂赔偿其库存细菌溶解物 Lantigen "兰菌净"（以下简称 "兰菌净"）的损失合计人民币 21,124,710 元（234,719 瓶 × 人民币 90 元 / 瓶）及其利息（以人民币 21,124,710 元为基数按中国人民银行同期同类贷款基准利率自 2017 年 11 月 22 日起计至实际给付赔偿款之日止，暂计至 2018 年 8 月 31 日为人民币 712,481.48 元）；2. 判令贝斯迪药厂赔偿其因进口 "兰菌净" 抽检而产生的样品损耗人民币 700,156.80 元（10,080 瓶 × 进口平均价人

---

[1] 广东本草药业集团有限公司与贝斯迪大药厂产品责任纠纷一审案，文书全文 https：//wenshu.court.gov. cn/website/wenshu/181107ANFZ0BXSK4/index.html?docId=2034f4f975694045869aab220113f8ab，2022 年 3 月 3 日最后访问。

民币 69.46 元）以及检测费用损失人民币 3,311,920 元，合计人民币 4,012,076.80 元；3. 判令贝斯迪药厂赔偿其因向贝斯迪药厂追偿产生的公证费人民币 8,000 元、律师费人民币 80,000 元，合计人民币 88,000 元；4. 判令贝斯迪药厂立刻依法处理已过有效期的在本草公司处的库存"兰菌净"并承担全部处理费用；5. 判令贝斯迪药厂赔偿其因承担广东省高级人民法院（2017）粤民终 3184 号民事判决所确定赔偿责任产生的损失人民币 52,298,347.06 元；6. 判令贝斯迪药厂赔偿其因与上海大陆药业有限公司（以下简称大陆公司）纠纷一案而支出的一、二审案件受理费人民币 645,071 元、诉讼保全费人民币 5,000 元、律师费人民币 435,566 元，合计人民币 1,085,637 元；7. 判令贝斯迪药厂赔偿其因向贝斯迪药厂追偿损失而产生的公证费人民币 8,000 元；8. 判令贝斯迪药厂承担本案全部诉讼费用。

被告的答辩：

（1）本草公司对其提出索赔请求违背了承诺。本草公司提交的总代理授权书系伪造的，上面仅有签章没有签字，贝斯迪药厂从未向本草公司出具过总代理授权书。本草公司隐瞒了其与 Aprontech 公司在 2013 年 12 月 5 日签订的《独家经销协议》以及 2014 年 3 月 21 日签订的《2013 年 12 月 5 日之独家经销协议之附录》，在附录的 18（d）（e）中本草公司放弃了对贝斯迪药厂的索赔权。（2）在现行中国法律下，召回"兰菌净"的责任人是本草公司而非贝斯迪药厂。首先，只有存在安全隐患的药品才需召回，本草公司提交的证据远不能证明"兰菌净"存在《药品召回管理办法》第四条规定的"危及人体健康和生命安全"情形。其次，《药品召回管理办法》第三条未明确召回的责任主体。再次，根据《药品召回管理办法》第十五条第二款"在境内进行召回的，进口单位按照本办法的规定负责具体实施"之规定，召回的责任人应是进口单位本草公司。（3）本草公司索赔的损失属于商业损失而非产品责任损失，其与贝斯迪药厂之间没有合同关系，无权向贝斯迪药厂主张商业损失赔偿。首先，本草公司索赔的损失为商业损失而非产品责任损失。本草公司是依据侵权责任法第四十六条之规定，因产品缺陷造成损害而提起本案索赔。根据《中华人民共和国产品质量法》（以下简称《产品质量法》）第四十一条、第四十四条的规定，本草公司主张的第一项库存"兰菌净"损失实质上是库存"兰菌净"的采购价格加其预期转售利润，该损失属于商业损失而非产品责任损失。本草公司的其余诉请均系建立在第一项诉请的基础上，也均不能成立。其次，本草公司与贝斯迪药厂之间不存在合同关系，其无权向贝斯迪药厂提出商业损失索赔。本草公司应当向与其有合同关系的 Aprontech 公司提出商业索赔。再次，《侵权责任法》和《中华人民共和国合同法》（以下简称《合同法》）之间存在界限，商业索赔不应当根据侵权责任法提出。《侵权责任法》和《产品质量法》将"产品缺陷造成的财产损害"限定为缺陷产品以外的财产损害，并不包括产品本身的损伤或损毁。而本草公司提出的索赔并不属于"产品缺陷造成的损害"。《侵权责任法》的主要目的是保护处于弱势地位的消费者，而非商业交易中的货物买方。在普通的商业交易行为中，产品质量问题引起的商业交易利润减少或丧失等问题属于买方未能实现合同预期目的的情形，属于《合同法》的调整范围。综上，请求本院驳回本草公司的全部诉讼请求。

根据被告的答辩内容，可以看出被告的策略是从请求权基础否定原告的诉讼请求，并逐一对原告的诉讼请求予以回应，从形式上具备完美答辩的基本要求。

三、反诉

根据实际案情的需要，对于符合条件的案件应提起反诉。司法实践中有不少案件，法院没有支持原告的起诉请求，却支持了被告的反诉请求。最高人民法院审理的福建潭诚华路桥工程有限公司、福建第一公路工程集团有限公司建设工程施工合同纠纷民事二审案 [（2021）最高法民终 842 号]，即属于此类情形。[1] 原告福建潭诚华路桥工程有限公司一审诉讼请求：

1. 确认其与福建公路一公司签订的《施工合作合同》和《渭武二标工程施工补充协议》无效；2. 判令福建公路一公司支付工程款 12,316,403 元；3. 判令福建公路一公司分担费用 23,726,055 元；4. 判令福建公路一公司赔偿潭诚华公司损失 17,553,612 元；5. 本案诉讼费用由福建公路一公司负担。

原告起诉后，被告福建第一公路工程集团有限公司向法院提起反诉，反诉请求：

1. 判令潭诚华公司返还福建公路一公司超付工程款 17,695,295.19 元及资金占用利息（自起诉之日起至实际清偿之日按银行同期同类贷款利率计算）；2. 判令潭诚华公司支付管理费 9,100,558.06 元及占用利息（自起诉之日起至实际清偿之日按银行同期同类贷款利率计算）；3. 判令潭诚华公司支付管理人员工资 3,516,193.75 元及占用利息（自起诉之日起至实际清偿之日按银行同期同类贷款利率计算）；4. 判令潭诚华

---

1 福建潭诚华路桥工程有限公司、福建第一公路工程集团有限公司建设工程施工合同纠纷民事二审案，文书全文 https：//wenshu.court.gov.cn/website/wenshu/181107ANFZ0BXSK4/index.html?docId=9bd29bf592fc 427a960cae46010a98dc，2022 年 3 月 3 日最后访问。

公司承担工程税金 14041085.15 元；5. 判令潭诚华公司支付罚款 8321000 元；6. 判令潭诚华公司支付欠付物资设备供应款 17518538.7 元；7. 判令潭诚华公司支付维修返工清理费用 6482341 元；8. 本案的诉讼费由潭诚华公司承担。

一审法院经审理后认为：

原告潭诚华公司的诉讼请求不能成立，福建公路一公司的反诉请求部分成立，应予支持。依照《中华人民共和国合同法》第二百六十九条，《中华人民共和国建筑法》第二十八条，《最高人民法院关于审理建设工程施工合同纠纷案件适用法律问题的解释》（法释〔2004〕14 号）第二条、第四条，《中华人民共和国民事诉讼法》第一百一十九条、第一百五十二条规定判决，一、驳回福建潭诚华路桥工程有限公司的诉讼请求；二、潭诚华公司于判决生效之日起 30 日内返还福建第一公路工程集团有限公司超付工程款 6510212.61 元及利息（自 2019 年 4 月 24 日起按照中国人民银行发布的同期同类贷款利率标准计算至 2019 年 8 月 20 日，2019 年 8 月 21 日之后按照全国银行间同业拆借中心公布的贷款市场报价利率的标准及计算至付清之日）；三、福建潭诚华路桥工程有限公司支付福建第一公路工程集团有限公司管理费 8259400.27 元，管理人员工资 660316 元和罚款 2350000 元；四、驳回福建第一公路工程集团有限公司的其他反诉请求。案件受理费 309780 元，由福建潭诚华路桥工程有限公司负担；反诉费 232204 元，由福建潭诚华路桥工程有限公司负担 100000 元，由福建第一公路工程集团有限公司负担 132204 元。

双方均不服一审判决，上诉至最高人民法院。最高人民法院经审理后认为：

上诉人潭诚华公司、福建公路一公司的上诉请求部分成立，应予支持；一审判决认定基本事实清楚，适用法律正确，但判决结果欠妥，应予纠正。

判决如下：

一、维持甘肃省高级人民法院（2019）甘民初 69 号民事判决第一项，即驳回福建潭诚华路桥工程有限公司的诉讼请求；

二、变更甘肃省高级人民法院（2019）甘民初 69 号民事判决第二项为，福建潭诚华路桥工程有限公司于本判决生效之日起 30 日内返还福建第一公路工程集团有限公司超付工程款 3102821 元及利息（自 2019 年 4 月 24 日起按照中国人民银行发布的同期同类贷款利率标准计算至 2019 年 8 月 20 日，2019 年 8 月 21 日之后按照全国银行间同业拆借中心公布的贷款市场报价利率的标准及计算至付清之日）；

三、变更甘肃省高级人民法院（2019）甘民初 69 号民事判决第三项为，福建潭诚华路桥工程有限公司于本判决生效之日起 30 日内支付福建第一公路工程集团有限公司管理费 9100558.06 元、税金 9554145 元、管理人员工资 660316 元、罚款 2350000 元；

四、变更甘肃省高级人民法院（2019）甘民初 69 号民事判决第四项为，驳回福建第一公路工程集团有限公司的其他反诉请求。

上述案例即是驳回原告的诉讼请求，支持被告的反诉请求。

（一）反诉的必要性

1. 提高诉讼效率，可以使双方纠纷在一个程序内得到解决。反诉不同于抗辩，被告只有提起反诉，人民法院才能审理以及作出判决。反诉与本诉在同一个程序中合并审理，相对于另行起诉而言可以极大地提高诉讼效率。

2. 节约诉讼费用。《诉讼费用交纳办法》第 18 条规定："被告提起反诉、有独立请求权的第三人提出与本案有关的诉讼请求，人民法院决定合并审理的，分别减半交纳案件受理费。"如果另行起诉，则没有此项收费。从该办法减半收取的规定中也可以看出反诉节约诉讼资源，是值得鼓励的行为。

3. 增加对方诉讼压力，促进调解

被告提起反诉后，原告将面临双重压力。一方面是败诉压力，另一方面是反诉获得支持的压力。在这种双重压力的作用下，将促使原告更谨慎地审视诉讼请求，从而能够促使双方回到理性的轨道，便于双方的调解。

（二）反诉注意事项

1. 实事求是

反诉的提起应本着实事求是的原则，有相应的事实、理由才提起反诉，否则不应提起反诉。有些当事人面对原告的起诉从感情上不好接受，执意提起反诉，这种行为不足取。

2. 符合反诉要件

反诉要件之一是反诉的当事人应当限于本诉的当事人的范围。反诉原告应为本诉被告，反诉被告应为本诉原告，第三人不得作为反诉被告。在最高人民法院审理的尊贵控股有限公司与张秀华、张哲等股权转让纠纷二审案中 [（2015）民二终字第 291 号]，法院认为：

根据《中华人民共和国民事诉讼法》第五十一条和《最高人民法院关于适用〈中华人民共和国民事诉讼法〉的解释》第二百三十三条的规定，反诉应当是本诉被告对本诉原告提起的诉讼，反诉当事人应当限于本诉当事人的范围。张秀华、张哲提出反诉要求本诉第三人赵桂秋承担连带民事责任，不符合民事诉讼法关于反诉的规定。同时，张秀华和张肃已就涉案的股权转让纠纷，以尊贵公司和赵桂秋为被告向陕西省西安市中级人民法院提起诉讼，陕西省西安市中级人民法院以（2015）西中民四初字第00649号立案受理，目前正在审理中。一审裁定对张秀华、张哲的反诉不予受理并无不当。[1]

此外，当事人诉讼地位的确立应与诉讼请求相结合，不能名义上是第三人，实质上要求第三人承担责任，这样的"第三人"实质上是被告，这种情况也是不符合反诉条件的。

四、当事人辅导

案件有利结果的取得，绝非律师一己功劳，而是委托人与律师相互配合、共同努力的结果。在案件审理过程中，律师与当事人充分沟通，并对当事人在诉讼过程中应当注意的事项进行必要的辅导非常关键。

（一）恪守诚信

对事实的陈述务必要求当事人恪守诚信，否则，由于当事人的误导或律师的故意纵容，案件不但不能取得理想效果，还有损律师声誉。

（二）统一信息出口

在现代科技高度发达的情况下，电话录音、微信聊天记录、电子邮件等均能够作为证据。有些案件，对方为了克服庭审时的不利局面，在开庭后故意与当事人联系，套取新的证据。此时应及时与当事人沟通，避免被对方套路。

（三）根据法庭要求出庭

大多数案件，当事人都可以委托律师出庭，自己无须出庭。但有些案件，审判人员有权要求当事人必须到庭，此时当事人必须予以配合。

当事人是否到庭各有利弊。如果到庭，便于法庭对事实的查明，便于法庭提高对律师陈述的信任度，也便于当事人亲身了解案件审理情况，无须律师庭后写案件情况汇报。不利之处在于当事人不能很好地理解法庭询问的含义，对对方可能提出

---

1 尊贵控股有限公司与张秀华、张哲等股权转让纠纷二审案，文书全文 https://wenshu.court.gov.cn/website/wenshu/181107ANFZ0BXSK4/index.html?docId=626fd4a38b694068843e93db1984a70a，2022 年 3 月 4 日最后访问。

的刁钻问题不善于应对，对可能出现的不利局面又不善于解决。

在当事人共同出庭的情况下，对与律师的合作与分工要进行明确。比如由当事人陈述事实问题，由律师陈述法律问题。或者除非法庭指定要求当事人自己回答，一般情况下均由律师回答。

（四）准备证据原件

证据原件对事实的认定非常重要，证据原件可以作为事实认定的直接证据。没有原件，对方又不承认的情况下，法院对真实性难以确认。因此，律师不宜持有当事人的证据原件，而是由委托人自行保管，在使用时由委托人自行携带到法庭核对。

五、虚假诉讼

律师在代理民事案件过程中，有时会遇到虚假诉讼的问题。虚假诉讼是指参与诉讼的当事人提供不实信息、伪造相关证据进行诉讼。虚假诉讼分为一般的虚假诉讼和虚假诉讼罪。一般的虚假诉讼仅为民事诉讼中应当受到制裁的行为，虚假诉讼罪属于应当依法追究刑事责任的行为。虚假诉讼严重破坏审判秩序，挑战司法权威，破坏人民财产安全，依法应予以严惩。对于虚假诉讼现象，律师应协助司法机关严厉打击。

（一）虚假诉讼的成因

虚假诉讼的高发期在 2015 年左右。当时经济飞速发展，民营企业需要大量资金，但又不符合银行的放款条件；同时恰逢全国房价猛涨，许多小贷公司趁虚而入，开展房产抵押贷款业务。在贷款过程中，小贷公司并不满足于收取高额利息，主要盯上的是借款人用于抵押的房产。他们利用借款人急于拿到资金的急迫心情，让借款人签署了一系列文件（还办理公证），包括授权处置房产、收取房款等，然后擅自将房产过户给其指定人员，借款人的房产就这样稀里糊涂地被卖了。直至借款人被赶出住房，借款人都没有见过购房人，更别说收到房款了。即使借款人起诉到法院，购房人手续齐全，委托书系借款人所签，法院亦无能为力。小贷公司见有利可图，将这种模式遍地开花，直至此类案件引起司法机关的注意。在司法机关通过调研对套路贷行为迅速予以打击后，这种虚假诉讼之风才得以控制。

在打击套路贷的过程中，不乏若干律师参与的身影，他们明知套路贷的行为违法，仍为其提供法律服务，将非法行为伪装成合法，共同欺骗法庭，最终也受到了法律制裁。

为此，最高人民法院对民间借贷的审理规则颁布了进一步司法解释，对虚假诉讼罪作出了进一步规定。总体而言，虚假诉讼源自对不法利益的追逐和侥幸心理。

（二）虚假诉讼罪的构成要件

虚假诉讼罪不同于虚假诉讼行为，根据《刑法》第307条的规定，以捏造的事实提起民事诉讼，妨害司法秩序或者严重侵害他人合法权益的，处三年以下有期徒刑、拘役或者管制，并处或者单处罚金；情节严重的，处三年以上七年以下有期徒刑，并处罚金，虚假诉讼的主体仅限于原告，且以捏造的事实提起民事诉讼。捏造的事实不同于对事实的误读，根据最高人民法院、最高人民检察院、公安部、司法部联合发布的《关于进一步加强虚假诉讼犯罪惩治工作的意见》（法发〔2021〕10号）文件，所谓捏造事实指"捏造民事案件基本事实，虚构民事纠纷，提起民事诉讼的"。同时该意见还对虚假诉讼常见发生领域进行了归类，主要包括"（一）民间借贷纠纷案件；（二）涉及房屋限购、机动车配置指标调控的以物抵债案件；（三）以离婚诉讼一方当事人为被告的财产纠纷案件；（四）以已经资不抵债或者已经被作为被执行人的自然人、法人和非法人组织为被告的财产纠纷案件；（五）以拆迁区划范围内的自然人为当事人的离婚、分家析产、继承、房屋买卖合同纠纷案件；（六）公司分立、合并和企业破产纠纷案件；（七）劳动争议案件；（八）涉及驰名商标认定的案件；（九）其他需要重点关注的民事案件"。对当事人的身份亦进行进一步地指明："（一）原告起诉依据的事实、理由不符合常理，存在伪造证据、虚假陈述可能的；（二）原告诉请司法保护的诉讼标的额与其自身经济状况严重不符的；（三）在可能影响案外人利益的案件中，当事人之间存在近亲属关系或者关联企业等共同利益关系的；（四）当事人之间不存在实质性民事权益争议和实质性诉辩对抗的；（五）一方当事人对于另一方当事人提出的对其不利的事实明确表示承认，且不符合常理的；（六）认定案件事实的证据不足，但双方当事人主动迅速达成调解协议，请求人民法院制作调解书的；（七）当事人自愿以价格明显不对等的财产抵付债务的；（八）民事诉讼过程中存在其他异常情况的。"

六、指导案例

同案同判的被誉为"看得见的正义"。司法原理如此深奥，事实认定那么艰难，这都可以理解，但如果同案不同判，司法权威必然难以确立。为解决这一问题，最高人民法院公布了各种指导案例，并要求各级法院在审理案件时予以参照。

关于指导案例在审判实践中的运用，根据中国裁判文书网公布的判决书，有以下类型。第一种，当事人主张适用，法院未予同意的（案例一）。第二种类型，当事人主张适用指导案例，法院予以支持的（案例二）。第三种类型，当事人并未主张适用指导案例，法院主动予以适用（案例三）。第四种类型，当事人主张的案例非指导案例，法院不予适用。

案例一：中山市荣光置业有限公司、林洁英合同纠纷二审案 [（2020）最高法民终 550 号][1]

在该案中，荣光公司上诉主张：

本案应适用最高人民法院 72 号指导案例，根据该案例，对从让与担保转化而来的以物抵债必须进行实质性审查，以防止非法高息合法化，一审法院将此类案件必须审查的核心事实作为举证责任进行分配是不妥当的，荣光公司就房产价值无须另外举证；最高人民法院经审理后认为：关于《补充协议书》的效力问题，林洁英、林浩森和荣光公司对《补充协议书》的真实性均无异议，根据《中华人民共和国合同法》第三十二条、第四十四条第一款的规定，《补充协议书》依法成立并生效。如前所述，双方在补充协议签订前确实存在借款合同关系，但为履行借款合同，双方签订了《补充协议书》，并交付了相关商铺及房屋。该《补充协议书》系在荣光公司长期拖欠借款利息，已确定无能力偿还借款本金及利息的情况下，双方经协商同意，将此前登记备案的商铺和房屋抵偿债务，将双方之间的借款合同关系转变为以房抵债合同关系。荣光公司对双方构成以物抵债合同关系没有异议，也对该合同的效力没有异议，但认为根据其提交的 72 号指导案例确立的裁判规则，本案以物抵债合同含有非法高息，应由林洁英、林浩森予以返还。上述指导案例旨在明确借款合同双方当事人经协商一致，终止借款合同关系，建立商品房买卖合同关系，将借款本金及利息转化为已付购房款并经对账清算的，若无相关法律禁止情形，该商品房买卖合同具有法律效力，但对转化为已付购房款的借款本金及利息数额，人民法院应当依法进行审查，以防止违法高息合法化。参照上述指导案例对合同效力认定所遵循的原则，结合本案《补充协议书》的签订和履行情况，可以认定本案《补充协议书》并非为双方之间的借款合同履行提供担保，而是在借款合同到期荣光公司难以清偿债务时，双方协商通过将荣光公司所有的商品房抵偿给林洁英、林浩森的方式，实现双方权利义务平衡的一种交易

1 中山市荣光置业有限公司、林洁英合同纠纷二审案，文书全文 https : //wenshu.court.gov.cn/website/wenshu/181107ANFZ0BXSK4/index.html?docId=4bf9cb5fc534461aa6fbacae01223727，2022 年 3 月 4 日最后访问。

安排。当事人的上述交易安排，并未违反法律、行政法规的强制性规定，亦不属于《中华人民共和国物权法》第一百八十六条规定禁止的情形，应认定为有效。但本案与上述指导案例存在以下不同之处：首先，荣光公司并未充分举证证明案涉商铺和房屋在签订补充协议时的价值，无法证实欠款与房屋价值的对应关系；其次，虽然双方在借款合同中约定的利息高于民间借贷的法定利息，但双方在《补充协议书》中并未对荣光公司的欠款作出结算，仅约定将欠款与相关商铺和房屋互相抵销。因此，虽然荣光公司提交的72号指导案例对本案以房抵债的合同效力认定有参考作用，但其实体处理方式不适用于本案。对荣光公司认为本案以物抵债合同存在非法高息的主张不予采信。

此外，关于荣光公司认为本案应参照72号指导案例裁判规则的问题。72号指导案例的要旨指出：借款合同双方当事人经协商一致，终止借款合同关系，建立商品房买卖合同关系，将借款本金及利息转化为已付购房款并经对账清算的，不属于《中华人民共和国物权法》第一百八十六条规定禁止的情形，该商品房买卖合同的订立目的，亦不属于《最高人民法院关于审理民间借贷案件适用法律若干问题的规定》第二十四条规定的"作为民间借贷合同的担保"。在不存在《中华人民共和国合同法》第五十二条规定情形的情况下，该商品房买卖合同具有法律效力。但对转化为已付购房款的借款本金及利息数额，人民法院应当结合借款合同等证据予以审查，以防止当事人将超出法律规定保护限额的高额利息转化为已付购房款。将72号指导案例的基本案情与本案事实进行比较。72号指导案例中双方当事人在终止借款合同关系并建立商品房买卖合同关系时，对到期债务数额和房产的价值进行了对账清算，明确了被抵债务数额与抵债房产价值之间的对应关系。而本案中，双方当事人在进行以房抵债时未明确抵债房产的价值，亦未对荣光公司的欠款作出明确结算，仅约定履行双方就案涉房产签订的《商品房买卖合同》以此清偿荣光公司欠林洁英、林浩森的全部债务，根本无法判断所抵欠款与房产价值之间的对应关系，以及二者之间是否存在差价、存在多少差价等事实。72号指导案例关于"防止违法高息合法化"的指导意见，确属实践中应予注意的问题，但该意见不能成为荣光公司所称其无须就房产价值举证的理由；又因该指导案例与本案在基本事实方面不具有相似性，除"以房抵债合同效力的认定问题"外，无法在本案审理中予以参照。

案例二：辽宁凤城农村商业银行股份有限公司、凤城市东泽新型材料科技有限

公司等金融借款合同纠纷民事二审 [（2021）辽 06 民终 2254 号][1]

上诉人辽宁凤城农村商业银行股份有限公司认为，2018 年 6 月 20 日最高人民法院关于发布第 18 批指导性案例中第 95 号指导案例阐述了下述观点：

根据《中华人民共和国物权法》第二百零三条"为担保债务的履行，债务人或者第三人对一定期间内将要连续发生的债权提供担保财产的，债务人不履行到期债务或者发生当事人约定的实现抵押权的情形，抵押权人有权在最高债权额限度内就该担保财产优先受偿。最高额抵押权设立前已经存在的债权，经当事人同意，可以转入最高额抵押担保的债权范围"之规定，最高额抵押权有两个显著特点：一是最高额抵押权所担保的债权额有一个确定的最高额度限制，但实际发生的债权额是不确定的；二是最高额抵押权是对一定期间内将要连续发生的债权提供担保。由此，最高额抵押权设立时所担保的具体债权一般尚未确定，基于尊重当事人意思自治原则，《中华人民共和国物权法》第二百零三条第二款对前款作了但书规定，即允许经当事人同意，将最高额抵押权设立前已经存在的债权转入最高额抵押担保的债权范围，但此并非重新设立最高额抵押权，也非《中华人民共和国物权法》第二百零五条规定的最高额抵押权变更的内容，所以请求二审法院在审理本案时参考适用。

最高人民法院经审理后认为：

关于第一个焦点问题，从凤城农商行与东泽公司、鸣泉物流公司签订的协议书看，鸣泉物流公司同意以自有房产为已经发生的凤农商 2020 年流贷字第 339623-1233-002 号借款承担担保责任，该协议体现的是将该担保纳入凤农商 2020 年最高抵贷字第 339623-1253-046 号最高额抵押合同中，虽然该合同约定的期间是 2020 年 12 月 16 日至 2023 年 12 月 15 日，但根据最高人民法院的相关指导案例，最高额抵押担保合同签订后，可以约定对之前发生的借款承担担保责任。本案中，凤农商 2020 年流贷字第 339623-1253-046 号借款合同的贷款并未发放，从该最高额抵押合同担保的数量上看仍然存在 550 万元余额，现凤城农商行要求凤农商 2020 年流贷字第 339623-1233-002 号借款合同对该抵押物享有抵押权，符合法律规定，本院予以支持。

案例三：海南文昌隆盛置业有限公司、保定市可欣房地产开发集团有限公司股

---

1 辽宁凤城农村商业银行股份有限公司、凤城市东泽新型材料科技有限公司等金融借款合同纠纷民事二审，文书全文 https://wenshu.court.gov.cn/website/wenshu/181107ANFZ0BXSK4/index.html?docId=33a563503d864d9cac88ae0f000ed5cf，2022 年 3 月 4 日最后访问。

权转让纠纷执行审查 [（2020）最高法执复 40 号][1]

最高人民法院审理后认为：

关于第一个焦点，本院指导案例 2 号针对同类案件已作出过裁定，其裁判要旨为：民事案件二审期间，双方当事人达成和解协议，人民法院准许撤回上诉的，该和解协议未经人民法院依法制作调解书，属于诉讼外达成的协议。一方当事人不履行和解协议，另一方当事人申请执行一审判决的，人民法院应予支持。据此，当事人在民事案件二审期间达成的和解协议，属于诉讼外和解协议，一方当事人可以因另一方当事人不履行和解协议而申请执行一审判决，对此，人民法院应当立案执行。故本案中，尽管可欣公司与隆盛公司等在本案执行依据二审期间达成了和解协议，但若可欣公司认为隆盛公司等没有履行和解协议的，其可以申请人民法院执行已生效的一审判决。

关于第二个焦点，本院指导案例 119 号亦针对同类案件作出过裁定，其裁判要旨为：执行程序开始前，双方当事人自行达成和解协议并履行，一方当事人申请强制执行原生效法律文书的，人民法院应予受理。被执行人以已履行和解协议为由提出执行异议的，可以参照《最高人民法院关于执行和解若干问题的规定》（以下简称《执行和解规定》）第十九条的规定审查处理。据此，在本案中，如果隆盛公司等被执行人，认为自己实际已经履行了案涉和解协议的，可以此为由向执行法院提出执行异议，执行法院则可依照执行和解规定第十九条之规定（有关执行外和解协议的审查规定）予以审查处理。

案例四：临沂恒昌煤业有限责任公司、汇玺资产管理有限公司执行异议之诉 [（2021）鲁 1311 民初 2015 号] 案[2]

临沂市罗庄区人民法院认为：

关于两份公报案例，非指导案例，且案情与本案亦不完全相符，对汇玺资产管理有限公司基于上述两份案例进而主张公告通知合法的意见，本院亦不予采信。

比较上述四个案例可以看出指导案例在司法实践中的适用具有如下特点：

1　海南文昌隆盛置业有限公司、保定市可欣房地产开发集团有限公司股权转让纠纷执行审查，文书全文 https://wenshu.court.gov.cn/website/wenshu/181107ANFZ0BXSK4/index.html?docId=fa1114efe3f842e0b6baa bf7011eec8e，2022 年 3 月 4 日最后访问。

2　临沂恒昌煤业有限责任公司、汇玺资产管理有限公司执行异议之诉 [（2021）鲁 1311 民初 2015 号] 案，文书全文 https://wenshu.court.gov.cn/website/wenshu/181107ANFZ0BXSK4/index.html?docId=c714506 9231e4886b573adf70157618c，2022 年 3 月 4 日最后访问。

第一，为确保同案同判，无论当事人是否提交应参照适用的指导案例，法官在审理案件时应主动进行类案检索，并根据类案构成要件核对是否属于适用情形。

第二，对于当事人提出的具体应参照适用的指导案例，无论人民法院最终是否适用，均应作出回应。对于没有作出回应的案件，上级人民法院裁定再审。相关案例如刘阿立、牟居芬等机动车交通事故责任纠纷民事申请再审审查案。[1] 辽宁省高级人民法院经审查后认为：

根据《最高人民法院关于统一法律适用加强类案检索的指导意见（试行）》第九条"检索到的类案为指导性案例的，人民法院应当参照作出裁判，但与新的法律、行政法规、司法解释相冲突或者为新的指导性案例所取代的除外。检索到其他类案的，人民法院可以作为作出裁判的参考"、第十条"公诉机关、案件当事人及其辩护人、诉讼代理人等提交指导性案例作为控（诉）辩理由的，人民法院应当在裁判文书说理中回应是否参照并说明理由；提交其他类案作为控（诉）辩理由的，人民法院可以通过释明等方式予以回应"之规定，对于再审申请人提出本案与最高人民法院颁布的第 24 号指导案例案件基本事实、争议焦点及法律适用具有高度相似性，应同案同判的理由，原一、二审法院未予论述说理，应参照该指导意见重新予以审理。

第三，对于当事人提交的不属于公报案例的其他案例，法院有权不予适用。

由此可见，指导案例在审判实践中具有重要作用，掌握指导案例的适用技巧，无疑为案件胜算增加了一道筹码。

七、撰写代理词

代理词是案件开庭以后，针对开庭情况代理律师向法庭发表的法律意见。代理词中的意见既有对开庭时陈述意见的补充，也包括新的意见。代理词与答辩意见不同，代理词在判决书中并非必备的内容，审判人员亦无须对代理词予以回应，但如果涉及自认内容，往往会被法官引用。

既然如此，有观点认为撰写代理词是不必要的。因为通过原告起诉以及被告答辩，再加上庭审的内容，如果法官未曾安排再次开庭，意味着法官对整个案件如何

---

1 刘阿立、牟居芬等机动车交通事故责任纠纷民事申请再审审查案，文书全文 https://wenshu.court.gov.cn/website/wenshu/181107ANFZ0BXSK4/index.html?docId=f5df97ea410d46c69cbcae0f001f46ed，2022 年 3 月 5 日最后访问。

判决已经有一个基本判断。同时，代理词不是审理案件的必备要素，律师不写代理词对法官的判决并无任何影响。对法官而言，阅读律师的代理词只是查遗补漏，法官对律师的代理词不像对答辩意见那样具有迫切的期待。

这些道理固然属实，但只要有可能，律师还是要尽可能地通过多种方式维护当事人的合法权益。律师提交的代理词法官必须附卷，这对法官而言多少存在一定的参考制约。基于此，提交代理词仍是律师必须要完成的工作。

律师撰写代理词应掌握以下原则：

（一）及时性

法官每年审理多宗案件，一天有时要开好几个庭，律师如果没有及时撰写代理词，时间一长，法官容易淡化对案件的印象。此时再提交代理词，不容易说服法官。只有及时撰写和提交代理词，才能加强法官对代理观点的注意，诉求便于获得支持。

（二）重点突出

重点突出首先表现在律师要善于归纳代理观点，并以该观点给每个案件的代理词设一个标题。比如在建设工程合同中，原告以表见代理起诉被告，要求被告承担责任，被告认为表见代理不成立。对于这样一份代理词，主标题可以为"表见代理不成立，诉讼请求应驳回"，"某某案（列明案号）被告代理词"。对比无标题的代理词，显然，法官更能迅速掌握前者的答辩重点。在另外一起原告要求付款，被告认为付款条件未成就的案件中也是如此。被告代理词的主标题可以为"付款条件未成就，付款诉请不成立"，副标题为"某某案被告代理词"。这种标题代理词有助于律师迅速表达观点。

重点突出还表现在代理词的每一段都加一个小标题，如下例。

付款条件未成就，诉讼请求应驳回

——（2021）渝 0152 民初 8150、8152 被告一代理词

尊敬的审判长：

关于贵院审理的（2021）渝 0152 民初 8150、8152 案件，我作为被告一的代理人参加了贵院今天组织的线上开庭。根据庭审情况，被告一认为，本案查明的事实足以说明原告请求支付款项的条件不具备。原告提交的到货确认不但不能证明原告已经按合同履行了交货义务，相反，足以说明其没有按照合同约定供货。而且，双方实际供货情况没有进行核对，业主方没有对货物进行验收，原告的诉讼请求没有相应的事实与法律依据，依法应予驳回。具体理由如下：

一、《材料申请表》《到货确认书》足以说明原告未按合同提供货物

其一，原告并未将货物交给合同约定的交货联系人。原告称被告一口头通知其委托被告二收货，但没有提交任何证据，原告的主张不能成立。同时，两案涉及金额近 700 万元的货物，价值巨大，而交货是合同履行的重要内容，如果委托他人收货，原告必定要求提交书面委托凭证，原告以口头变更交付情况显然有违常理，因而不能成立。

同时，原告提交的货物无须被告二签收，因为货物是使用到工程中的，工程最终由政府验收，根据政府的验收数量对原告供货进行结算是应有的程序。

其二，《材料申请表》并非被告一所出，没有收文单位，原告的这些供货无权要求被告一付款。

其三，《材料申请表》《到货确认书》上加盖的是被告二的"项目资料专用章"，顾名思义，该印章为项目资料专用，不具有收货效力。

其四，原告主张《到货确认书》中"借转销"的货款不能成立，被告一并未向原告借过任何货物。此外，未经被告一同意，原告以借给他人的货物作为向被告一履行交付不符合双方约定，且违背合同中关于货物应全新、未使用过的内容。

其五，原告主张交到被告二库房的货款没有法律依据。被告一采购的货物是用于施工的，不可能交到被告二的库房。同时，双方合同约定根据实际供货量进行结算，在库房的设备说明没有使用到工地，原告不应该收取该部分货款。

其六，《到货确认书》中的货物与《采购合同》中所约定的货物名称、型号、品牌、数量、金额不一致。

其七，原告有部分货物在 2020 年 7 月 20 号——双方合同签订之前交付给被告二的，此时双方的合同还没有成立，不存在合同履行事宜。结合原告自认与被告二之间还存在其他合作，原告的这些供货无权要求被告一付款。

二、原告主张的货款没有相应的法律依据

原告在（2021）渝 0152 民初 8150 案中主张总货款为人民币 4573509.98,8152 案主张总货款为人民币 2387331。但原告提交的证据不能支持其提交了上述价值的货物，且原告提供的《到货确认书》中均没有价格。此外，原告主张该款包括在双方签署合同之外变更，变更系口头约定也没有相应证据。

被告一认为，原告供货金额是双方必须要核对的内容，没有结算原告无权要求付款。

三、付款条件未成就

根据双方合同约定，付款的条件有两个。一个是据实际使用量签订《合同变更》，另外一个是对货物进行验收。其中验收以政府最终验收为准。

目前这两个条件均未成就。

四、原告诉称被告一拒绝结算、验收与事实不符

被告一从未拒绝与原告进行结算，相反，被告一随时同意结算。根据原告提交的律师函，原告委托律师发函要求被告一付款，只字未提核对实际使用量事宜。在原告不核对实际使用量的情况下，原告供货金额不清，被告一当然有权拒绝付款。

此外，验收是政府的事，双方合同约定得非常清楚，以政府最终验收为验收，并非被告一故意不验收。事实上，由于政府未验收，被告一至今没有收取到任何货款，但被告一已经垫付了大部分款项，体现了担当。

五、原告提起本案合并之诉没有法律依据

根据庭审释明，原告要求两被告共同承担责任。对于起诉被告二，又以被告二是收货人要承担责任。我们认为原告的诉讼请求不但自相矛盾，而且不应当在一个诉中提出。

原告以买卖合同起诉，根据合同的相对性原则，原告无权起诉被告二，被告二本案不适格。原告以被告二收货应承担责任，则被告一不是适格被告。

此外，原告主张被告二承担责任与本案非同一法律关系，主体亦不同，无论是诉的主观合并还是客观合并，原告均无权在一个诉讼里合并提起。本案在一个案件里受理原告的两个诉没有法律依据，除非裁定驳回原告对被告一的起诉，或者裁定驳回原告对被告二的起诉。否则存在程序错误。

上述意见，供法庭参考。

上例代理词五个段落小标题共同构成驳回被告诉讼请求的依据。带有段落小标题的代理词，可以提高法官的阅读效率。各个小标题实际上是代理观点，这些小标题应处于平等的逻辑关系。小标题和总观点之间，有些单个小标题就可以证明总观点的成立，有些小标题共同证明总观点的成立。前者称为并联式小标题，后者称为串联式小标题。

（三）内容简洁

代理词内容简洁指切忌重复已经陈述的内容，最好的代理词是以最短的篇幅表达最重点的观点。代理词篇幅太长，反而影响对法官的说服力。律师必须勤于练习，

一定可以撰写出优秀的代理词。

第五节　庭审应对实务

庭审是在审判人员、原被告双方共同参与下，围绕原告诉讼请求是否成立的调查与辩论。庭审是诉讼案件最重要的组成部分，最能体现律师对专业知识的综合应用及灵活应对，是整个诉讼案件的核心。可以毫不夸张地说，庭审过程决定案件的成败。

本节根据庭审进程，分别论述各个环节的重点内容。

一、庭审礼仪

许多律师将专业奉为圭臬，忽视礼仪在庭审中的作用，认为礼仪只是客套，与案件审理结果无关。不知礼，无以立，礼仪貌似无关乎法律专业知识，但良好的礼仪是律师涵养的直接体现。律师不但应注重日常礼仪，更应重视庭审礼仪。良好的庭审礼仪无形中能够提升律师言论的可信度，有助于法庭对律师观点的采纳。戴尔·卡耐基认为，一个人的成功 15% 依靠专业知识，85% 依靠为人处世的技巧。法庭礼仪的作用比例或许没有那么大，但具有一定作用毫无疑问。

（一）律师袍

尽管穿袍子不太符合律师的衣着习惯，但律师袍是律师出庭的制服，可以增加仪式感和身份识别。因此，律师开庭应当穿着律师袍。有律师称律师袍为战袍，穿着律师袍开庭犹如古代将士披甲出征，增加斗志。为了方便律师穿律师袍，法院设立了专门的更衣室。对于出庭忘带律师袍的律师，有些法院还提供律师袍出借服务。

律师袍是法律文化的体现，穿长袍意味着文明与专业。长袍比较碍手碍脚，象征着律师开庭以言辞辩论为主。英国律师开庭穿长袍、戴假发，非常烦琐，曾有提议废除这一制度，此举遭到大多数律师的反对，认为废除这一古老的制度破坏传统，至今英国律师的出庭装束仍和数百年前一样。

（二）提前进入法庭

有些律师对于出庭时间把控不好，往往掐着点去，对路途时间考虑不周，常出现迟到的情形。如果迟到的时间不长（15 分钟以内），法庭会等待片刻，但对迟到者免不了批评，影响律师的开庭情绪，导致影响开庭效果。如果迟到的时间太长

（超过 15 分钟到半个小时），原告迟到的，按撤诉处理；被告迟到的，按缺席审理。原告撤诉不但浪费一半的诉讼费，还耽误时间；被告缺席则诉讼权利无法得到有效维护。

"It's either early or late"（要么早到，要么迟到），换句话说，只有早到，才不迟到。律师开庭迟到是严重的法律服务质量事故，应严格予以杜绝。律师应当像赶飞机一样对待开庭，赶飞机至少提前一个小时到机场，律师出庭也应当提前一个小时到达法院，办理安检手续后顺利到达法庭。如果在异地开庭，应当提前一天到达，在法院步行范围内寻找住处，并且提前测试好步行路径及耗时，以便第二天开庭时准时到达法庭。

此外，开庭过程高度对抗，需要律师的精力高度集中，以便随时应对法庭的询问以及对方的攻击。这种情况下，律师提前到达可以有条不紊地整理材料，安心整理思绪，准备开庭；而气喘吁吁地赶到法庭的律师，很难快速进入庭审状态。

还有一类情况，律师忘了开庭时间，导致未能出庭。这是由于律师对开庭日期缺乏有效的管理。遗忘是天性，任何人都难免遗忘，律师应当利用现代信息技术，设置日程提醒，克服人类自身的不足。

（三）尊重法官

法官是审判程序的组织者、法庭秩序的维持者以及审判活动的推进者。出庭人员（尤其是律师）应当对法官予以尊重，服从法官的审判指挥。无论在大陆法系国家还是英美法系国家，无论法官的选任依靠何种途径，全世界的法官地位普遍比律师高，这是不争的事实。

大多数时候律师均能对法官表示尊重，当在对法律适用理解不一致的时候，或法官不尊重律师时，双方容易发生冲突。此时，律师更要保持克制，切忌当庭与法官发生争执，即使法官存在不当行为，可以庭后向监督部门反映。因为律师毕竟只是代理人，与法官发生冲突会损害委托人的利益，这有违律师执业伦理。

当然，庭审情况错综复杂，法官难免在庭审中出现差错，此时，出庭律师不宜盲从，而是应当以适当的方式予以指出。因为作为法律职业共同体，遵守法律规定是应尽的义务。对法官的尊重，不体现在唯法官是论，而是体现在对法律的坚持上。唯有对法律的坚持，才是对法律的尊重。

请仔细体会下面一段法官与被告代理律师的法庭对话。对话发生背景：开庭过程中，原告突然出示一份微信聊天记录作为证据，法官要求被告予以质证。

法官：现在由原告出示微信聊天记录，由被告质证。

被告代理人：该证据系原告当庭出示，被告代理人对其真实性无法确认，请求庭后向当事人核实后回复法庭。

法官：好，限被告在庭后三日内回复法庭，否则法庭将该微信聊天记录视为真实。

被告代理人：（极为不悦）：我们认为法庭处理欠妥，如果被告未能在三日内回复，请求法庭依据证据规则进行确认，而不是一概认定微信聊天记录的真实性。

法官：给被告三天时间核实这么一份证据的真实性完全足够。

被告代理人：三天时间确实足够，但原告未在举证期限内提交证据，法庭直接认定真实性有失公允。

法官：未在举证期限内提交的证据，如果涉及案件基本事实的认定，人民法院可以采信。

被告代理人：这个规定固然不假，但举证期限制度的设立就是为了提高审判效力，避免证据突袭，否则该制度的设立还有何意义？对于没有按期提交的证据，根据证据规则，人民法院应当对原告逾期提交证据的理由进行核实，并可处以训诫等。

被告认为，法庭对于原告逾期举证视而不见，原告没有因此承担任何不利的法律责任，相反，对于被告未按期质证却设置了最严重的法律后果，法庭有违居中裁判的原则。

再者，是否涉及基本事实，也是要审核后才能决定的，未经审核怎么就认为涉及基本事实呢？

从上述对话内容中可以看出，双方的对话不怎么友好。被告和法庭对于原告逾期提交证据的法律适用规则看法不一，被告律师对于法官的处理方式不满。这就涉及逾期提交的证据应如何处理的问题。《民事诉讼司法解释》第101条规定："当事人逾期提供证据的，人民法院应当责令其说明理由；拒不说明理由或者理由不成立的，人民法院根据不同情形可以不予采纳该证据，或者采纳该证据但予以训诫、罚款。"对于原告逾期提交的证据，法官并没有执行法律规定。在此情况下，被告律师已经进行了克制，没有对此予以纠缠，仍配合法庭查明案件事实。被告律师不满的显然是法官对于逾期质证的法律后果。从法律规定的角度来说，从来没有逾期质证就推定证据成立的规定。在这种情况下，被告没有给法官"面子"，而是对于法官适用法律时的不妥之处，有礼有节地予以提出，虽然不够礼貌，但这种坚持是必须的。

（四）发言顺序及内容

发言是庭审的重要形式，是律师陈述意见的重要方式。发言应得到审判员的许可，按顺序进行。律师不可打断审判人员或对方的发言，即使对方的发言内容与事实不符，也要等对方发言完毕，轮到己方发言时再予以回应。"I disapprove of what you say，but I defend to the death your right to say it."（我不同意你的观点，但我誓死捍卫你发言的权利）如果各方抢着发言，那是吵架，不是法庭审理。

发言内容依照庭审的进程各有重点，律师应根据法庭的要求发言，紧跟庭审节奏。在法庭调查阶段，法官询问什么就回答什么；在法庭辩论阶段，根据法庭概括的案件争议焦点进行辩论，内容不可颠倒。

（五）语速与音量

法院审理案件时，对庭审过程会全程记录。有些法院以文字记录，也有些法院对庭审进行录音录像。为便于法庭记录，律师在发言时语速不宜过快，比平时稍缓，并且控制好音量，确保法庭能够清晰地记录。

（六）尊重对方当事人

基于诉讼的对抗性，双方当事人在进行法庭陈述时难免你来我往，唇枪舌剑，此时律师应当劝阻当事人保持克制，不要由于言语对抗而发生进一步的冲突。对方当事人为了自己的利益据理力争情有可原，即使陈述的内容与事实存在出入，亦不必过于激动，因为法庭审理由法官主持，法官依据事实和法律进行审理，并非依据吵架内容判决。

（七）遵守庭审纪律

法庭纪律的内容如下，出庭人员以及旁听人员均应遵守。

人民法院法庭纪律

为落实公开审判制度，除法律规定的不公开审理的案件外，本院所有案件一律公开审理、公开宣判。审判法庭是人民法院行使审判权、审理各类案件的场所，为维护法庭秩序，保障审判活动的正常进行，根据诉讼法及《人民法院法庭规则》等有关规定，特规定如下：

一、诉讼参与人需凭传票等法律文书进入法庭，旁听人员需持有效身份证件参加旁听，人大代表、政协委员可持代表证、委员证参加旁听。学校、机关等单位需要集体旁听的，应当事先与法院办公室联系，领取旁听证后在指定时间、地点参加旁听。

二、下列人员不得旁听：

1. 未成年人（经法院批准的除外）；

2. 精神病人和醉酒的人；

3. 其他不宜旁听的人。

三、诉讼参与人、旁听人员应自觉接受司法警察的安全检查，禁止携带枪支、弹药、刀具、火种及易燃易爆等危险品带入法庭。

四、诉讼参与人、旁听人员必须在指定的区域活动，不准进入办公区，不得在楼内大声喧哗。

五、诉讼参与人发言、陈述和辩论，须经审判长或者独任审判员许可，并不得使用辱骂、讽刺、中伤等不文明语言。

六、诉讼参与人、旁听人员进入法庭应关闭随身携带的移动通信工具或将其置于振荡状态。

七、旁听人员必须遵守下列纪律：

1. 不得录音、录像和摄影；

2. 不得随意走动和进入审判区；

3. 不得发言、提问，如对审判活动有意见，可在休庭或闭庭后书面向法庭提出；

4. 不得鼓掌、喧哗、哄闹和实施其他妨害审判活动的行为。

八、诉讼参与人和旁听人员应保持法庭整洁，不准吸烟、吃零食、随地吐痰和乱扔纸屑。

九、新闻记者参加旁听进行采访需经法院办公室核准登记，并配发专用采访证；未经审判长许可，不得在庭审过程中录音、录像和摄影。

十、对于违反法庭纪律的人，审判长可以口头警告、训诫，也可以没收录音、录像和摄影器材，责令退出法庭或者经院长批准予以罚款、拘留。

对哄闹、冲击法庭，侮辱、诽谤、威胁、殴打审判人员等严重扰乱法庭秩序的人，依法追究刑事责任；情节较轻的，予以罚款、拘留。

（八）线上开庭注意事项

新冠疫情给大家的工作生活带来了极大的不便，但也迅速推广了新的开庭方式——线上开庭。这种开庭方式不但减少疫情传播，还极大地节约了律师开庭时间，提高工作效率。特别是对于异地开庭，如果线下开庭，律师需要花费两天到三天的时间。一般情况下要提前一天到，顺利的话第二天开完庭回来，如果没有航班，要

第三天才能回来。线上开庭足不出户，只要有网络，任何地点都可以开庭。

复旦大学教授段厚省认为，线上开庭缺少必要的仪式感，此言不虚。线上开庭还会出现断网等异常情况。为规范线上开庭行为，最高人民法院颁布了《人民法院在线诉讼规则》。

（九）控制情绪

在开庭时，难免会发生令人恼怒之事。比如对方当事人（代理人）明显违背事实进行虚假陈述，而法官没有任何制止；法庭没有严格依法审理，出现对一方偏袒的现象；法庭没有注意到原告提交的新材料等。此时出庭律师千万注意控制情绪，牢记情绪降低智商的真理，不得当庭失控，与对方或法官争吵。如此一来，不但存在的问题没有得到解决，还增加了扰乱法庭秩序这一项嫌疑，偏离了解决纠纷这一重要的诉讼目的。

二、回避

回避是当事人向法庭提出的，要求特定人员不得参与法庭审理的申请。回避人员的范围包括与本案审理的人民法院院长、副院长、审判委员会委员、庭长、副庭长、审判员、助理审判员和人民陪审员、翻译人员、鉴定人、勘验人、书记员和执行员。

司法实践中，律师提出回避的案例比较少，能够获得法庭支持的案例更少。

（一）回避时限

回避不因有时间限制，应当适用于任何时限。有观点认为，《民事诉讼法》第48条第1款规定"当事人提出回避申请，应当说明理由，在案件开始审理时提出；回避事由在案件开始审理后知道的，也可以在法庭辩论终结前提出"，是否意味着只有在法庭辩论终结前提出才有效。如安徽省来安县人民法院在审查业盛回避一案中 [（2018）皖 1122 民初 2907 号]，认为"已超出提出回避申请的时间"。[1] 从回避制度设立的目的，该观点值得商榷。回避制度的设立就是为了减少可能存在的不公正因素，从回避事由上看，当事人申请回避的，同时适用于自行回避，这些事由并不因超期而不存在。

（二）法定的回避事由

回避事由法定是指只有符合法律规定的回避申请才能获得法院支持，不属于法律规

1　业盛回避案，文书全文见 https：//wenshu.court.gov.cn/website/wenshu/181107ANFZ0BXSK4/index.html?docId=6cfd5cebc98e4045aa29ab15003745ba，2022 年 3 月 5 日最后访问。

定事由的申请不能获得法律支持。《民事诉讼法》第 47 条规定了回避的法定事由。当事人提出的有些事由，虽然对于公正审判可能存在影响，亦无法通过回避方式得到解决。

在"戴传宝房屋租赁合同纠纷民事回避案"中 [（2019）湘 0105 民初 8249 号]，申请人认为："2019 年 10 月 29 日该案重审开庭之时，本案法官在大厅里找到本人要求调解，并肯定地说这个案子本人是一定要出钱的，语气肯定坚决，倾向性非常的明显，可能会影响案件公平公正。"长沙市开福区人民法院院长认为，该理由不属于法律规定应当回避的情形，依法不予支持。[1]

在另外一则"中国农业银行股份有限公司延安宝塔支行与牛张明，高德政金融借款合同纠纷一审回避案"中，原告认为"被告牛张明为延安市宝塔区人民法院的工作人员，本案由延安市宝塔区人民法院审理可能影响案件的公正审理，故提出回避申请"。法院认为原告申请的理由成立，支持了原告的申请。[2]

三、民事诉讼代理

民事诉讼代理关系着庭审活动的合法性，是开庭时必须要查明的问题。如果诉讼代理不合法，即使开庭审判的案件，二审也会发回重审。在邯郸市中级人民法院审理的"李治中、刘某 2 民间借贷纠纷二审案"中 [（2021）冀 04 民终 1679 号]，法院认为"一审中被上诉人刘轲、刘某 1、董月香在授权委托书落款委托人处的签名均不是本人签署，为刘某 2 代签和按捺手印，委托代理手续不合法，段克亮不能据此作为四被上诉人的委托代理人参加诉讼"；从而裁定撤销原判，发回重审。

（一）代理资格

根据《民事诉讼法》第 61 条的规定，可以担任诉讼代理人的人员包括以下三种：（1）律师、基层法律服务工作者；（2）当事人的近亲属或者工作人员；（3）当事人所在社区、单位以及有关社会团体推荐的公民。除此之外，其他人员不得担任诉讼代理人。

（二）授权类型

授权类型为一般授权和特别授权，除非有特别需求，律师一般不接受特别授权，

1　戴传宝房屋租赁合同纠纷民事回避案，文书全文 https：// wenshu.court.gov.cn/website/wenshu/ 181107ANFZ0BXSK4/index.html?docId=9e771bc39f094775bfe9ab8f0116d520，2022 年 3 月 5 日最后访问。

2　中国农业银行股份有限公司延安宝塔支行与牛张明，高德政金融借款合同纠纷一审回避案，文书全文 https：// wenshu.court.gov.cn/website/wenshu/181107ANFZ0BXSK4/index.html?docId=c53eb6c52102455b9ba1 a98b015b2348，2022 年 3 月 5 日最后访问。

以免造成不必要的误会。

（三）授权手续办理

授权手续必须由委托人亲自签署，在境外形成的授权委托手续还必须经过领使馆的认证。

（四）诉讼委托的特别规定

诉讼委托不同于民事代理，诉讼委托不适用转委托，且诉讼委托除包含委托授权外，受托人还必须遵守法庭义务。诉讼委托不适用追认，开庭时没有授权或授权不成立，则应当视为无权代为出庭。

四、诉、答意见

核对完双方出庭人员以后，法庭程序进入原告陈述诉讼请求、事实理由，被告进行答辩。法庭同时会询问原告诉讼请求是否有变更和补充。变更和增加诉讼请求是当事人处分权的重要体现，但有时间限制——应在举证期限内或法庭辩论终结前提出。

对于法庭要求的陈述，原告回应详见起诉状或将起诉状照本宣科地阅读都是不妥的。只字不提，浪费了陈述理由的机会；照本宣科，浪费法庭的时间，可能会导致审判人员不耐烦。比较好的方式是原告询问法庭："原告已经向法庭提交了书面的起诉状，为节约法庭时间，原告就不全文阅读，是否可以只向法庭陈述要点？"一般而言，法庭都会同意。在征得法庭同意之后，原告择要点进行陈述。被告的答辩意见参照原告的方式同样处理。

五、庭审笔记

速录员对庭审内容的记录非常完善，律师复印庭审笔录非常简便，无须律师自行记录庭审内容。但由于庭审信息量大，时间仓促，为便于律师整理思路，发表辩论意见，对于重要事实，律师应予以记录。特别是一些法庭询问的要求当事人限时回答的问题，如果不记录，可能由于遗忘而丧失了诉讼权利。

六、证据突袭

提高诉讼效率是司法改革的重点内容之一，任何司法改革都抵挡不了提高效率的诱惑。为实现这一目标，我国民事诉讼法设立了一系列制度，包括举证时限制度、小额诉讼、缩短公告送达时间等。人民法院对于诉讼案件在送达案件受理通知书时均附送举证通知书，在通知书中列明举证期限以及逾期举证的法律后果。但仍存在当事人不遵守期限规定，存在逾期举证或当庭举证的现象。

（一）承担相应的法律后果

逾期举证严重影响审判进程，如果是关键证据，还可能导致再次开庭。根据《最高人民法院关于适用〈中华人民共和国民事诉讼法〉的解释》第102条的规定，可以请求法庭对逾期举证不予采信或训诫、罚款、赔偿损失等。[1]

（二）重新指定举证期限

证据的质证需要时间，特别是某些需要当事人质证的证据材料。因此，对于对方超过举证期限的证据，如果当庭无法确认，应请求法庭重新制定举证期限。

七、法庭询问

法庭在审理案件过程中，就相关问题可以向当事人发问。法律并未规定法庭可以发问的内容，原则上任何问题都可以发问，无论该问题是否属于被问方的举证范围。

对于法庭询问的问题，律师应精准把握问题的含义，如实作答。当事人由于不清楚法律术语的含义，在举证时以为是将证据举起来。答非所问，闹出很多笑话。

如实作答并不是全部回答，对于不清楚的问题，可以请求庭后核实。如实作答还包括不得拒绝回答法庭的询问，否则将承担不利的法律后果。

八、法官释明

当事人的主张与法律规定存在差异时，为了提高审判效率，有效维护当事人权益，法律允许审判人员就相关法律适用对当事人进行释明。

当法官进行释明时，代理律师要特别注意，因为一旦法官在进行释明，要么是律师提起诉讼时存在问题，要么是新发现的事实导致诉讼请求存在不当。律师应当根据法庭释明的内容重新确立诉求，否则容易被法院驳回。在贵州省纳雍县人民法院审理的"宋某、贵州娇姿彩化妆品连锁有限责任公司合伙协议纠纷民事一审"案[（2021）黔0525民初2491号]中，原告庭审中将其起诉状中第一项诉讼请求变更

1　《最高人民法院关于适用〈中华人民共和国民事诉讼法〉的解释》第102条规定："当事人因故意或者重大过失逾期提供的证据，人民法院不予采纳。但该证据与案件基本事实有关的，人民法院应当采纳，并依照民事诉讼法第六十五条、第一百一十五条第一款的规定予以训诫、罚款。当事人非因故意或者重大过失逾期提供的证据，人民法院应当采纳，并对当事人予以训诫。当事人一方要求另一方赔偿因逾期提供证据致使其增加的交通、住宿、就餐、误工、证人出庭作证等必要费用的，人民法院可予支持。"

第5讲　律师代理民事案件快速入门

为：请求被告按照原告要求结算清楚合伙事宜后原告才同意解除合同。法官当庭向原告释明，诉讼请求应当明确具体，这种附条件且与起诉状中诉讼请求相矛盾的诉讼请求，不符合法律规定，会驳回其起诉。原告依然坚持自己庭审中变更后的诉讼请求。法官依照《中华人民共和国民事诉讼法》第119条、第154条第1款第3项之规定，裁定驳回原告宋某的起诉。[1]

九、交叉询问

为了更详细地查明事实，补充法庭调查的遗漏，审判人员有时允许交叉询问，即原、被告双方相互发问。此时，律师应注意利用好这项权利。因为发问的权利归于法庭，现在法庭允许询问，无异于获得法庭提问权，律师切不可对此掉以轻心或放弃该项权利。

交叉询问的原则包括：

1. 平和理性

律师发问忌咄咄逼人。有些律师发问的问题自己设定了答案，要求对方回答"是或者不是"。法庭赋予发问权并非意味着对方一定得回答，即使回答也不一定按发问者设定的方案回答，这样的问题起不到应有的效果。

2. 发问的内容

发问的内容包括两个方面：第一个方面是重复加强型。对于重点内容，如果法庭调查不够详细，律师可以向对方进一步发问，以起到加强审判人员印象的作用。第二个方面是补充型，对于法庭遗漏的问题进行发问。

十、争议焦点

争议焦点是法庭归纳的，就各方观点能否获得支持的依据。争议焦点的具体内容非常重要，诉讼请求获得支持还是驳回与争议焦点密切相关。争议焦点不同于诉讼请求，诉讼请求仅为原告提出，而争议焦点既可能是原告主张的，也可能是被告主张的。比如原告请求解除合同，被告认为合同无效，争议焦点即为合同的效力。

---

1 宋某、贵州娇姿彩化妆品连锁有限责任公司合伙协议纠纷民事一审案，文书全文 https：//wenshu.court. gov.cn/website/wenshu/181107ANFZ0BXSK4/index.html?docId=f307e136c78a4adabcfeadc80035448e，2022 年3月5日最后访问。

争议焦点由法庭归纳，但允许当事人进行变更和补充，如果当事人认为法庭归纳的争议焦点不够明确、全面，可以向法庭提出建议及理由。

十一、辩论意见

辩论意见是法庭归纳争议焦点后，由双方当事人针对争议焦点的法律意见。

（一）内容紧密围绕争议焦点

辩论意见的内容务必集中——就争议焦点展开辩论。因为法庭通过前期事实的调查，就案件审判需要明确的问题以争议焦点的方式告知双方，其余内容不是法庭关心的问题。

（二）忌啰唆、重复

《十二铜表法》规定，日落为庭审休止之时。现代诉讼也一样，不能无休止地进行。所以，对于已经陈述过的内容，法庭不鼓励重复。为避免发言被打断，律师在发表代理词时应语言精练，切忌重复。

第六节　二审案件代理要点

二审案件系当事人不服一审判决，向上级法院提起上诉，由上级法院对案件进行二次审理的程序。在二审程序中，律师可以代理上诉人，也可以代理被上诉人。除非事先约定，二审案件可以由一审的律师代理，也可以委托其他律师代理。

一、上诉请求

上诉请求是二审程序中，上诉人请求二审法院裁决的内容。二审上诉请求与一审诉讼请求有重大区别。一是诉求对象不同。上诉人不服的对象是一审裁决，是对一审裁决提起上诉。因为一审裁决有准执行力，如果当事人不提起上诉，则一审裁决生效，各方当事人应按一审裁决执行。而一审原告诉讼请求的对象是被告，是原告对被告提出的实体权利请求。[1] 这与《民事诉讼法》第 171 条规定的内容相一致。二是，诉讼请求的类型不同。《民事诉讼法》第 177 条规定，二审案件的裁决结果共有五种类型，剔除第一项维持原裁判——服从一审裁决不作为上诉请求，实际的上诉

1　齐树洁主编：《民事诉讼法》，厦门大学出版社 2017 年第 13 版，第 282 页。

请求有四种类型。[1] 而一审诉讼请求只有一种类型——请求支持诉讼请求。

（一）上诉请求的类型

1. 请求对一审判裁决予以改判

改判是指改变原裁判，请求二审法院作出新的判决。改判适用于两种情形，一种是"原判决、裁定认定事实错误或者适用法律错误的"，另一种是"原判决认定基本事实不清的"。

请求改判时，如果一审判决内容有多项，上诉人请求改判时，应明确标注改判的判项，不宜笼统地请求二审法院改判。此外，改判的内容亦应明确，是增加还是减少等。

在最高人民法院审理的"江苏省华建建设股份有限公司、重庆栩宽房地产开发有限公司建设工程施工合同纠纷二审"案 [（2020）最高法民终 132 号] 中，上诉人江苏省华建建设股份有限公司很好地贯彻了上述明确改判内容的要求。[2] 一审法院重庆市高级人民法院（2016）渝民初 39 号民事判决书判决内容以及上诉人的上诉请求：

一、重庆市栩宽房地产开发有限公司应于本判决生效后十五日内向江苏省华建建设股份有限公司支付工程款 127797330.71 元。并以 29000000 元为基数，自 2015 年 2 月 14 日起至 2016 年 9 月 27 日止，按照中国人民银行发布的同期同类贷款利率标准计付利息；以 64701046 元为基数，自 2015 年 2 月 14 日起至 2016 年 9 月 27 日止，按照年利率 10% 计付利息；以 127797330.71 元为基数，自 2016 年 9 月 28 日起至付清之日止，按照中国人民银行发布的同期同类贷款利率标准计付利息。

二、重庆市栩宽房地产开发有限公司应于本判决生效后十五日内向江苏省华建建设股份有限公司退还保证金 1000 万元。

---

1 《民事诉讼法》第 177 条规定："第二审人民法院对上诉案件，经过审理，按照下列情形，分别处理：（一）原判决、裁定认定事实清楚，适用法律正确的，以判决、裁定方式驳回上诉，维持原判决、裁定；（二）原判决、裁定认定事实错误或者适用法律错误的，以判决、裁定方式依法改判、撤销或者变更；（三）原判决认定基本事实不清的，裁定撤销原判决，发回原审人民法院重审，或者查清事实后改判；（四）原判决遗漏当事人或者违法缺席判决等严重违反法定程序的，裁定撤销原判决，发回原审人民法院重审。原审人民法院对发回重审的案件作出判决后，当事人提起上诉的，第二审人民法院不得再次发回重审。

2 江苏省华建建设股份有限公司、重庆栩宽房地产开发有限公司建设工程施工合同纠纷二审案，文书全文 https://wenshu.court.gov.cn/website/wenshu/181107ANFZ0BXSK4/index.html?docId=44ac68b925ac463ea425acf000d0cbad，2022 年 3 月 6 日最后访问。

三、重庆市栩宽房地产开发有限公司应于本判决生效后十五日内向江苏省华建建设股份有限公司赔偿停工损失 3101039.23 元、解除合同经济损失 3200 元。

四、江苏省华建建设股份有限公司在 127797330.71 元范围内对其承建的工程部分折价或者拍卖的价款享有优先受偿权。

五、驳回江苏省华建建设股份有限公司的其他诉讼请求。

上诉人华建公司上诉请求：

（1）改判原审判决第一项，增加判决工程款 38711474.51 元和利息。

（2）改判原审判决第一项，增加判决利息，以 64701046 元为基数，自 2016 年 9 月 28 日起至付清之日止，按照年利率 10% 计付利息。

（3）改判原审判决第三项，增加判决赔偿停工损失 17966400 元。

（4）改判原审判决第三项，增加判决赔偿解除合同损失 4975800 元。

（5）改判原审判决第三项，增加判决责令栩宽公司在支付所欠工程款后与华建公司办理工程交接，并赔偿现场看护人工费、安全防护周转材料费用每天 2580 元。

（6）请求增加判决，栩宽公司赔偿可得利益损失 22020560.68 元。

（7）由栩宽公司承担上诉费用，并对一审诉讼费分担改判。

以上 1-7 项，合计 83674235.19 元。

最高人民法院经审理后作出如下判决：

一、维持重庆市高级人民法院（2016）渝民初 39 号民事判决第二项，即"重庆市栩宽房地产开发有限公司应于本判决生效后十五日内向江苏省华建建设股份有限公司退还保证金 1000 万元"；

二、撤销重庆市高级人民法院（2016）渝民初 39 号民事判决第五项，即"驳回江苏省华建建设股份有限公司的其他诉讼请求"；

三、改判重庆市高级人民法院（2016）渝民初 39 号民事判决第一项为："重庆市栩宽房地产开发有限公司于本判决生效后十五日内支付江苏省华建建设股份有限公司剩余工程款 130133339.4 元，并以 2900 万元为基数，自 2015 年 2 月 14 日起至 2016 年 9 月 27 日止，按照中国人民银行发布的同期同类贷款利率标准计付利息；以 64701046 元为基数，自 2015 年 2 月 14 日起至付清时止，按照年利率 10% 计付利息；以 65432293.4 元为基数，自 2016 年 9 月 28 日起至 2019 年 8 月 19 日按照中国人民银行发布的同期同类贷款利率、自 2019 年 8 月 20 日起至付清之日止按照同期全国银行间同业拆借中心公布的贷款市场报价利率计付利息"；

四、改判重庆市高级人民法院（2016）渝民初 39 号民事判决第二项为："重庆市栩宽房地产开发有限公司于本判决生效后十五日内向江苏省华建建设股份有限公司赔偿停工损失及解除合同经济损失共计 5302253.39 元"；

五、改判重庆市高级人民法院（2016）渝民初 39 号民事判决第四项为："江苏省华建建设股份有限公司在 144709249.58 元范围内对其承建的工程部分折价或者拍卖的价款享有优先受偿权"；

六、重庆市栩宽房地产开发有限公司应于本判决生效后十五日内向江苏省华建建设股份有限公司退还质保金 14575910.18 元；

七、驳回江苏省华建建设股份有限公司的其他诉讼请求。

上诉人江苏省华建建设股份有限公司提出的上诉请求具体且规范，具体到要求对一审判项的第一项、第三项进行改判，同时也明确了需要改判的内容具体。最终二审法院针对上诉人的具体上诉请求作出判决。

该案还有一个值得肯定之处是上诉人将不服一审部分的金额作为上诉请求，扣除了服从判决部分的金额，并对上诉请求的金额进行了合计，以此作为交纳上诉费的依据。根据《诉讼费交纳办法》，上诉费按照不服一审判决部分的上诉请求计算，对于服从部分无须重复交纳诉讼费，该规定无疑减轻了上诉人负担。

2. 请求撤销一审裁决（含具体项）

撤销是指上诉人请求二审法院对一审法院裁决项目不作为裁决内容，撤销的法律后果是被撤销的裁决项目经过法院审理未获得法院支持。撤销的判项一般为原告一审的诉讼请求。撤销多用于裁定，判决撤销的，一般与其他上诉请求一并提出。比如最高人民法院审理的"湘北威尔曼制药股份有限公司、山东诚创医药技术开发有限公司技术转让合同纠纷民事二审案"[（2021）最高法知民终 1148 号]，上诉人的上诉请求：（1）撤销原审判决第二项，改判诚创公司立即退还威尔曼公司全部已支付技术转让费 258 万元以及从 2014 年 7 月威尔曼公司付款时起到诚创公司退还上述技术转让费时的同期银行贷款利息（暂计算至 2019 年 1 月 2 日共计 593427.47 元），两项合计 3173427.47 元；（2）本案一审、二审诉讼费由诚创公司负担。[1] 上诉人在请求撤销一审法院的第二项判决内容的同时，请求二审法院改判。

---

1 湘北威尔曼制药股份有限公司、山东诚创医药技术开发有限公司技术转让合同纠纷民事二审案，文书全文 https://wenshu.court.gov.cn/website/wenshu/181107ANFZ0BXSK4/index.html?docId=27ce4910e8d4478fae07ae4300ff3cf4，2022 年 3 月 6 日最后访问。

撤销除伴随改判以外，常见的还包括发回重审，适用的情形是"原判决认定基本事实不清的"。最高人民法院审理的"郝福仁与鄂尔多斯市泰裕房地产开发有限公司、鄂尔多斯市金珠商贸集团有限责任公司、吉日嘎拉图房屋买卖合同纠纷二审案"（2013）民一终字第 177 号]："本院认为，原判决认定基本事实不清。本院依据《中华人民共和国民事诉讼法》第一百七十条第一款第（三）项之规定，裁定如下：（1）撤销内蒙古自治区高级人民法院（2012）内民一初字第 2 号民事判决；（2）本案发回内蒙古自治区高级人民法院重审。"[1]

3. 请求变更一审裁决（原判决具体项）

变更适用于"原判决、裁定认定事实错误或者适用法律错误的"，变更的内容主要指相关金额、利息计算等。如绵阳市中级人民法院审理的杨桦、刘晓宇等民间借贷纠纷民事二审案 [（2021）川 07 民终 2593 号] 一审判决以及二审变更。

一审判决：

一、被告刘晓宇、被告张年加于本判决生效后十五日内向原告杨桦返还借款 2400 万元；二、被告郑尚芬于本判决生效后十五日内对上述借款中的 1200 万元向原告杨桦承担共同返还责任；三、被告张煜晟于本判决生效后十五日内在成都市天府新区房屋及车库范围内向原告杨桦承担借款的共同返还责任，但以 1200 万元为限；四、被告王玉梅于本判决生效后十五日内对上述借款中的 500 万元向原告杨桦承担共同返还责任；五、驳回原告杨桦其他的诉讼请求。如果未按本判决指定的期间履行给付金钱义务，应当按照《中华人民共和国民事诉讼法》第二百五十三条之规定，加倍支付迟延履行期间的债务利息。

二审变更判决：

一、变更四川省绵阳市游仙区人民法院（2021）川 0704 民初 244 号民事判决第一项为：刘晓宇、张年加于本判决书送达后十五日内向杨桦归还借款本金 22276993.44 元及资金利息，利息从 2021 年 1 月 14 日起按照同期全国银行间同业拆借中心公布的一年期贷款市场报价利率计算至借款还清之日止；

二、变更四川省绵阳市游仙区人民法院（2021）川 0704 民初 244 号民事判决第二项为：郑尚芬于本判决书送达后十五日内对本判决第一项债务中的 11138496.72 元

---

1 郝福仁与鄂尔多斯市泰裕房地产开发有限公司、鄂尔多斯市金珠商贸集团有限责任公司、吉日嘎拉图房屋买卖合同纠纷二审案，文书全文 https：//wenshu.court.gov.cn/website/wenshu/181107ANFZ0BXSK4/index.html?docId=526e160810f2430ca63e6d406038333f，2022 年 3 月 6 日最后访问。

向杨桦承担共同还款责任；

三、变更四川省绵阳市游仙区人民法院（2021）川 0704 民初 244 号民事判决第三项为：张煜晟于本判决书送达后十五日内在成都市天府新区房屋及车库范围内对本判决第一项债务向杨桦承担共同还款责任，但以 11138496.72 元为限；

四、变更四川省绵阳市游仙区人民法院（2021）川 0704 民初 244 号民事判决第四项为：王玉梅于本判决书送达后十五日内对本判决第一项债务中的 500 万元向杨桦承担共同还款责任；

五、驳回杨桦的其他诉讼请求。

4. 请求撤销原判，发回重审

发回重审有两种情形，一种是"原判决认定基本事实不清的"，另一种是"原判决遗漏当事人或者违法缺席判决等严重违反法定程序的"。发回重审的案件法院组织双方再次开庭，尽管一审判决不发生法律效力，原开庭过程中陈述的内容对当事人仍具有约束力。

（二）各类型上诉请求之间的关系

上述四种上诉请求并不是排他的，而是相互交错的，可以在一个诉讼中同时出现。上诉人在请求改判、撤销、变更的同时，可以申请发回重审，二审法院并不因上诉人的上诉请求相互矛盾而不予受理。但对某一项特定的上诉请求，上诉人在要求改判、变更的同时，一定辅之以撤销，因为唯有撤销原判，才可能改判或变更。如果要求发回重审，随附的诉讼请求必定是撤销原判决。此外，发回重审的上诉请求针对整个判决，是将整个判决发回重审，一审法院任何一个判项均未发生法律效力。

二、上诉理由

当事人对于一审裁决提起上诉的理由具有限定性和法定性的特点，这是由审判规则确定的。《民事诉讼法》第 7 条规定："人民法院审理民事案件，必须以事实为根据，以法律为准绳。"即人民法院审理案件的依据为事实与法律，上诉理由也应当限定在这两方面。从《民事诉讼法》第 175 条的规定中也可以看出上述特点，该条规定"第二审人民法院应当对上诉请求的有关事实和适用法律进行审查"。

（一）事实理由

上诉人上诉时提出的事实理由包括两种情况，一种情况是一审法院事实认定不清，另一种情况是一审法院事实认定错误。事实认定不清指现有证据无法证明一审判决确认的事实，事实存疑。事实认定错误指现有证据不能证明一审判决确认的事实，而是能够证明判决书以外的事实。具体包括 A 事实认定为 B 事实，以及 C 事实没有认定。当然，这些事实指与案件有关的主要事实或基本事实。对于一审事实认定错误的案件，上诉人可以提起改判、撤销或者变更的上诉请求。对于一审法院事实认定不清的案件，上诉人可以提起发回原审人民法院重审，或者查清事实后改判的上诉请求。

（二）适用法律错误

适用法律错误是指案件据以裁决的法律依据错误，既包括实体法依据错误，也包括程序法依据错误。对于法律适用错误的，上诉人可以改判、撤销或者变更；对原判决遗漏当事人或者违法缺席判决等严重违反法定程序的，上诉人可以请求裁定撤销原判决，发回原审人民法院重审。

当然，如果一审判决既存在事实问题，又存在适用法律问题，上诉人可以就事实和法律一并提起上诉。

相关案例见王照君、膳魔师（中国）家庭制品有限公司侵害发明专利权纠纷民事二审案 [（2021）最高法知民终 1659 号]。[1] 在该案中，最高人民法院认为：

原审判决认定事实清楚，适用法律正确，应予维持。依照《中华人民共和国民事诉讼法》第一百七十七条第一款第一项之规定，判决如下："驳回上诉，维持原判。"最高人民法院之所以驳回上诉人的上诉请求，正是从事实和法律两个角度出发进行审查，对事实清楚、法律适用正确的一审判决，人民法院予以维持。

在另一则陕西省高级人民法院肖江涛陆明华案外人执行异议之诉民事二审 [（2021）陕民终 87 号] 案中，[2] 法院经审理后认为：

一审法院认定事实清楚，但判决确认陆某华对案涉房屋享有所有权适用法律有误，上诉人民生公司的部分上诉理由成立，本院予以部分支持。依照《中华人民共和国民事诉讼法》第一百七十条第一款（二）项之规定，判决如下：

---

1 王照君、膳魔师（中国）家庭制品有限公司侵害发明专利权纠纷民事二审案，文书全文 https：// wenshu.court.gov.cn/website/wenshu/181107ANFZ0BXSK4/index.html?docId=af89322441f94f0f814bae4300 ff2361，2022 年 3 月 6 日最后访问。

2 肖江涛陆明华案外人执行异议之诉民事二审案，文书全文 https：//wenshu.court.gov.cn/website/ wenshu/181107ANFZ0BXSK4/index.html?docId=de6d31caae9f4b5d88eeadbc00b36735，2022 年 3 月 6 日最后访问。

一、维持西安市中级人民法院（2020）陕 01 民初 521 号民事判决第一项；

二、撤销西安市中级人民法院（2020）陕 01 民初 521 号民事判决第二项，改判为：驳回陆某华关于确认位于西安市雁塔区红专南路 8 号 227 幢 10501 号房屋归其所有的诉讼请求；

三、驳回民生股权投资基金管理有限公司其他诉讼请求。

比较上述两则案例可以看出，无论支持还是驳回上诉请求，人民法院均从事实认定及法律适用这两方面进行审查，只有存在事实认定不清或法律适用错误才予以改判；否则，对于上诉请求均予以驳回。

三、上诉审理的范围

《民事诉讼法》第 175 条规定："第二审人民法院应当对上诉请求的有关事实和适用法律进行审查。"《民事诉讼法司法解释》第 323 条："第二审人民法院应当围绕当事人的上诉请求进行审理。当事人没有提出请求的，不予审理，但一审判决违反法律禁止性规定，或者损害国家利益、社会公共利益、他人合法权益的除外。"即二审法院仅审理上诉人提起上诉的有关事实与法律适用，对于上诉人在上诉状中未提起的事实和适用法律事宜，人民法院不予审理（主动审理除外）。因此，要获得二审法院的全面审理，上诉人应当全面提起需要二审法院审理的内容，免得因未提起而排除在二审法院审理之外。

最高人民法院在审理"敦煌市清洁能源开发有限责任公司、上海电力安装第二工程有限公司建设工程施工合同纠纷二审案"中 [（2018）最高法民终 1205 号]，认为敦煌能源公司在庭审中称，一审判令敦煌能源公司支付设备款及利息的金额是错误的，但其未就该事项提出上诉主张，该内容不属于二审审理范围。[1] 暂且不论该上诉主张与二审判决是否有关，但由于未就此提起上诉，进入审判员视野的资格都没有。

四、上诉状的撰写

基于前述分析，上诉状的撰写应符合以下标准。

（1）上诉请求符合法律规定，即根据具体情况在上述四种上诉类型中选择。

（2）上诉理由法定，且与上诉请求相对应。有何种上诉请求，对应相应的上诉

---

[1] 敦煌市清洁能源开发有限责任公司、上海电力安装第二工程有限公司建设工程施工合同纠纷二审案，文书全文 https://wenshu.court.gov.cn/website/wenshu/181107ANFZ0BXSK4/index.html?docId=3451a780de7f45e68149aaba00c0f805，2022 年 3 月 6 日最后访问。

理由。

除了这些硬性条件之外，撰写上诉状时注意逻辑清晰。在陈述上诉理由时，应根据理由的权重比，越重要的理由越先陈述，这种写作方式有利于获得审判人员的快速认可。

附：上诉状参考

民事上诉状

（当事人略）

上诉人不服贵州省遵义市红花岗区人民法院作出的（2021）黔0302民初9102号民事判决书，认为一审法院以表见代理为由判决上诉人承担责任系事实认定及法律适用的严重错误，上诉人与被上诉人之间不存在任何法律关系，被上诉人供货78628元没有事实依据，故此提出上诉。

上诉请求：

一、请求撤销一审判决第一项，改判驳回被上诉人的诉讼请求。

二、请求判决本案一审、二审诉讼费用由被上诉人承担。

上诉事实与理由

一、一审法院认定上诉人无正当理由拒不到庭参与诉讼与事实不符，视为对相关诉讼权利的放弃更是于法无据

上诉人首先要向二审法院报告的是，在一审阶段上诉人确实没有到庭参与诉讼，但不是一审法院认定的无正当理由，上诉人纯属无奈。

（一）因本项目涉及的多起诉讼上诉人不堪重负

关于本施工项目，至今共收到数起诉讼。上诉人目前负债累累（有多起被执行案件），又远在外地，实在无力承担应付诸多案件而发生的高昂的诉讼费用（差旅费等）。

特别是本案没有上诉人任何签章，上诉人从未向被上诉人采购过任何货物，与被上诉人之间不存在任何合同法律关系显而易见，故上诉人以向法庭提交书面答辩状方式参与诉讼，并非故意不到庭。

（二）一审法院视为上诉人放弃诉讼权利于法不妥

如上述，上诉人向一审法院提交了书面答辩状，在答辩状中如实向法庭报告了上诉人承接合同以及施工合同履行情况，特别是施工合同履行过程中关于原材料采

购的相关事实。根据该事实，上诉人认为与被上诉人之间不存在买卖合同关系，同时指明，如果被上诉人要主张权利，其索取货款应当的对象。上诉人以此作为对被上诉人诉讼请求的抗辩，一审法院视为上诉人对相关权利的放弃不妥，因为相关诉讼权利的行使法律并未规定仅限于参与庭审，以书面答辩状的方式也可以表达观点以及协助法庭查明事实。

二、一审法院以表见代理的方式判决上诉人承担付款义务严重违背事实及法律

（一）违背限制性辩论原则

在一审程序中，被上诉人没有据此主张上诉人承担责任，一审法院据此判决，属于既当裁判，又当运动员的越俎代庖，违背限制性辩论原则及居中裁判原则。

（二）一审法院认定表见代理明显与被上诉人的起诉相冲突

被上诉人在一审起诉状中的诉讼请求是要求两被告共同承担付款义务，即被上诉人否定了表见代理的存在，因为如果存在表见代理，只可能要求被代理人承担责任，不可能要求被代理人与代理人共同承担责任。

被上诉人在起诉状中承认的事实构成自认，除非有相反证据，自认对于被上诉人及人民法院均有法律约束力，一审法院否定自认没有法律依据。

三、本案不构成表见代理

根据《合同法》第49条，《最高人民法院关于当前形势下审理民商事合同纠纷案件若干问题的指导意见》（2009年07月07日颁布）第13条、第14条，本案不构成表见代理。

其一，本案陈强坤、叶远志等均非上诉人工作人员，上诉人没有向其支付任何报酬以及出具授权。

其二，本案不具有任何表见代理的表象，上诉人与被上诉人作为企业，签署合同应当加盖双方印章，本案无论送货单、对账单等文件上明显没有上诉人盖章，不具有表见代理的表现。

其三，被上诉人提交的送货单形成于2018年，无上诉人盖章；对账单形成于2019年4月，此时距送货单形成的时间已经一年有余，被上诉人在没有收到任何款项的情况下，对账单上仍无上诉人印章，且被上诉人从未联系上诉人予以核实。这足以说明被上诉人没有履行注意义务，直至上诉人收到传票，被上诉人从未向上诉人主张过权利，被上诉人明显不属于善意无过失。相反，被上诉人的过失非常明显。

其四，被上诉人供货款项78628元没有相应事实依据，即使按对账单，亦无法

作出如此认定。

其五，上诉人属于善意，因为上诉人已经如实向法庭报告合同履行情况以及真正应当承担责任的主体，上诉人已经将所有款项交付给罗杰，由其对外采购履行付款义务，上诉人不承担责任具有正当性。

四、一审法院遗漏查明重要事实

一审法院如果认定陈强坤签字的真实性，理应查明陈强坤受谁指派，由谁雇佣，谁支付其报酬，这些事项有利于进一步认定本案应由谁承担付款责任。

五、一审判决违背类案检索原则

根据最高人民法院公报案例——信达货运配载经营部诉中国农业西南机械公司运输合同纠纷案，[1] 在该案例中，最高人民法院认为"特别是以单位名义签署合同，但又未持有单位有效授权证件的个人，应当具有较高的识别能力"，该案不构成表见代理。本案与公报案例完全类似，本案被上诉人作为销售货物的企业，有专门的送货单与对账单，足以说明其具有相应签署履行合同的经验，应当对签署合同的重要信息——确定合同相对方进行相应审查。本案无论陈强坤还是叶远志，均为个人且没有单位授权，本案不符合认定表见代理的法律规定及公报案例。

综上，本案的事实不符合表见代理的适用条件，一审法院错误适用法律，遗漏重要事实，请求二审法院依法予以纠正。

此致

贵州省遵义市中级人民法院

上诉人盖章：

上诉日期：2021 年 9 月 28 日

五、上诉请求与二审裁决的关系

根据前述，二审裁决的类型有五类，可以提起上诉请求的有四类：改判、撤销、变更、发回重审。其中撤销、变更、发回重审即使上诉人没有作为上诉请求提出，二审法院亦可以根据案件情况予以裁决，这体现了二审裁决对一审的监督。原因在于二审审查的对象除上诉人的上诉外，一审法院裁决的合法性亦是二审法院审查的范畴。

在最高人民法院审理的"安徽唐兴机械装备有限公司、中国化学工程第三建设

---

1 最高人民法院公报，http：//gongbao.court.gov.cn/Details/80453470ab99efff2aaa4d9e18d9c3.html?sw=%e8%a1%a8%e8%a7%81%e4%bb%a3%e7%90%86，2021 年 9 月 28 日最后访问。

有限公司专利权权属纠纷民事二审案"[（2021）最高法知民终202号]中，[1]通过对比上诉请求以及二审判决，可以发现即使上诉人并未提出变更的上诉请求，二审法院基于查明的事实作出了变更的判决。

上诉人唐兴机械公司上诉请求：撤销原审判决，改判驳回中化三建公司的全部诉讼请求，本案全部诉讼费由中化三建公司承担。法院的判决为：（1）维持安徽省合肥市中级人民法院（2020）皖01民初1043号民事判决第一项、第三项；（2）变更安徽省合肥市中级人民法院（2020）皖01民初1043号民事判决第二项为：自本判决生效之日起三个月内安徽唐兴机械装备有限公司配合中国化学工程第三建设有限公司将名称为一种爬升机构的棘爪结构、专利号为20152110×××.5的实用新型专利变更登记至中国化学工程第三建设有限公司名下。

第七节 律师代理仲裁案件实务

相较于诉讼，仲裁优势自不待言。以深圳国际仲裁院为例，近年来的仲裁案件无论从数量上还是金额上，都得到了突飞猛进的发展。特别是深圳仲裁委员会、华南国际经济贸易仲裁委员会合并以后，深圳国际仲裁院在大湾区的地位得到进一步提升，越来越多的当事人选择以仲裁的方式解决纠纷。鉴于仲裁案件更大的灵活性与专业性，承办律师应予以特别注意。

一、全面的仲裁请求

仲裁请求是申请人请求仲裁委员会支持的具体内容，与诉讼请求类似。对于仲裁请求，承办律师应注意以下问题。

（一）其他仲裁费用适宜一并申请

在仲裁案件中发生的仲裁费用，承办律师一般都会一并申请，但非仲裁委收取的其他费用，比如当事人申请财产保全发生担保费，人民法院收取的保全费等，这些费用不属于仲裁费用，如果承办律师没有一并申请，一方面会产生是否获得支持的问题，另一方面产生庭审问题。

---

1 安徽唐兴机械装备有限公司、中国化学工程第三建设有限公司专利权权属纠纷民事二审案，文书全文 https://wenshu.court.gov.cn/website/wenshu/181107ANFZ0BXSK4/index.html?docId=09d2f3828ed54f1fb08aae24010a9bc9，2022年3月6日最后访问。

因为仲裁案件能否得到执行，最重要的在于程序是否合法，程序问题是仲裁案件最为重视的因素。申请人在申请仲裁时没有主张的担保费（委托担保公司提供担保而发生的费用），如果没有特别约定，人民法院未必支持，但仲裁案件则不同。以《深圳国际仲裁院仲裁规则》为例，在第 64 条第 1 项规定了仲裁庭有权决定当事人为进行仲裁而发生的合理的法律费用和其他费用，在第 4 项规定"根据当事人的请求"，如果承办律师申请，仲裁庭一般会予以支持。在这种情况下，如果申请人一方在提起仲裁时没有一并申请（也可能提起仲裁时这些费用尚未发生），而是在开庭时予以增加，仲裁庭必须给对方送达以及给予相应的答辩期。灵活的处理方式是照常开庭，庭后将这些材料补寄给对方，再根据对方的答辩进行书面审理。无形中，这种方式减损了仲裁效率。

（二）律师费必须依申请才能获得支持

尽管诉讼案件律师费转付有一定的公平依据，但仅少数国家实行，我国尚未全面实行（除非特定案件）。仲裁案件则先行一步，无论当事人在合同中是否有约定，仲裁机构都支持律师费由败诉方承担。根据《深圳国际仲裁院仲裁规则》第 64 条第 4 项的规定，律师费获得支持应依据当事人的申请，如果没有申请，仲裁庭无法主动判决。

在律师费支持的比例方面，仲裁庭根据司法部以及各省关于律师收费的指导标准执行，有支付依据且未明显超过指导标准的律师费，仲裁庭一般均能予以支持。

二、灵活选择仲裁规则

与诉讼不同，仲裁规则授予当事人更多的自由度。前者体现的是公权力，当事人意愿体现得很少。比如诉讼案件的主审法官，当事人无权进行选择。仲裁则不同，体现的是当事人的信任，对于选择哪个仲裁机构以及哪位仲裁员进行仲裁，当事人都有权进行协商。

在各个机构的仲裁规则中，赋予了当事人诸多的选择权，如果承办律师精通这些规定，在实践中加以运用，有利于实现仲裁目的。

（一）简易程序的选择

以简易程序裁决的案件，由独任仲裁员一人裁决，裁决期限为组庭后 2 个月。可见简易程序有利于快速裁决案件。根据仲裁规则的规定，以简易程序裁决案件的条件有二：一是由当事人约定，二是争议金额不超过人民币 300 万元。因此，为了达到快速处理的目的，可以在合同中约定采用简易程序，或者以不超过 300 万元的金额作为仲裁请求。

（二）首席仲裁员的产生方式

首席仲裁员对案件的仲裁结果具有重大影响力，因为仲裁裁决依据多数仲裁员的意见作出，不能达成多数仲裁意见的，依据首席仲裁员的意见作出。

对于首席仲裁员的产生方式，除仲裁院院长指定之外，还允许当事人约定。比如推荐排名、叠加排序等，这种方式产生的首席仲裁员更容易获得当事人认可。

三、选择合法的仲裁机构

出于扩大业务的考虑，有些仲裁机构未经政府部门批准到其他经济发达的城市设立仲裁地点。为了吸引当事人选择这些仲裁机构进行仲裁，后者在仲裁费用等方面给予优惠。殊不知，这些机构作出的仲裁裁决由于违反法律规定可能不具有执行力。

相关案例如"陈俊雄、佛山市南海誉福投资有限公司执行审查类执行"案[（2020）粤执复 440 号]，广东省高级人民法院经审查后认为：[1]

另查明：湛江仲裁委员会并未就其在广东省广州市设立湛江仲裁委员会珠三角办事处取得该机构所在地市级政府同意。

本院认为，本案的焦点问题是陈俊雄申请执行涉案裁决是否符合法律规定、人民法院是否应当立案执行。

《中华人民共和国仲裁法》第十条规定："仲裁委员会可以在直辖市和省、自治区人民政府所在地的市设立，也可以根据需要在其他设区的市设立，不按行政区划层层设立。仲裁委员会由前款规定的市的人民政府组织有关部门和商会统一组建。设立仲裁委员会，应当经省、自治区、直辖市的司法行政部门登记。"参照上述规定，仲裁委员会因特殊情况需要在辖区外的其他地方设立分支机构或派出机构的，应经该机构所在地和设立地的市级政府同意。本案中，湛江仲裁委员会未经广东省广州市人民政府批准而在广东省广州市设立业务站点，并在该站点开庭审理涉案纠纷后作出裁决，不符合《中华人民共和国仲裁法》第十条的规定。国务院《仲裁委

---

1 "陈俊雄、佛山市南海誉福投资有限公司执行审查类执行"案[（2020）粤执复 440 号]，文书全文 https://wenshu.court.gov.cn/website/wenshu/181107ANFZ0BXSK4/index.html?docId=98ef0a346a364e00b526 ac6100a7e3ff，2022 年 9 月 6 日最后访问。

员会登记暂行办法》第三条第二款规定:"设立仲裁委员会,应当向登记机关办理设立登记;未经设立登记的,仲裁裁决不具有法律效力。"参照上述规定,湛江仲裁委员会作出的涉案裁决不具有法律效力,佛山中院驳回陈俊雄的强制执行申请并无不当。现陈俊雄以湛江仲裁委员会系经合法程序设立的仲裁机构,其在广东省广州市设立的办事处并非另行设立仲裁委员会为由主张佛山中院执行裁定适用法律错误、涉案仲裁裁决应予执行的依据不足,本院不予支持。

通过上述案例可以看出,承办律师在选择仲裁机构时务必谨慎,应当选择经政府部门依法批准的仲裁机构进行仲裁,不能贪图一时方便而选择不合适的机构。

企业常年法律顾问工作实务

第一节　企业法律顾问概述

企业法律顾问又称为企业常年法律顾问，是指律师以年度为单位为企业提供法律服务。担任企业法律顾问是律师的常见工作之一。律师担任企业法律顾问可以全面了解公司的经营范围、运营模式，从而可以有针对性地提供法律服务。

一、律师担任企业法律顾问的工作内容

中共中央办公厅、国务院办公厅颁布的《关于推行法律顾问制度和公职律师公司律师制度的意见》，国有企业法律顾问应履行下列职责：（1）参与企业章程、董事会运行规则的制定；（2）对企业重要经营决策、规章制度、合同进行法律审核；（3）为企业改制重组、并购上市、产权转让、破产重整、和解及清算等重大事项提出法律意见；（4）组织开展合规管理、风险管理、知识产权管理、外聘律师管理、法治宣传教育培训、法律咨询；（5）组织处理诉讼、仲裁案件；（6）所在企业规定的其他职责。

通过上述规定可以看出，律师担任企业法律顾问的主要工作是为企业经营过程中存在的法律问题提供专业知识支持，处理和防范各类法律纠纷。尽管该文件规定的是国有企业法律顾问的工作内容，其他企业法律顾问的工作内容与此类似。根据上述工作内容，企业法律顾问的工作具有如下特点：

（一）全面性

不同于特定法律事务，律师担任企业法律顾问工作内容包括企业所有的涉及法

律内容的事务。其既包含诉讼事务，也包含非诉事务；既包含紧急事务，也包含日常事务。

（二）防范性

法律顾问审核公司经营决策、规则制度，目的就是要使其合法化，防范和避免法律风险的发生。

（三）综合性

基于法律顾问工作的全面性，对律师的综合要求非常高，要求律师具备各个专业的知识。一般而言，以律师团队进行工作更有保障。律师团队工作制的可取之处在于，一方面可以保证服务时间，因为企业法律顾问聘任的是外部律师，外部律师还有开庭任务，主办律师开庭时，团队成员可以及时为企业提供服务；另一方面，律师团队工作制可以由相关专业背景的律师共同参与，这样可以提高服务的专业水准。

（四）互动性

这是企业法律顾问最重要的特点。企业法律顾问工作的互动是相互的主动，"顾问顾问，常顾常问"，法律顾问要主动顾，顾问单位要主动问。主动顾是指法律顾问要主动关心顾问单位事务，常去顾问单位走访，善于从顾问单位的经营过程中发现法律问题并协助解决。因为顾问单位的同事并非全部具有法律意识，哪些问题属于应当向法律顾问咨询的并不清楚，容易因疏忽而带来隐患。主动问是指顾问单位的同事对于存在的法律问题应主动向顾问律师咨询，因为顾问律师并非全职在顾问单位上班，对于顾问单位面临的问题无法在第一时间掌握，只有顾问单位的同事主动询问，顾问律师才可以提供及时的法律服务。

企业的法律顾问工作做得是否令人满意，绝不是律师一己之功，而是顾问单位与顾问律师团队共同努力的结果。因为法律顾问并非公司决策层，只是给决策者提供法律建议，决策者有权决定是否采纳。法律建议的可采性与顾问律师所提建议的优劣密切相关，并非仅是决策者的原因。

（五）全员性

鉴于企业是由多人组成的经营机构，全员法律意识的建立对企业守法经营、权益维护非常重要。比如企业财会人员依法记账及纳税；业务人员依法签署合同，保存合同履行文档，保留催款凭证等。

二、顾问律师（法律顾问）与顾问单位之间的法律关系

律师担任企业法律顾问并非指律师与企业之间建立劳动合同关系，而是指律师事务所与企业建立聘任法律顾问合同关系，律师接受律师事务所指派为企业提供法律服务，律师是律师事务所履行合同的执行人。从顾问这个称谓也可以反映双方的法律关系。顾问显然不是员工，企业负责法律事务的员工称为法务。对于国有企业负责法务的工作人员，可以申请成为公司律师。与此相区别的是国有企业的法律顾问，这是一个企业职位，类似于总工程师、总会计师等，是企业员工。

三、法律顾问与顾问单位各个部门的工作关系

法律顾问为顾问单位提供法律服务，难免与顾问单位的各个部门打交道，正确处理与各个部门的工作关系，有利于法律顾问在企业经营过程中发挥积极作用。

（一）客观回应部门要求

对于各个部门，法律顾问的工作具有如下特点：

1. 专业性

各个部门在具体工作中需要法律顾问的专业技术支持。

2. 影响力

在具体决策过程中，虽然法律顾问的意见不能直接决定方案的可否，但对于具体决策行为具有重要的影响力。因为顾问律师的意见是决策的重要依据，在国有企业的决策程序中，顾问律师的意见是必备要素。比如合同的风险如何评估，案件是否起诉，是否达成和解等。而其中合同风险的评估又直接关系着业务人员的业绩，对部门同事的利益具有重要影响。

基于上述情况，律师应客观回应各部门的诉求。律师的意见既应体现专业性，又能体现对业务部门工作的支持。

（二）建立有效的工作流程

由于顾问单位的部门众多，为有效工作，顾问律师应协助顾问单位建立一个有效的工作流程，包括联络部门、启动程序等，避免无头绪工作。

四、律师担任企业法律顾问的工作宗旨

保护企业合法权益，实现企业经营目标，防范可能存在的法律风险，减少和杜绝法律纠纷。因此，一个优秀的企业法律顾问，绝不是为企业打赢多少官司，而是通过律师的防范工作，使企业不发生或少发生法律纠纷。

五、律师担任企业法律顾问的工作方式

根据每个企业要求的不同，经双方协商一致，可以包括以下工作方式。

（一）即时解答

企业生产经营中随时出现的法律问题需要即时解决的，顾问单位指定的工作人员可以通过电话方式及时得到律师指点。比如餐饮企业的顾客在用餐时突然摔倒、货物代理公司突然出现保险事故等，律师应及时给予处理方案的指点。

（二）特定时间坐班制

有些企业法律事务比较多，要求律师集中在某个时间（每周一或周五的半天）到顾问单位现场办公。

（三）定期培训

一般每名顾问年度内安排一次到两次企业法律知识培训。

（四）参与谈判

对于重大合作项目，法律顾问可以邀请律师参与共同谈判。

（五）签发律师函

对于一些需要敦促履行的事务，顾问单位可以委托律师事务所签发律师函。相对而言，律师函有如下优点：

1.效率高

律师函与法院诉讼不同，从起草到签发可以在非常短的时间内完成。

2.费用低

当事人委托律师起诉除需要交纳诉讼费之外，还要支付律师费，相对而言，律师函的费用仅为3000~5000元，是前者的10%。而且，有些律师事务所考虑到减轻委托人负担，还将委托签发律师函的费用纳入后期诉讼阶段的律师费。

3.减少冲突性

传统的中国理念推崇和为贵，忌讳对簿公堂，以律师函的方式进行沟通既可以强于当事人自行协商，又弱于司法诉讼，属于一种准司法行为。

4.增强威慑力，提高重视程度

律师函中必然包括一定的法律后果，而且从通常的角度理解，随之而来的必然为诉讼，因此，律师函具有一定的威慑力。相对而言，如果收到对方律师函，收函一方都会启动更高一级的重视程序，有利于解决问题。

5. 增强后续诉讼（仲裁）的正当性

如果将诉讼比喻为双方的战斗，律师函无异于战书，在律师函没有发挥应有作用的情况下，崇尚先礼后兵的传统理念使得后续的诉讼（仲裁）的正当性更易于接受。特别在律师费转付的案件中，先发律师函，在问题没有得以解决的情况下起诉发生的律师费，更容易获得转付支持。

当然，律师函并非完美无缺，最大的不足是仅有劝导作用，没有任何强制力。律师函的主张得以实施完全依靠对方的配合，如果对方没有主动履行，则只能采取进一步的法律措施。

如何撰写一份合格的律师函？承办律师应注意以下问题。

其一，基于律师执业的特殊性，签发的律师函应确保真实性、合法性。这两点往往容易被忽视，特别是真实性，没有仔细审查委托人提交的相关材料，轻率签发律师函。在司法实践中有不少律师函被判无效，严重损害了律师的专业性。

相关案例如"中国建设银行股份有限公司济源分行与河南俊卿律师事务所、卢小保诉讼、仲裁、人民调解代理合同纠纷一审"案[1]，河南省济源市人民法院经审理后认为：

诉讼中，二被告虽均表示律师函内容系根据《借款合同》第19条的规定履行书面告知义务，告知原告解除的是卢小保与河南邓氏顺天置业有限公司的购房合同，并非告知解除卢小保与原告之间的借款合同，但根据律师函中第一段的内容即"俊卿律所受卢小保的委托，特就解除借款人卢小保与武小花和贵单位签订的个人住房（商业用房）借款合同一事，向贵单位发出律师函如下"可看出，律师函的该段内容措辞不严谨，易让原告产生误解，理解为告知原告解除的是借款合同，经庭审确认，本院认定俊卿律所于2016年8月11日作出律师函中不产生书面通知原告解除借款合同的法律效力，由于律师函内容不严谨，使原告产生误解，现原告要求确认律师函中关于解除原告和卢小保、武小花之间的签订的《个人住房（商业用房）借款合同》的内容无效，系合理请求，本院予以确认。根据《中华人民共和国合同法》第九十六条之规定，判决如下：

被告河南俊卿律师事务所向原告中国建设银行股份有限公司济源分行送达的律

---

1 "中国建设银行股份有限公司济源分行与河南俊卿律师事务所、卢小保诉讼、仲裁、人民调解代理合同纠纷一审"案[（2016）豫9001民初6291号]，文书全文 https：//wenshu.court.gov.cn/website/wenshu/181107ANFZ0BXSK4/index.html?docId=454c36b104854fd48c52a7fb00b9361e，2022年8月3日最后访问。

师函中关于解除原告与被告卢小保、第三人武小花之间签订的《个人住房（商业用房）借款合同》的内容无效。

其二，律师函的适用范围。尽管对此没有明确规定，一般来说委托签发律师函的主体与收函主体均为平等的民事主体（行政机关、司法机关与其他民事主体签署平等地位的合同除外）。行政机关、司法机关通常不为律师函的收函方或委托签发方。律师函常在诉前适用，如果案件已经进入诉讼状态，此时应以法院作为主导，律师不宜再签发律师函。

其三，律师函的基本结构。一份完备的律师函包括以下五部分内容。首先是律师函的主题（标题），根据相关事实法律依据，结合诉求拟制律师函的标题。其次是编号。再次是收文主体。主文部分在第一段开门见山地表明委托事宜以及主要敦促的事项，第二段写明委托人主张的事实，第三段结合法律规定作简要分析，第四段再行敦促以及相关法律后果的敬告。落款宜由委托人与律师事务所共同用章，承办律师签名并注明联系方式。

其四，律师函毕竟是片面之言，应注意表述内容的客观性。陈述事实时应以委托人口吻，律师提出相关法律意见时切忌绝对化，应为对方辩解留下空间，一般应表述"如委托人陈述属实，则……"或"如有不同意见，请与委托人或本所联系"，否则容易导致对方当事人将矛盾转移到律师事务所。

其五，在律师中应注意援引相应的法律规范，提高律师函的专业性、可信度，切忌全文没有一个法律条文（条文亦不宜多，一到两条即可）。在援引法条时，引注意援引与律师函陈述的事实最接近的法条。何为最接近的法条？应掌握两个标准：第一个标准为刑事案件援引刑事法规，民事案件援引民事法规，不可混乱或随意。因为任何侵犯财产的刑事案件，均存在违反诚实信用原则的民法规范，但如果在刑事案件中援引民事原则显然不当。即使在民事案件中，亦应援引最接近的法律规范。比如一方存在违约行为，守约方要求对方履行合同，否则应承担违约责任，同样不能援引诚实信用，原因不在于该行为不违法诚信原则，而是《民法典》第 509 条第 1 款以及第 577 条有更具体的规定。

律师函实例：

关于要求退还侵占款项的律师函

（2022）粤君律函字第 ×× 号

致：××

受深圳市××有限公司（以下简称委托人）的委托及广东君强律师事务所的指派，本律师就委托人提出你非法侵占公司财产，涉嫌构成职务侵占罪事宜特此致函：

据委托人陈述：2017 年至 2021 年期间，你方利用职务便利，虚构不存在的租房信息，将租金费用据为己有，占用资金合计人民币贰拾贰万肆仟玖佰壹拾元整（￥224910 元），你方的行为已涉嫌职务侵占罪，损害委托人的合法利益。根据《中华人民共和国刑法》第二百七十一条第一款"公司、企业或者其他单位的人员，利用职务上的便利，将本单位财物非法占为己有，数额较大的，处五年以下有期徒刑或者拘役；数额巨大的，处五年以上有期徒刑，可以并处没收财产"的规定，如果委托人陈述属实，该行为涉嫌构成职务侵占罪。现委托人要求你方将非法侵占的房屋租赁款项如数归还给委托人，否则将委托律师向公安部门举报，由此将可能产生刑事责任。

故此，为避免你方承担不必要的损失，敬请你方于收到本函后依法处理。如有异议，请与委托人或本所联系。

特此函告。

广东君强律师事务所（盖公章）

联系人：×××

联系电话：×××

委托人：×××（盖公章）

日期：2022 年 7 月 21 日

六、法律顾问利益冲突审查

律师担任企业法律顾问后，在接受其他委托事务时应主动进行利益冲突审查，不得接受其他与顾问单位有利益冲突的当事人的委托。如果由于某种特殊事由法律顾问必须代为处理某些事物，应向双方进行报告，在征得各方同意且不违背执业纪律的情况下方可接受委托。

因法律顾问违背利益冲突原则而被处罚的案例如"姚文全不服广元市司法局广司投告（2014）5 号投诉案件处理结果告知书一审"案，广元市利州区人民法院经审理查明：[1]

1　姚文全不服广元市司法局广司投告（2014）5 号投诉案件处理结果告知书一审"案，文书全文 https://wenshu.court.gov.cn/website/wenshu/181107ANFZ0BXSK4/index.html?docId=ede87bfef475479591ee3d97c056a9e6，2022 年 3 月 22 日访问。

被告广元市司法局于 2014 年 4 月 16 日，根据《中华人民共和国行政处罚法》第二十九条第一款"违法行为在二年内未被发现的，不再给予行政处罚……"的规定，作出广司投告（2014）5 号投诉案件处理结果告知书。被告市司法局认为，第三人天使明月律师事务所，在原告姚文全诉浙江万××建设工程有限公司（以下简称浙江万××公司）运输合同纠纷案的一、二审中同时指派本所律师担任原告和被告的诉讼代理人的行为，虽然违反了《中华人民共和国律师法》第五十条第五项"违反规定接受有利益冲突的案件的"和《律师和律师事务所违法行为处罚办法》第二十七条第二项"指派本所律师担任同一诉讼案件的原告、被告代理人，或者同一刑事案件被告辩护人、被害人代理人的"规定。但该违法行为已于 2011 年 11 月 25 日就因诉讼案件二审终结而终止，距原告姚文全 2013 年 12 月 26 日投诉该违法行为时已超过两年时间，遂向原告作出上述不再给予第三人天使明月律师事务所行政处罚的告知书。

（略）

本院认为，一、第三人天使明月律师事务所在原告姚文全诉浙江万××公司运输合同纠纷一案中，指派其律师事务所律师何飞、何××卫分别担任该案原、被告诉讼代理人的行为，违反了《中华人民共和国律师法》第五十条第五项"违反规定接受有利益冲突的案件的"和司法部《律师和律师事务所违法行为处罚办法》第二十七条第二项"指派本所律师担任同一诉讼案件的原告、被告代理人……"的规定，应属违法行为。二、根据《中华人民共和国行政处罚法》第二十九条"违法行为在二年内未被发现的，不再给予行政处罚。法律另有规定的除外。前款规定的期限，从违法行为发生之日起计算；违法行为有连续或者继续状态的，从行为终了之日起计算"的规定，本案第三人天使明月律师事务所的违法行为是否在二年内未被发现，其违法行为终了的时间如何认定，是本案争议的焦点。本院认为，涉及本案利益冲突的违法行为起始于一审民事诉讼，终了于 2011 年 11 月 25 日该民事诉讼二审终结。而非原告姚文全认为的该违法行为终了于第三人天使明月律师事务所与其签订的常年法律顾问合同约定的合同终止日期 2012 年 2 月 10 日。三、根据全国人大常委会法制工作委员会关于对司法部司发函（2004）2012 号关于提请明确对行政处罚追诉时效"二年未被发现"认定问题的批复［法工委复字（2004）27 号］"群众举报后被认定属实的，发现时效以举报时间为准"的规定，第三人天使明月律师事务所违法行为被发现时间应为原告姚文全向被告市司法局投诉的时间，即 2013 年 12 月 26 日。综上，第三人天使明月律师事务所的违法行为终了于 2011 年 11 月 25 日，被告发现该违法行为的时间是 2013 年 12 月 26 日，因而第三人天使明月律师事务所的违法行为应属"在二年内未被发现"的情形。被告市司法局作出的广司投告（2014）5 号投诉案件处理结果告知书认定事实清楚，证据确凿，依法应予维持。原告姚文全提出的撤销被告市司法局作出的告知书的理由不成立，其诉请撤销告知书的请求本院不予支持。

尽管司法局没有处罚案涉律师事务所，但司法局确认了律师事务所指派律师担任一方法律顾问后，又指派其他律师为与该方有利益冲突的当事人提供法律服务的行为违反《律师法》以及司法部的相关规定。由于律师事务所的违法行为已经超过了两年的处罚时效，司法局没有处罚。如果在处罚时效内，律师事务所就没有那么幸运了。

第二节　企业规则制度审核

企业规章制度是企业的纲领性文件，是各个部门的行动准则，是企业管理的依据。华为公司的管理文件称为《华为基本法》，可见企业规章制度对企业工作的正常开展具有至关重要的作用。

一、企业规章制度的内容

一个管理规范的企业，规章制度应包括以下内容。

（1）人事管理制度，包括人员招聘、奖惩、辞退等。

（2）财务管理制度，包括款项支付、报销等。

（3）物品管理制度，包括物品采购、入库、出库等。

（4）合同管理制度，包括合同的签署、履行、合同纠纷处理等。

二、常见企业规章制度存在的问题

（一）规章制度未经民主程序制定

根据《劳动合同法》第 4 条的规定，涉及员工重要利益的规章制度应经民主程序制定。[1] 如此规定一方面体现立法对私权利的适当干预，另一方面也体现国家对员工利益的保护。否则，如果员工起诉，未经民主程序制定的规章制度其合法性无法得到法院的确认。

相关案例如"佛山市顺德区碧水新地垃圾处理有限公司、邓洪金劳动合同纠纷民事二审"案，佛山市中级人民法院经审理后认为：[2]

关于解除劳动关系的问题。碧水公司上诉主张其系因邓洪金严重违反公司规章制度而解除双方劳动关系，属合法解除，无须支付违法解除劳动关系的赔偿金。邓洪金则主张其对碧水公司据以解除劳动关系的规章制度不知情，该制度不能作为碧水公司进行管理的依据。《中华人民共和国劳动合同法》第四条第二款规定，用人单位在制定、修改或者决定有关劳动报酬、工作时间、休息休假、劳动安全卫生、保险福利、职工培训、劳动纪律以及劳动定额管理等直接涉及劳动者切身利益的规章制度或者重大事项时，应当经职工代表大会或者全体职工讨论，提出方案和意见，与工会或者职工代表平等协商确定。该条第四款规定，用人单位应当将直接涉及劳动者切身利益的规章制度和重大事项决定公示，或者告知劳动者。本案中，首先，碧水公司未举证证明其所依据的《司机管理制度》系经职工代表大会或者全体职工讨论，与工会或者职工代表平等协商确定，也即《司机管理制度》的制定未经民主程序；其次，虽然碧水公司主张其已将该制度向邓洪金进行了公示，但从碧水公司提交的证据不能证明其已将《司机管理制度》的内容向邓洪金进行了告知或公示，故该《司机管理制度》因存在程序问题而不能成为碧水公司日常用工管理的依据。本案中虽然邓洪金存在驾离工作路线的事实，但碧水公司所依据的规章制度不能成为用工管理的有效依据，故碧水公司据此作出的解除劳动关系的决定因缺乏有效依据而构成违法解除劳动关系，根据《中华人民共和国劳动合同法》第八十七条的规

---

1 《劳动合同法》第 4 条："用人单位应当依法建立和完善劳动规章制度，保障劳动者享有劳动权利、履行劳动义务。用人单位在制定、修改或者决定有关劳动报酬、工作时间、休息休假、劳动安全卫生、保险福利、职工培训、劳动纪律以及劳动定额管理等直接涉及劳动者切身利益的规章制度或者重大事项时，应当经职工代表大会或者全体职工讨论，提出方案和意见，与工会或者职工代表平等协商确定。在规章制度和重大事项决定实施过程中，工会或者职工认为不适当的，有权向用人单位提出，通过协商予以修改完善。用人单位应当将直接涉及劳动者切身利益的规章制度和重大事项决定公示，或者告知劳动者。"

2 佛山市顺德区碧水新地垃圾处理有限公司、邓洪金劳动合同纠纷民事二审案 [（2021）粤 06 民终 17431 号]，文书全文 https：//wenshu.court.gov.cn/website/wenshu/181107ANFZ0BXSK4/index.html?docId=b9f76c1 eb2bd42f9ad67ae1c01391c84，2022 年 3 月 23 日最后访问。

定，碧水公司应向邓洪金支付违法解除劳动关系的赔偿金。

（二）规章制度内容不合法

企业规章制度不但应经过民主程序制定，且内容应当符合法律规定，否则规章制度因违法而不具有法律效力。

1. 末位能否淘汰

有些企业为加强管理，规定了"末位淘汰制"。该制度因不具有正当性、合法性在司法实践中没有得到法院支持。

相关案例如"武汉瑞景盈信数据科技有限公司北京分公司与岳赛飞劳动争议二审"案，北京市第三中级人民法院经审理后认为：[1]

根据当事人的诉辩意见，本院二审争议焦点为瑞景北京分公司是否属于违法解除劳动关系。根据岳赛飞提交的电子邮件、微信群聊天记录等在案证据，"经中心评估，最终淘汰主管岳赛飞""就是经理已经跟你沟通过的原因哈，是考核淘汰的结果"等表述，按照通常理解，可以解释为瑞景北京分公司已经向岳赛飞作出了解除劳动关系的意思表示，该意思表示的内容已经送达岳赛飞并为其所知晓。因瑞景北京分公司与岳赛飞解除劳动关系的理由不具备正当性及合法性，故属于违法解除劳动关系，在岳赛飞不要求继续履行劳动合同的情况下，双方劳动关系于瑞景北京分公司作出解除意思表示的当日，即 2021 年 6 月 30 日解除，瑞景北京分公司应依法向岳赛飞支付违法解除劳动关系赔偿金。

末位无法淘汰，企业如何进行管理？该案是否意味着对于不思进取的员工企业就无权处理了？事实上司法判例的否定并非否定企业的管理，而是要求企业的管理要合乎规范。解除劳动合同关乎员工的生计，必须谨慎对待。暂且不论末位淘汰制是否合理，这末位如何界定？以谁界定为准？如果界定权在企业，如何防止企业将其作为随意淘汰员工的挡箭牌？对于业绩差的员工，可以从考核工资等报酬方面进行奖惩，解除合同不尽妥当。

还有些企业对员工作出行政除名等处罚。因劳动者与企业之间系劳动合同关系，适用劳动合同等相关法律规定，企业对员工并无行政处罚权。

相关案例如"浙江稠州商业银行股份有限公司武义支行、徐冲劳动合同纠纷二

---

1 武汉瑞景盈信数据科技有限公司北京分公司与岳赛飞劳动争议二审案［（2021）京 03 民终 20304 号］，文书全文 https：//wenshu.court.gov.cn/website/wenshu/181107ANFZ0BXSK4/index.html?docId=df1d0b9f5465437ab82cfa27d0d1fe91，2022 年 3 月 24 日最后访问。

审"案，浙江省金华市中级人民法院经审理后认为：[1]

根据法律规定，用人单位应当在解除或者终止劳动合同时出具解除或者终止劳动合同的证明。用人单位单方解除劳动合同，是对劳动者最严重的处理，故对解除程序及解除内容都应严格把握。如果允许用人单位在单方解除劳动合同后，在仲裁或诉讼时，才罗列解除劳动合同的事实和理由，则极易产生用人单位滥用其合同解除权，侵害劳动者的合法权益的后果。因此，从立法本意考量，用人单位在单方解除劳动合同时，应在解除时告知劳动者解除的事实和理由，否则属于违法解除劳动合同。本案中，稠州银行武义支行向徐冲出具解除劳动合同证明时，并未告知其解除的理由，且其在之后的庭审中陈述的据以解除劳动合同的 41 份信用业务风险资产责任认定报告亦未在作出当时及时送达给徐冲，故其单方解除劳动合同程序违法。根据法律规定，用人单位可以在劳动者违反规章制度的情况下解除劳动合同，但是用人单位制定的规章制度必须程序和内容均合法。用人单位可以在规章制度或企业奖惩制度中，对劳动者违反劳动纪律或者给用人单位造成经济损失的情形，规定依劳动合同约定作出处罚或主张赔偿。本案中，稠州银行武义支行单方解除劳动合同，系根据《浙江稠州商业银行违规行为处理办法》及补充条款规定，因徐冲作为客户经理、业务部门负责人期间，造成逾期欠息 90 天以上的风险资产或作为业务部门负责人，造成风险资产等情形。本院认为，风险资产的出现是银行的正常经营风险，稠州银行武义支行将相应的风险转嫁给劳动者，侵害劳动者的合法权益，且稠州银行武义支行并无证据证明 41 笔贷款逾期欠息 90 天以上等情形系由徐冲严重过错造成，故据此将全部责任归咎于徐冲，并由其承担 32 万余元风险责任金明显不公。再者，稠州银行武义支行在庭审中承认，其对徐冲作出除名处分及解除劳动合同后，41 笔贷款中部分贷款已经归还，徐冲名下责任金额在逐渐减少，其亦同意据此扣除相应责任金金额，故稠州银行武义支行对徐冲的行为造成事实风险的证据是不充分、不确定的。因此，稠州银行武义支行单方解除劳动合同依据的规章制度内容不具有合法性。综上分析，稠州银行武义支行单方解除劳动合同属违法解除劳动合同。稠州银行武义支行对徐冲作出除名行政处分，亦根据《浙江稠州商业银行违规行为处理办法》及补充条款规定作出，规章制度内容不合法导致行政处分不具有合法性。

1　浙江稠州商业银行股份有限公司武义支行、徐冲劳动合同纠纷二审案 [（2020）浙 07 民终 1665 号]，文书全文 https://wenshu.court.gov.cn/website/wenshu/181107ANFZ0BXSK4/index.html?docId=10017f30f37e4a358891ac0c00c5b55c，2022 年 3 月 24 日最后访问。

此外，上述规章制度规定，造成风险资产时，视责任及情节轻重程度，给予劳动者警告至除名处分，或给予通报批评、停职、免职……解除劳动合同等处理。可见，除名处分和解除劳动合同是选择适用，而非并列适用，稠州银行武义支行作出除名行政处分并单方解除劳动合同亦未按规章制度执行。同时，已废止的《企业职工奖惩条例》也仅是对职工旷工导致除名曾作出规定，现行法律并无用人单位可作出除名行政处分的相关规定，故对徐冲作出除名行政处分，没有事实和法律依据。

2. 侵犯女职工权益

比较典型的是侵犯哺乳期女职工权益，用人单位没有根据法律规定对哺乳期妇女进行特别保护。从用人单位的角度考量，较长的哺乳假期确实影响工作，一方面要为哺乳妇女保留岗位，另一方面还要支付哺乳妇女的工资，尽管能从人伦、社会责任的角度理解哺乳妇女，但从企业经营角度确实不堪重负。有些企业甚至不录用育龄妇女，或特别规定不享受哺乳假。这些规定都是不合法的。但事实也说明立法层面对妇女权益的特别保护，不但很难在现实中得以全面落实，在一定程度上反而不利于女性就业。

3. 变更工作地点

工作地点对职工而言非常重要，特别是已经成家的职工，地点的变动会直接影响孩子教育、家庭生活等，因此，除非双方在合同中有专门约定，一般情况下用人单位不得随意变更工作地点。但这并不代表用人单位不能变更工作地点，在符合某些条件下，工作地点可以变更。

相关案例如"李立军、中国人民武装警察部队广东省总队医院劳动争议再审审查与审判监督"案，广东省高级人民法院经审查后认为：[1]

李立军的工作地点在广州市行政区域内确有较大变更，但武警广东总队医院就工作地点变更的问题已为李立军等员工提供上下班往返交通车、宿舍等解决方案，员工上下班可乘坐本市公共交通工具或单位交通车，甚至可在员工宿舍休息。况且，李立军并未向武警广东总队医院提出过交通车三班时间安排等磋商要求就以实际行动提出解除劳动合同并另行就业。因此，一、二审法院据此认定武警广东总队医院对劳动合同中提供劳动条件的约定已尽到合理义务，并对李立军关于终止劳动合同

1 "李立军、中国人民武装警察部队广东省总队医院劳动争议再审审查与审判监督"案［（2020）粤民申11318号］，文书全文 https：//wenshu.court.gov.cn/website/wenshu/181107ANFZ0BXSK4/index.html?docId=2eb30e64578846e6bc05aca700a8fed2，2022 年 4 月 3 日最后访问。

赔偿金等诉讼请求予以驳回正确。

在该案中，人民法院首先确认了工作地点的变更对员工工作、生活的影响，但同时从理性的角度分析了单位为员工方便通行所做的努力，特别是员工未经与单位协商就直接解除合同不具有正当性，从而没有支持员工的再审申请。

在另外一起"陈枝红、南南铝业股份有限公司劳动合同纠纷再审审查与审判监督"案中，广西壮族自治区高级人民法院经审查后认为：[1]

根据陈枝红再审申请的事实和理由，重点审查南南铝公司解除与陈枝红的劳动合同是否违法。《中华人民共和国劳动合同法》第三十九条规定："劳动者有下列情形之一的，用人单位可以解除劳动合同：（二）严重违反用人单位的规章制度的；……"根据上述规定，劳动者应当遵守劳动纪律，如劳动者存在严重违法劳动纪律或者用人单位规章制度的，用人单位可以解除劳动合同。南南铝公司作为具有独立法人资格的市场经济主体，享有经营自主权，根据生产经营需要，将经营地址由南宁市江南区搬迁至南宁市邕宁区。搬迁前，双方就由工作地点变更一事多次协商，陈枝红多次向南南铝公司明确表示不同意到新厂址上班，协商过程及协商未果后，南南铝公司多次通知陈枝红到新厂址上班，但陈枝红未按南南铝公司通知期限到新厂址上班，拒绝提供劳动，构成连续旷工，南南铝公司据此解除与陈枝红劳动合同，不违反法律规定，且经公司工会委员会同意，程序合法，属于合法解除双方劳动关系，陈枝红主张南南铝公司违法解除劳动合同的理由不能成立。关于本案南南铝公司对陈枝红工作地点变动的问题，系南南铝公司合法行使用工自主权，陈枝红与南南铝公司签订的劳动合同中并未明确约定工作地点，变更后的工作地点仍在南宁市辖区之内，而且南南铝公司整体搬迁不是针对陈枝红个体的行为，南南铝公司也为员工提供了相应的交通、住宿等福利补贴，不具有侮辱性和惩罚性，并未损害陈枝红的劳动权益。至于本案是否存在用人单位不得解除劳动合同的情形，根据《中华人民共和国劳动合同法》第四十二条的规定，"劳动者有下列情形之一的，用人单位不得依照本法第四十条、第四十一条的规定解除劳动合同：（四）女职工在孕期、产期、哺乳期的；……"，该条主要是针对用人单位不得依据《中华人民共和国劳动合同法》第四十条"无过失性辞退"和第四十一条"经济性裁员"解除劳动

---

1 "陈枝红、南南铝业股份有限公司劳动合同纠纷再审审查与审判监督"案［（2020）桂民申 1238 号］，文书全文 https：//wenshu.court.gov.cn/website/wenshu/181107ANFZ0BXSK4/index.html?docId=ab86ac549b4c46be9138ac9300428b23，2022 年 4 月 3 日最后访问。

合同，但本案是因为陈枝红严重违反用人单位规章制度造成，南南铝公司据此解除劳动合同符合《中华人民共和国劳动合同法》第三十九条的规定，陈枝红认为南南铝公司在其哺乳期内解除劳动合同违反法律强制性规定的理由不能成立。由于南南铝公司解除劳动合同不构成违法，一审、二审法院不予支持陈枝红要求南南铝公司支付违法解除劳动合同赔偿金的诉求并无不当。

从该案中可以看出，用人单位在同一市级行政区内变更经营地址，员工无权解除劳动合同。主要原因是在同一行政区内，距离相差不远，如果过于苛求企业，必然不利于企业发展，最终损害的是社会经济以及就业率，有必要兼顾员工与用人单位利益。

4. 换岗调薪

岗位和薪酬是劳动合同的重要内容。岗位决定了员工的工作内容，与员工的兴趣、特长、任职资历、未来发展密切相关，是员工能否有意愿从事或胜任以及获得相应报酬的前提；报酬更是事关员工的生活质量。故此，一般情况下，未经双方协商一致用人单位不得擅自变更员工岗位和薪酬。与前述变更工作地点的情况不同，换岗调薪有时被企业作为一种处罚手段。

值得注意的是换岗调薪应以签署的合同作为参考依据，与合同约定一致，即使存在换岗调薪的事实，企业亦无须承担责任。

相关案例如"张伟林、蒂业技凯中国投资有限公司劳动合同纠纷民事二审"案，大连市中级人民法院经审理后认为：[1]

上诉人认为被上诉人调岗降薪使其被迫离职，应当支付经济补偿金，被上诉人认为不存在调岗降薪的事实，属于企业自主经营的行为。本院认为，首先，案涉双方签订的劳动合同约定的工作岗位为销售工程师，工资标准为 3650 元，绩效工资（奖金）根据上诉人实际劳动贡献确定。撤销所长职位后其岗位仍为销售工程师，工资高于劳动合同的约定。其次，上诉人所主张劳动报酬减少部分是针对所长职位的岗位工资及补贴，现因上诉人未担任所长职位，而针对销售工程师岗位并未存在降薪事实。最后，被上诉人根据其企业经营需要对管理岗位统一调整，上诉人亦在此次调整范围，属于企业行使用工自主权范畴。

1　"张伟林、蒂业技凯中国投资有限公司劳动合同纠纷民事二审"案[（2021）辽 02 民终 8512 号]，文书全文 https://wenshu.court.gov.cn/website/wenshu/181107ANFZ0BXSK4/index.html?docId=694a14aa97f1422db0b3ae2d0033f4ce，2022 年 4 月 4 日最后访问。

第三节　竞业限制与商业秘密保护

为了保护企业的经营，平衡企业与员工的利益，《劳动合同法》允许双方约定竞业限制和商业秘密保护条款。前者指禁止特点员工在离职后的一定年限内（最高为两年）禁止从事类似工作，后者指员工在工作过程中了解到的企业秘密具有保护义务。

一、保护的必要性

要在众多的竞争者中脱颖而出，企业必须在新产品开发、客户开拓方面等倾注大量成本。如果竞争对手利用这些信息不劳而获地改良产品或抢夺客户，对企业无疑会造成重大损失。如果允许这种操作方式蔓延，无疑破坏企业的创新力，从而影响社会进步。因此，有必要从立法层面对这种不正当竞争行为进行限制。

二、保护的方式

（一）建立和实施保密制度

商业秘密的保护以商业秘密的存在为前提，而商业秘密的存在又以企业商业秘密保护制度的建立以及实施为前提。如果企业没有建立保密制度及实施保密措施，没有明确规定哪些内容需要保密，则员工不存在保密义务。此外，即使企业建立了保密制度，但没有采取保密措施，使得需要保密的资料处于公开状态，企业亦不得据此要求员工承担保密义务。

相关案例如"张强、扬州安邦智能科技有限公司侵害商业秘密纠纷再审审查与审判监督"案，最高人民法院认为：[1]

《反不正当竞争法》第九条第三款规定，本法所称的商业秘密，是指不为公众所知悉、具有商业价值并经权利人采取相应保密措施的技术信息和经营信息。

《最高人民法院关于审理不正当竞争民事案件应用法律若干问题的解释》第十三条第一款规定，商业秘密中的客户名单，一般是指客户的名称、地址、联系方式以及交易的习惯、意向、内容等构成的区别于相关公知信息的特殊客户信息，包括汇集众多客户的客户名册，以及保持长期稳定交易关系的特定客户。

---

[1] "张强、扬州安邦智能科技有限公司侵害商业秘密纠纷再审审查与审判监督"案，文书全文 https：//wenshu.court.gov.cn/website/wenshu/181107ANFZ0BXSK4/index.html?docId=d7a84a327038467ba26bad150123b3d8，2022 年 5 月 1 日最后访问。

根据原审查明，瑞福公司主张作为商业秘密的客户名单中的客户，与其保持比较稳定的合作关系。客户名称及联系方式等部分信息虽然可以从公开渠道获得，但客户关于产品的具体需求、交易习惯等信息不为相关公众知悉。前述客户名单及其所包含的特定非公知信息具有一定商业应用价值，能够为瑞福公司带来经济利益和竞争优势。原审法院结合瑞福公司制定《工作规则》《销售人员日常管理制度》等具体管理方式对相关信息采取保密措施的事实，认定其所主张涉案客户名单属于前述法律规定的商业秘密，具有相应的事实和法律依据。

张强任职瑞福公司期间实际掌握了涉案客户名单，其离职成立安邦公司经营与瑞福公司基本相同的业务。张强作为安邦公司法定代表人，明知涉案客户名单属于瑞福公司商业秘密，仍与安邦公司积极利用以从事相关交易，有违诚信原则和商业道德。原审判决认定其与安邦公司的行为侵害瑞福公司商业秘密并判令其停止相关侵害行为，并无不当。在瑞福公司不能证明其因被诉侵害行为受到的实际损失以及张强、安邦公司侵权获益的情况下，原审法院综合考虑涉案商业秘密的类型、侵害行为性质以及持续时间与范围等因素，酌定张强、安邦公司赔偿瑞福公司20万元，不违反法律规定。

从上述案例中可以看出，尽管企业信息可以从公开渠道获得，但这些信息作为企业交易信息时，具有特殊的作用，属于商业秘密范畴，依法应予保护。

尤其值得强调的是，侵犯商业秘密不仅应当承担民事责任，如果给企业造成重大损失等情形严重行为的，还要承担刑事责任。知名企业华为公司就曾有多名员工因侵犯商业秘密而身陷囹圄。

（二）与员工签署相关协议

对于商业秘密，在工作中了解到具体内容的任何员工均具有保密义务。保密义务与是否签署保密协议无关，即使没有另行签署保密协议员工亦负有保密义务。而且，这种义务并不因劳动合同的终止而结束，只因秘密被公开而免除。但如果没有签署保密协议，保密范围、违约责任等不够明确。

竞业限制则不同，与企业签署竞业限制协议的员工方具有竞业限制义务，其他员工不具有该等义务。且，《劳动合同法》第24条第1款规定"竞业限制的人员限于用人单位的高级管理人员、高级技术人员和其他负有保密义务的人员"，其他人员不是竞业限制的对象。此外，企业要求员工竞业限制的期限不超过两年，同时应向被竞业的员工进行补偿。这主要是合理平衡双方的利益，在对企业权益进行保护的同时，合理兼顾考虑员工的生存权，因为员工掌握的技能是其谋生的基础，作为一定期限内放弃优势技能的对价——企业进行相应补偿是必要的。

值得注意的是，企业与非《劳动合同法》规定的竞业限制主体签署的竞业限制协议是否有效？这应区别被竞业的主体身份情况而定。

一般情况下，企业与非竞业限制范围的员工签署的竞业协议无效。相关案例如"王伟、勉县协和医院竞业限制纠纷民事申请再审审查"案，陕西省高级人民法院认为：[1]

> 竞业限制制度是用人单位保护其商业秘密、维护其经济利益的重要手段，但该制度与劳动者的自由就业权之间存在利益冲突，该制度不能不加区别地适用于所有劳动者，因此劳动合同法将竞业限制的人员限于用人单位的高级管理人员、高级技术人员和其他负有保密义务的人员。本案中，王伟作为医院的一名普通工作者，不属于医院中高层管理人、高级技术人员。就王伟从事的工作性质来讲，其所能接触到的患者治疗步骤、治疗方法、质控方案、用药配方等，至少对患者家属是应当公开的，也可以通过患者家属公知于他人，不属于商业机密。而医院的津贴补贴发放、培训费发放资料、工资架构、财务制度等对医院的工作人员亦不属于需要特别进行保密限制的商业秘密。由此，上述内容均是王伟作为普遍医院工作人员可以接触到普通工作信息，秦和医院未能举证证明王伟接触了除普通工作信息外的商业秘密，故王伟不属于上述规定中所指高级管理人员、高级技术人员和其他负有保密义务的人员，秦和医院据此主张王伟属于竞业限制的人员不符合法律规定。秦和医院将保密及竞业限制协议作为管理医院的手段未加甄别，不加区别地适用于普通劳动者，存在滥用的情况。故二审法院综合上述因素认定王伟签订的竞业限制协议无效并无不当，秦和医院要求王伟支付违反竞业限制违约金及从相关行业离职的诉请缺乏法律依据。

由该案例可以看出，对于不属于竞业限制范围的员工，企业与其签署的竞业限制协议无效。立法之所以如此规定，在于这些员工不会给企业经营带来任何危害，如果加以限制，不利于个体发展，有违公平的法律价值。

如果签约主体非企业员工，协议效力又当如何认定？与此相关的案例如"石新

---

[1] "王伟、勉县协和医院竞业限制纠纷民事申请再审审查"案[（2021）陕民申2015号]，文书全文见 https://wenshu.court.gov.cn/website/wenshu/181107ANFZ0BXSK4/index.html?docId=bf8ec06ad3ff44579bf4ad ce0110dd3e，2022年5月2日最后访问。

春、北京四方继保自动化股份有限公司股权转让纠纷再审审查与审判监督"案，最高人民法院经审理后认为：

本案诉争源于双方之间签订的《股权转让协议》《补充协议》，上述协议并不涉及用人单位与劳动者之间的劳动关系，即石新春系基于股权出让人的身份而非保定三伊公司聘用人员身份（作出的竞业限制承诺），故二审法院关于案涉协议竞业限制的约定不适用《中华人民共和国劳动合同法》的认定，并无不当。石新春关于《股权转让协议》《补充协议》竞业限制条款违反相关法律规定，应认定无效的再审申请理由，不能成立。

通过该案例可以看出，如果签约主体非企业员工，此时双方法律地位平等，竞业限制协议应根据当事人意思自治的原则进行审查，不适用《劳动合同法》。

值得强调的是商业秘密保护和竞业限制制度对于企业经营非常有利，律师担任企业法律顾问时，应主动协助企业建立相关制度。

第四节　企业常见法律纠纷防范与处理

一、企业纠纷防范

优秀的企业法律顾问不但能够处理企业纠纷，更能够防范企业纠纷。企业纠纷的防范有三个有效途径。

（一）建立具有防范功能的程序制度

对于企业重要合同，在签署流程中设立法律顾问审核流程，通过法律顾问提前审核，防范风险。

（二）树立全员法律风险意识

公司的财务、销售、仓管等各个部门的同事，在代表公司对外交往的过程中，都可能涉及法律问题。因此，法律风险意识的范围绝不仅限于公司法务、老总等个别人员，而是公司全员。如果没有建立全员法律风险防范意识，企业法律纠纷将此起彼伏、防不胜防。

对企业进行全员培训是树立法律风险防范意识的有效方法。不同的意见会认为，"术业有专攻"，法律知识如此专业，对全员进行培训是否合适？"但当涉猎，见往事耳"，企业员工培训不在于太强的理论性，而是结合企业实务，通过企业实际发生的案例进行培训，从而有效建立法律意识。这种法律意识的建立，一方面有助于员工在实际工作中学以致用，另一方面可以促使员工在遇到法律问题时能够主动、及时地与法律顾问取得联系。

（三）提前介入企业的各类纠纷

大多数纠纷的发生都有一定的预兆，律师担任企业法律顾问具有实时了解企业经营情况的优势，利用这个优势可以对纠纷的发生进行预判，从而通过提前介入进行预防。

比如企业常见的呆坏账的发生，一定是应收账款拖延的时间过长以及没有及时关注债务人经营状况所致。根据实际情况，对于非国有性质的债务人，应收款拖欠的时间高于一年以上的，可回收性降低50%，这就要求法律顾问对于企业应收账款的管理重点关注。

二、建筑施工企业常见纠纷与防范

（一）建设工程造价纠纷

这是建筑施工企业最常见的纠纷，这类纠纷具有金额大、处理周期长、常涉及鉴定等特点。关于建筑工程造价，发包人与施工人通常有两种约定，一种是固定总价约定，另一种是暂定总价约定。即使是固定总价约定，因施工过程中难免出现实际施工量的变化，仍涉及结算事宜。

1. 合法、有效的工程签证单

从专业角度，鉴定机构可以计算出建设工程的施工量，但建设工程涉及大量隐蔽工程，此时图纸、工程变更签证、施工工艺等对于工程量的影响较大。特别是工程签证单，这实际上是增加或减少施工内容的凭证，是合同变更的依据，只有签证单合法、有效方能作为计算凭证。

2. 逾期答复视为认可条款的适用

《最高人民法院关于审理建设工程施工合同纠纷案件适用法律问题的解释（一）》第21条规定："当事人约定，发包人收到竣工结算文件后，在约定期限内不予答复，视为认可竣工结算文件的，按照约定处理。承包人请求按照竣工结算文件结算工程价款的，人民法院应予支持。"之所以如此规定是在于平衡双方的利益，发挥法律的调整功能。因为在建筑承包工程合同中，发包人往往处于市场的强势地位，为了拖延付款，对于承包人提交的结算报告往往束之高阁、置之不理。不同的观点或许会认为这是一种拟制的结算方式，视为认可的结果会造成结算文件与实际金额不一致。从实际情况看确实存在上述可能性，但根据司法解释的规定，只要发包人及时予以回复，则视为结算金额不成立，而予以回复非常容易、简单，不存在不公平因素。

相关案例如"日照中骏贸易集团热电有限公司、滕州建工建设集团有限公司建设工程施工合同纠纷"案，最高人民法院经审理后认为：[1]

关于原审判决认定的结算依据是否适当问题。《最高人民法院关于审理建设工程施工合同纠纷案件适用法律问题的解释》第二十条规定："当事人约定，发包人收到竣工结算文件后，在约定期限内不予答复，视为认可竣工结算文件的，按照约定处理。承包人请求按照竣工结算文件结算工程价款的，应予支持。"本案中，涉案施工合同约定中骏公司应在接到滕州公司结算报告书后六个月内审核完毕，否则视同中骏公司认可结算报告。滕州公司提交了基础分项工程质量评估报告及主体结构分项工程质量验收记录，能够证明涉案工程已经验收合格，中骏公司未提交证据予以否定，其主张涉案工程未经竣工验收合格，缺乏事实依据，不予采信。中骏公司现场负责人柴本国、赵亚已于2018年12月25日签收了滕州公司提交的工程结算书，但中骏公司始终未予审核，根据合同约定及法律规定，应视为其认可该工程结算书。原审判决以滕州公司制作的结算报告作为认定工程价款的依据并无不当，中骏公司主张应由法院委托鉴定机构对涉案工程造价进行司法鉴定的理由不能成立。

由此可见，凡在建设合同中约定对于提交的结算资料逾期回复视为同意的，人民法院对此予以支持。

值得注意的是根据财政部、建设部关于建设工程结算的有关规定，[2]不能当然得出上述结论，如果合同中没有具体的约定，人民法院在审理时不适用该规定。

相关案例如"河南中汇建设工程有限公司、河南省临颍华寓房地产开发有限公司建设工程施工合同纠纷再审审查与审判监督"案，最高人民法院经审理后认为：[3]

---

1 "日照中骏贸易集团热电有限公司、滕州建工建设集团有限公司建设工程施工合同纠纷"案〔（2021）最高法民申2174号〕，文书全文 https：//wenshu.court.gov.cn/website/wenshu/181107ANFZ0BXSK4/index.html?docId=429a7dd11e2648108983adc800c9a5eb，2022年5月17日最后访问。

2 《99版施工合同》第33.3条："发包人收到竣工结算报告及结算资料后28天内无正当理由不支付工程竣工结算价款，从第29天起按承包人同期向银行贷款利率支付拖欠工程价款的利息，并承担违约责任。"

3 "河南中汇建设工程有限公司、河南省临颍华寓房地产开发有限公司建设工程施工合同纠纷再审审查与审判监督"案〔（2021）最高法民申2760号〕，文书全文 https：//wenshu.court.gov.cn/website/wenshu/181107ANFZ0BXSK4/index.html?docId=6aea4c46c2094a5e9df0ad6300d17540，2022年5月17日最后访问。

本案再审审查的焦点问题是：原审判决对工程款结算的依据认定是否有误。关于工程款的结算，原《最高人民法院关于审理建设工程施工合同纠纷案件适用法律问题的解释》（法释〔2004〕14号）第二十条规定："当事人约定，发包人收到竣工结算文件后，在约定期限内不予答复，视为认可竣工结算文件的，按照约定处理。承包人请求按照竣工结算文件结算工程价款的，应予支持。"最高人民法院民事审判庭《关于发包人收到承包人竣工结算文件后，在约定期限内不予答复，是否视为认可竣工结算文件的复函》〔（2005）民一他字第23号〕载明："适用该司法解释第二十条的前提条件是当事人之间约定了发包人收到竣工结算文件后，在约定期限内不予答复，则视为认可竣工结算文件。承包人提交的竣工结算文件可以作为工程款结算的依据。建设部制定的建设工程施工合同格式文本中的通用条款第33条第3款的规定，不能简单地推论出，双方当事人具有发包人收到竣工结算文件一定期限内不予答复，则视为认可承包人提交的竣工结算文件的一致意思表示，承包人提交的竣工结算文件不能作为工程款结算的依据。"从上述解释和答复可知，在建设工程施工合同领域，为防止发包人怠于结算，损害承包人合法权益的情况发生，双方可约定如发包人逾期结算，则按承包人提交的竣工结算文件作为结算依据。若发包人没有按期结算，则承包人以竣工结算文件主张工程款应予支持。同时，因承包人提交的竣工结算文件一般系其单方制作，承包人可能存在利用发包人不具备专业知识等虚高工程款。若只要发包人在收到竣工结算文件后未予答复，一律按照承包人提交的竣工结算文件结算，势必造成不公平，损害发包人的合法权益。所以，发包人逾期结算，并不必然发生以承包人提交的竣工结算文件为结算依据的后果，仍然应以双方存在此种约定为前提。

3. 建设工程施工合同解除纠纷

建设工程合同签署以后，能否得到有效履行往往有很多变数。市场行情的变化，投资方资金链等都会影响合同的履行。比如近期恒大、宝能、佳兆业投资建设的项目停工就是由于这些因素。项目停工后，施工方的工程费应如何计算？施工方往往误认为实际施工多少就结算多少，实际上对于合同履行可得利益，施工方有权主张并获得法院支持。因为从事实的角度，为了履行合同，施工方肯定会做相应的准备——配备人员、购买原材料等；同时，《民法典》第584条亦规定，赔偿损失的金额包括合同履行后可以获得的利润。

相关案例如"江苏省华建建设股份有限公司、重庆栩宽房地产开发有限公司建设工程施工合同纠纷二审"案，[1]最高人民法院经审理后认为：

> 根据《合同法》第一百一十三条的规定，违约方向守约方赔偿损失的范围包括合同履行后可以获得的利益，但不得超过违反合同一方订立合同时预见到或者应当预见到的可能造成的损失。案涉合同由于栩宽公司违约逾期不支付工程款而解除，华建公司有权依法主张损害赔偿，包括主张可得利益损失。本院《关于当前形势下审理民商事合同纠纷案件若干问题的指导意见》第十条规定："人民法院在计算和认定可得利益损失时，应当综合运用可预见规则、减损规则、损益相抵规则以及过失相抵规则等，从非违约方主张的可得利益赔偿总额中扣除违约方不可预见的损失、非违约方不当扩大的损失、非违约方因违约获得的利益、非违约方亦有过失所造成的损失以及必要的交易成本。存在合同法第一百一十三条第二款规定的欺诈经营、合同法第一百一十四条第一款规定的当事人约定损害赔偿的计算方法以及因违约导致人身伤亡、精神损害等情形的，不宜适用可得利益损失赔偿规则。"

（二）挂靠合同纠纷

1.挂靠的必然性

建筑行业涉及公共安全，特别是随着城市土地供应日趋短缺，楼宇越盖越高的情况下，如何确保建筑施工以及建筑物的安全，减少危险尤其重要。在这种情况下，对建筑企业进行准入管理很有必要。为此，国家设立了建筑资质制度，规定凡具备一定条件方可申请相应等级的建筑资质，以及相应的施工范围。尽管如此，建筑行业中并非每项施工都需要相应的资质，比如贴瓷砖、安装家具等。再加上建筑行业的流动性较强，施工完毕就换到下一个工地，施工企业很难聘用建筑工，大多数都是通过包工头组织农民工。这种方式即可以解决农民工就业问题，又可以解决建筑企业的用工难问题，可谓一举两得。笔者的家乡南通———一座号称"建筑之乡"的城市，就存在大量这种农民工现象，已经成了一种产业。但由于立法的限制，这种客观存在的情况却被认定为无效。

2.纠纷类型

鉴于挂靠行为的必然性，如果挂靠行为能得以有效履行，基于"民不告，官不纠"的原则，司法并不强行介入。常见的纠纷有以下类型。

---

[1] "江苏省华建建设股份有限公司、重庆栩宽房地产开发有限公司建设工程施工合同纠纷二审"案［（2020）最高法民终132号］，文书全文见 https：//wenshu.court.gov.cn/website/wenshu/181107ANFZ0BXSK4/index.html?docId=44ac68b925ac463ea425acf000d0cbad，2022年6月4日最后访问。

其一，挂靠人与被挂靠人之间的纠纷。通常而言，被挂靠人具有一定的主动性，因为发包方的工程款优先支付到其账户。同时，挂靠人基于对被挂靠人的依赖性，以及被挂靠人依法守约可以获得更多的挂靠利益，双方一般都会信守合约。但在项目出现经营亏损时，双方矛盾比较激烈。挂靠方不再信守合约，而是以挂靠协议无效进行推脱。更有甚者，协助他人伪造证据提起虚假诉讼。

相关案例如"韩力均、刘春雨虚假诉讼罪"案，河北省昌黎县人民法院经审理后认为：[1]

被告人韩力均在拖欠被告人刘春雨少量工资的情况下，为谋取不正当利益，与被告人刘春雨串通，以捏造的债权债务事实向人民法院提起民事诉讼，妨害司法秩序，其行为均已构成虚假诉讼罪，属共同犯罪。公诉机关指控的罪名成立。在共同犯罪中，被告人韩力均、刘春雨均积极参加该民事诉讼，不宜区分主从犯，但被告人刘春雨的罪责相对被告人韩力均要轻。被告人韩力均在案发后能够自动投案，如实供述自己的犯罪事实成立自首。被告人韩力均、刘春雨自愿认罪认罚且签字具结，但二被告人诉讼标的大，虽未进入执行环节，但人民法院已作出生效判决，对二被告人判处缓刑与罪责不相适应，判处缓刑明显不当。各辩护人关于可从轻处罚的辩护意见，予以采纳。公诉机关关于对被告人韩力均、刘春雨判处有期徒刑、并处罚金的量刑建议适当。依照《中华人民共和国刑法》第三百零七条之一第一款，第二十五条第一款，第六十七条第一款、第三款，《中华人民共和国刑事诉讼法》第十五条，《最高人民法院、最高人民检察院关于办理虚假诉讼刑事案件适用法律若干问题的解释》第一条第一款第二项，第二条第二项、第三项之规定，判决如下：

一、被告人韩力均犯虚假诉讼罪，判处有期徒刑一年，并处罚金人民币十万元。

（有期徒刑的刑期，从判决执行之日起计算；判决执行以前先行羁押的，羁押一日折抵刑期一日。罚金于判决生效之日起缴纳。）

二、被告人刘春雨犯虚假诉讼罪，判处有期徒刑一年一个月，并处罚金人民币五万元。

（有期徒刑的刑期，从判决执行之日起计算；判决执行以前先行羁押的，羁押一日折抵刑期一日。应扣除先行羁押的 8 天。罚金于判决生效之日起缴纳。）

---

1 "韩力均、刘春雨虚假诉讼罪"案 [（2020）冀 0322 刑初 286 号]，文书全文 https：//wenshu.court.gov.cn/website/wenshu/181107ANFZ0BXSK4/index.html?docId=86baa6eb56b44413b93aad1a001c6e39，2022 年 5 月 30 日最后访问。

其二，供货商纠纷。与供货商的纠纷我们主要讨论约定由挂靠方承担责任的案件，法院为何判决被挂靠方承担责任。

相关案例如"广东省中港装饰股份有限公司、成都睿铭暖通工程有限公司等买卖合同纠纷"案[（2021）川 01 民终 22500 号]，成都市中级人民法院经审理后认为：[1]

根据中港公司的上诉意见和睿铭公司的答辩意见，本案二审的争议焦点为中港公司与睿铭公司之间是否成立买卖合同关系，若构成，睿铭公司是否完成了合同约定的供货义务。对此，本院分别评析如下：首先，案涉嘉定坊三江悦度假酒店装饰装修工程由中港公司承建，中港公司承建后，将案涉工程转包给了刘建勇，并与刘建勇之间签订有《工程项目责任人责任书》，约定刘建勇具有该项目管理的全部管理权；案涉工程项目部系中港公司设立，并由中港公司配发项目部印章，刘建勇掌握并管理该项目部印章；案涉合同系刘建勇、李刚以中港公司名义与睿铭公司之间签订，并加盖有中港公司案涉项目部印章；睿铭公司向中港公司承建的案涉工程进行了供货，中港公司承建的案涉工程已经完工，中港公司实际享有了睿铭公司供货的利益，故刘建勇、李刚具有充分的权利外观使相对人睿铭公司相信其具有中港公司的代理权，刘建勇、李刚以中港公司名义签订的案涉合同对中港公司构成表见代理，中港公司系与睿铭公司成立买卖合同关系。中港公司承包案涉工程后未自行施工，而是收取刘建勇一定的管理费后转包给刘建勇实际施工，并给刘建勇配发案涉项目部印章，故其对于刘建勇以其名义对外签订合同的行为系其自身未尽到管理责任导致，该后果不应由相对人承担。其次，发包人出具的情况说明证明案涉工程已经完成施工和安装调试，足以认定睿铭公司已经完成了案涉合同项下的供货义务。中港公司一审中无正当理由未到庭应诉，视为放弃质证的权利，本院对其在二审中不认可发包人出具的情况说明的主张不予采纳。

上述案例的判决结果是值得商榷的。表见代理是立法的平衡，是在行为人没有代理权时，对善意第三人的保护。这种保护必须受到一定程度的限制，即表见代理必须是一种例外，否则会扰乱交易秩序。判断表见代理的标准应从严，而不是从宽。对于项目部印章上标明的"非合同印章"，二审法院不能视而不见，实际上这已经说明中港公司尽到了管理责任。这样的判决必然导致当事人案件的申诉，不利于定分止争。

1　"广东省中港装饰股份有限公司、成都睿铭暖通工程有限公司等买卖合同纠纷"案[（2021）川 01 民终 22500 号]，文书全文 https：//wenshu.court.gov.cn/website/wenshu/181107ANFZ0BXSK4/index.html?docId=cd672f4a6cac4a21b68eae200161af59，2022 年 5 月 31 号最后访问。

相反，在"广东吴川建筑安装工程有限公司、广州市番禺区顺利建材经营部等买卖合同纠纷民事二审"案中，审判人员正确适用了表见代理的相关规定。[1] 广州市中级人民法院经审理后认为：

砂石采购合同的买方是谁，陈观锦的行为是否构成对吴川建筑安装公司的表见代理。就本案争议的焦点问题，本院分析认定如下：

……

关于第二个争议焦点问题。第一，陈观锦因清流小学工程建设需要，向顺利建材经营部购买白水泥、水泥砖等建筑材料，双方之间形成买卖合同关系，陈观锦是本案砂石采购合同的买方。顺利建材经营部已交付货物，陈观锦作为买受人理应支付相应货款。现陈观锦尚欠货款 202370 元，在陈观锦未举证证明已偿还该款项的情况下，其理应向顺利建材经营部支付上述货款及相应利息。第二，至于吴川建筑安装公司是否应当就涉案货款承担责任的问题。虽然砂石采购合同上写明买方是吴川建筑安装公司，但该公司并未在合同上盖章签名，且陈观锦参与订立合同、收货、结算、收款等，其还签署《责任声明协议书》，承诺如该承包工程在实施过程中出现任何质量、安全、工期延误、拖欠工资及材料款等所有与本工程有关的一切经济责任和法律责任全部由本人负责所有责任均与吴川建筑安装公司无关。此外，签收货物的人员也没有证据证明是吴川建筑安装公司的员工。综上，现有证据无法证明陈观锦的行为构成对吴川建筑安装公司的表见代理。另外，虽然吴川建筑安装公司曾帮顺利建材经营部支付款项，但吴川建筑安装公司是涉案工程的中标人、第一承包人，陈观锦是挂靠人、实际施工人，吴川建筑安装公司帮顺利建材经营部支付部分款项，符合建筑行业的拆借垫支等商业习惯，不能仅凭此就认定吴川建筑安装公司和顺利建材经营部之间存在买卖合同关系。

（三）建设工程造价鉴定

1. 建设工程施工合同纠纷中造价鉴定常发的原因

对于诉讼中出现的专门性问题，法官必须借助其他专业机构（人士）的意见方能查明，而建设工程合同纠纷中鉴定问题尤其突出，这不仅在于工程造价的专业性，与建设工程合同本身的特点也有很大关系。

---

[1] "广东吴川建筑安装工程有限公司、广州市番禺区顺利建材经营部等买卖合同纠纷民事二审"案 [（2022）粤 01 民终 1068 号]，文书全文 https://wenshu.court.gov.cn/website/wenshu/181107ANFZ0BXSK4/index.html?docId=b43c2c5120bf4f50b8b9ae90009697de，2022 年 5 月 31 日最后访问。

其一，建设工程涉及的金额比较大，利益冲突激烈。

其二，建设工程施工合同总价不固定，常常只约定了计价方式。尽管理论上存在固定总价的合同，除非造价极小的工程之外，这种计价方式并不常被各方所接受。由于建设工程施工合同履行期常从一两年到三五年不等，这么长期限内原材料价格波动非常大，造成各方就结算事宜无法达成一致意见。

其三，建筑领域从业人员大多在精细化管理方面比较欠缺，对于合同条款，结算依据等的约定比较简单。

其四，在建设工程合同履行过程中，常出现工程量变更签证等情况，这些情况是临时、紧急发生的，双方一旦对工程造价有异议，很容易达不成一致意见而申请鉴定。

其五，因资金链、工期等原因造成的施工合同解除，就已完成工作量的造价最容易发生鉴定。

2.建设工程造价鉴定常见问题

工程造价尽管非常专业，但也不是深不可测。作为专业律师，通过学习和实践，可以发现鉴定中存在的问题。

其一，不予鉴定的情形。根据法律规定，对于一方委托的鉴定意见，如果对方不能提出合理意见，法院不同意进行鉴定。同时，对于已经结算的工程，法院亦不得进行鉴定。

其二，关于鉴定方法，特别是鉴定机构采取的价格以及计价依据，《建设工程造价鉴定规范》（GBT51262-2017）第5.1.2规定："鉴定人应根据合同约定的计价原则和方法进行鉴定。"《最高人民法院关于审理建设工程施工合同纠纷案件适用法律问题的解释（一）》（法释〔2020〕25号）第19条规定："当事人对建设工程的计价标准或者计价方法有约定的，按照约定结算工程价款。"这一点往往被忽视，一方面许多律师由于对前述规范并不熟悉，在鉴定人没有依据规范进行鉴定的情况下，无法指出鉴定人存在的问题；另一方面来自于对鉴定人盲目的信任。

相关案例如"沈阳瑞家置业有限公司、湖北鑫华建筑安装工程有限公司建设工程施工合同纠纷二审"案[1]，最高人民法院经审理认为：

《建设工程造价鉴定规范》（GB/T51262—2017）第5.1.2条规定，鉴定人应按合

1 "沈阳瑞家置业有限公司、湖北鑫华建筑安装工程有限公司建设工程施工合同纠纷二审"案［（2020）最高法民终1150号］，文书全文 https://wenshu.court.gov.cn/website/wenshu/181107ANFZ0BXSK4/index.html?docId=4de8118508bb414c9b51ace200d0c2c1，2022年7月11日最后访问。

同约定的计价原则和方法进行鉴定。第5.3.1条规定，委托人认定鉴定项目合同有效的，鉴定人应按合同约定进行鉴定。故根据上述国家标准的《建设工程造价鉴定规范》，在案涉建设工程施工合同中已经约定工程计价方式的情况下，则应按照合同约定进行鉴定。在本院审理本案过程中，作为本案鉴定人的辽宁志城工程造价咨询有限公司（现更名为辽宁志城建设工程管理咨询有限公司）亦表示：按照鉴定行业的通行做法，在合同有约定计价方式的情况下，则应适用合同约定的计价方式进行鉴定，而不应适用定额规范进行鉴定。一审法院审理本案过程中，辽宁志城工程造价咨询有限公司对"鑫华公司已完工程量及造价"进行鉴定，并未依据上述鉴定规范和行业通行的鉴定原则进行鉴定，故辽宁志城工程造价咨询有限公司于2015年9月28日作出的辽志鉴字〔2015〕第059号《关于瑞家景峰二期工程造价司法鉴定报告》（以下简称《鉴定报告》）不能作为认定本案事实的依据。

本案鉴定机构在明知工程造价鉴定原则的行业规范做法且本案当事人对于工程造价鉴定原则存在重大争议的情况下，仍然按照鑫华公司申请的鉴定原则进行鉴定，违反行业规范和通行做法，其在一审中收取鑫华公司预交的鉴定费60万元，鑫华公司有权根据《中华人民共和国民事诉讼法》第七十八条的规定，要求其返还。

根据该案例可以看出最高人民法院对于此类案件有以下裁判规则：施工合同中对价格有约定的，应按约定价格进行鉴定，否则鉴定意见不应采信；鉴定机构对于违反规范进行鉴定的，应退还鉴定款；采信违法鉴定的案件应发回重审。

鉴定机构按合同进行鉴定除了上述规范的明文规定之外，最高人民法院颁布的司法解释亦有类似的规定，《最高人民法院关于审理建设工程施工合同纠纷案件适用法律问题的解释（一）》（法释〔2020〕25号）第19条："当事人对建设工程的计价标准或者计价方法有约定的，按照约定结算工程价款。"之所以如此规定，在于鉴定的目的是确定造价，造价并非鉴定机构独立搞出一套计价依据，而是依据建设工程合同约定的内容进行鉴定，这样才能作为当事人之间的造价依据。鉴定人套定额进行鉴定，除非当事人约定以此种方式进行计价，否则不具有合法性与可采信度。上述最高人民法院作出的判例正是基于此而要求鉴定机构退费的。

其三，避免陷入"以鉴代审"的误区。鉴定的本质是为判决服务的，作为鉴定人应秉持这种目的，服从审判法庭的指挥，而不是对争议事项擅自决定，否则就属于"以鉴代审"。在《建设工程造价鉴定规范》（以下简称《鉴定规范》）中，有多处关于鉴定人不应当擅自决定，而是应当遵守事实与法律，特别是法庭的意见进行鉴定的规定。比如根据上述《鉴定规范》3.3.2 规定，鉴定人对于鉴定事项有不同意见时，应向委托人释明，释明后根据委托人（人民法院）的决定进行鉴定。第 3.6.1 规定，对于当事人争议的焦点问题，委托人未明确鉴定事项的，鉴定机构应提请委托人予以明确。第 4.7.1 鉴定机构应提请委托人对证据中影响鉴定结论重大问题的处理决定。第 4.7.3 鉴定人应当将有争议的证据分别鉴定并将鉴定意见单列，以供委托人判断使用。4.7.6 规定，同一事项，各方当事人意见不一，在委托人未确定前，鉴定人可以暂将此作为鉴定依据供委托人判断使用。4.7.7 规定，同一事项同一证据，当事人有不同理解，鉴定人可以按不同理解分别作出鉴定意见并予以说明，供委托人判断使用。这些规定无不显示委托人对于鉴定的主导作用以及鉴定人应服从审判机关指挥的原则。

在上杭县人民法院审理的"刘录生、廖发生建设工程合同纠纷民事一审"案中，判决书记载："本院委托福建瑞晟建设工程造价咨询有限公司对案涉工程造价鉴定，经鉴定：（1）按《施工合同》所附含税单价表计算，工程造价为 12607 元；（2）按施工期同期的计价规范及取费标准计算，工程造价为 8043 元。廖发生向福建瑞晟建设工程造价咨询有限公司支付鉴定费 5500 元。"[1]

从该判决记载的内容中可以看出，为体现鉴定为判决提供专业支持的立法目的，鉴定机构提供了依据不同鉴定方法计算出的鉴定意见，既按合同进行鉴定，又套用定额进行鉴定，至于哪种鉴定意见最终被采信，完全由委托人根据实际情况决定。相对于鉴定人仅按一种标准计算的一元鉴定意见，这种方式避免"以鉴代审"的嫌疑。

其四，未完工工程造价鉴定。实践中存在大量未完工工程的结算纠纷事宜，导致工程未完工的原因方既可能系发包人，也可能系承包人。在这种情况下，如何进行造价鉴定？一种系加法鉴定，鉴定人将已经完工的项目造价逐项相加。另一种系减法鉴定，鉴定人鉴定未完工项目的造价，总价扣除未完工项目造价即工程总造价。通常情况下用加法鉴定，但在约定固定总价且未完工的工程仅占少量的情况下，减法计算更有利于提高工作效率。

其五，已到场未安装材料的计算。无论基于哪一方原因的合同解除，这部分材料是否计入造价有些鉴定人持怀疑态度，理由是鉴定对象是工程造价，这些材料并未安装，尚不属于建设工程的一部分，因此不应当属于造价内容。

1　"刘录生、廖发生建设工程合同纠纷民事一审"案 [（2021）闽 0823 民初 2813 号] 文书全文见 https：//wenshu.court.gov.cn/website/wenshu/181107ANFZ0BXSK4/index.html?docId=b5b4304168fe4c3e99f7aeb8009d8a76，2022 年 7 月 11 日最后访问。

我们认为鉴定人的观点以及处理方式严重欠妥。到场未安装材料系为建设工程提供的，无论哪方原因造成，这些材料的存在是不争的事实，这部分款项必须向材料供应商支付，如果不予鉴定，这部分款项的金额为多少？人民法院如何判决？而且，尤为过分的是鉴定人对于该问题的处理方式，鉴定人无权直接不予鉴定，如果对该问题有疑问，可以请示委托法院决定，否则难逃"以鉴代审"之嫌。

（四）"背靠背"合同纠纷

除非在合同中准确定义，"背靠背"通常有两种含义：一种为"pay when paid"，即收到款才付款；另一种为居间合同，即通过中间人签署合同，合同双方并不面对面洽谈。通常发生纠纷的是前一类"背靠背"。对于付款义务方而言，"背靠背"条款系对其非常有利的付款模式，这样无须占用自己的资金。但这种有利局面有赖于付款义务人对其前手恰当行使权利为前提。在司法实践中，未收到前手的款项情况之下，是否可以对抗付款，人民法院并不始终对"背靠背"予以支持。根据人民法院的相关判例，对"背靠背"条款的适用具有以下规律：

首先，合同付款方对前手款项的应尽追索义务，否则不发生"背靠背"条款的效力。相关案例如"中国建筑一局（集团）有限公司、沈阳祺越市政工程有限公司建设工程施工合同纠纷二审"案，最高人民法院经审理后认为：[1]

关于"背靠背"付款条件是否已经成就，中建一局提出双方约定了在大东建设未支付工程款情况下，中建一局不负有付款义务。但是，中建一局的该项免责事由应以其正常履行协助验收、协助结算、协助催款等义务为前提，作为大东建设工程款的催收义务人，中建一局并未提供有效证据证明其在盖章确认案涉工程竣工后至本案诉讼前，已积极履行以上义务，对大东建设予以催告验收、审计、结算、收款等。相反，中建一局工作人员房某的证言证实中建一局主观怠于履行职责，拒绝祺越公司要求，始终未积极向大东建设主张权利，该情形属于《中华人民共和国合同法》第四十五条第二款规定附条件的合同中当事人为自己的利益不正当地阻止条件成就的，视为条件已成就的情形，故中建一局关于"背靠背"条件未成就、中建一局不负有支付义务的主张，理据不足。

其次，在付款前提已经变更的情况下，付款义务方不能援引"背靠背"条款拒

1　"中国建筑一局（集团）有限公司、沈阳祺越市政工程有限公司建设工程施工合同纠纷二审"案[（2020）最高法民终 106 号]，文书全文 https：//wenshu.court.gov.cn/website/wenshu/181107ANFZ0BXSK4/index.html?docId=56d9eccb323e444b8516ac7f0123329c，2022 年 7 月 31 日最后访问。

绝付款。相关判例如"中国电力工程顾问集团华东电力设计院有限公司、甘肃省安装建设集团有限公司等建设工程施工合同纠纷民事二审"案，最高人民法院经审理后认为：[1]

关于"背靠背条款"的认定问题。首先，案涉金塔万晟公司与华东电力设计院公司于 2012 年 12 月签订的《总承包合同》约定华东电力设计院公司总承包甘肃金塔万晟光电 100MW 光伏电站工程。还约定暂定合同总价为 101000 万元，其中：承包商负责的前期工作等费用按固定总价为 2000 万元……最终价格根据业主方和承包商共同协商后与其他分包方签署的建筑、安装、设备及材料、调试及试验的实际合同价格并签订本合同的补充协议为准。从华东电力设计院公司与甘肃安装公司签订的《基础和组件支架安装施工合同》《土建施工合同》《电气一次、二次和系统二次安装施工合同》三份合同的内容看，只有《基础和组件支架安装施工合同》有由业主方金塔万晟公司全部支付工程款后，华东电力设计院公司再向甘肃安装公司支付工程款的约定。在案涉各方均已确认甘肃安装公司完成了 57.6MW 安装的情形下，鉴于支付 7500 万元的前提条件，即完成 100MW 光伏电站工程的条件已经发生变化，各方当事人均未对这一变化及时达成相关付款协议。一审法院认定华东电力设计院公司在支付工程款时，并未列明已给付的 7300 万元所指向的具体款项。华东电力设计院公司应当依据《基础和组件支架安装施工合同》《土建施工合同》《电气一次、二次和系统二次安装施工合同》三份合同的约定，向甘肃安装公司支付所欠 35866674.74 元工程款并无不当。故华东电力设计院公司关于一审法院认定背靠背支付条款不再具备履行条件有误的上诉请求，本院不予支持。

最后，在前手迟迟不予付款的情况下，付款义务方援引"背靠背"条款违背公平原则，严重损害收款方的利益。相关案例如"中国电建集团湖北工程有限公司、十一冶建设集团有限责任公司等建设工程施工合同纠纷"案 [（2021）最高法民申4924 号]，最高人民法院经审理后认为：[2]

---

1 中国电力工程顾问集团华东电力设计院有限公司、甘肃省安装建设集团有限公司等建设工程施工合同纠纷民事二审"案 [（2021）最高法民终 662 号]，文书全文 https：//wenshu.court.gov.cn/website/wenshu/181107ANFZ0BXSK4/index.html?docId=2f32f90be9634714895dadb0013d2363，2022 年 7 月 31 日最后访问。

2 "中国电建集团湖北工程有限公司、十一冶建设集团有限责任公司等建设工程施工合同纠纷"案 [（2021）最高法民申 4924 号]，文书全文 https：//wenshu.court.gov.cn/website/wenshu/181107ANFZ0BXSK4/index.html?docId=d419314a85094f33820eadc700c9abba，2022 年 7 月 31 号访问。

案涉工程项目在 2015 年 6 月 30 日已施工完毕。2018 年 7 月 6 日，电建湖北分公司与十一冶公司对案涉工程价款，才达成《结算协议》，并对剩余 26687526.68 元的工程价款（总工程价款为 45133226.68 元），约定："结算款在下列条件全部满足后一个月内支付；十一冶公司将合同结算金额内剩余对开发票开齐交电建湖北分公司，且电建湖北分公司收到业主款项后支付。"该约定系附承包人支付工程款条件的条款。《结算协议》约定的电建湖北分公司支付工程款的条件之一，即在其收到业主款项一个月后支付。但是，电建湖北分公司何时收到"业主款项"存在诸多不确定性。鉴于十一冶公司工程已完工多年，电建湖北分公司仅支付了少部分工程款，而在发生法律效力的昌吉回族自治州中级人民法院（2019）新 23 民初 17 号民事判决中，已判令嘉润公司向电建湖北公司支付工程欠款并自 2018 年 5 月 23 日起计算利息，本案二审法院判决电建湖北公司自《结算协议》签订一个月后，即 2018 年 8 月 6 日承担欠付工程款利息，并未加重电建湖北公司支付工程款的利息负担，结果比较公平合理。电建湖北公司申请再审称《结算协议》中约定的付款条件有效，并以此拒绝承担给付工程欠款及利息的主张，理由不能成立。

（五）建筑企业常见纠纷防范

1. 加强合同管理

该项工作包括提高合同审查能力，即在合同成立之初，就合同条款进行完善，包括验收条款、违约责任等。在合同履行工程中，应加强文档管理，应特别注意签证事宜，务必对增减的工程量进行确认。因为签证是增加工作量的重要凭证，是结算的重要依据。

2. 表见代理的破解

是否有权利外观是判断表见代理能否成立的核心判断标准。立法的缺陷在于没有明确表明权利外观的反向作用力，机械的法条主义者一旦认定权利外观的存在，则无论反向作用力有多大，都难以撼动表见代理的成立。这种情况的改变需要一定的时日，但这并不意味着行为人无所作为。

其一，在项目章上明确标明不得对外签署合同。相关案例如"段玉明、夏德意等合同纠纷民事二审"案，[1] 遵义市中级人民法院经审理后认为：

1　"段玉明、夏德意等合同纠纷民事二审"案 [（2021）黔 03 民终 9549 号]，文书全文 https：//wenshu.court.gov.cn/website/wenshu/181107ANFZ0BXSK4/index.html?docId=33c1d48d2725434f911aae600166f74a，2022 年 6 月 3 日最后访问。

一审法院查明的下列事实二审法院予以确认：普宁总公司承包贵州财富之舟遵义财富科学城工程项目后，普宁总公司于2017年4月24日以内部承包方式与张焕春签订了项目责任人承包经营合同，该合同明确项目部印章为"遵义财富科学城项目章（非合同章·签订合同无效）"。

结合诉辩双方的诉辩主张，本案二审争议的焦点为段玉明、夏德意是否有权向普宁公司、普宁新蒲分公司主张权利。首先，从双方合同的签订来看，段玉明、夏德意所提《建筑工程旋挖机成孔桩专业分包合同书》中载明的甲方（发包方）为普宁建筑工程总公司遵义分公司，并非普宁公司或普宁新蒲分公司，在落款处虽加盖了普宁公司遵义财富科学城工程项目施工技术资料专用章且由案外人柯义志的签名，但普宁公司、普宁新蒲分公司均否认柯义志系其公司员工或其授权委托的代理人，段玉明、夏德意亦不能提供证据证明柯义志有权代表普宁公司、普宁新蒲分公司与其签订《建筑工程旋挖机成孔桩专业分包合同书》，故段玉明、夏德意主张普宁公司、普宁新蒲分公司系其合同相对方的依据不充分。其次，从案涉《建筑工程旋挖机成孔桩专业分包合同书》上加盖的印章看，盖印章已经明确表明仅系技术资料专用章，并非普宁公司、普宁新蒲分公司的公司印章或合同印章，故仅根据该印章亦不足以认定柯义志的行为构成表见代理。最后，从案涉款项的支付来看，段玉明、夏德意亦认可普宁公司、普宁新蒲分公司均未向其支付过任何款项，其款项均系由案外人张焕春向其支付。综上，段玉明、夏德意所提证据不足以证明其系与普宁公司、普宁新蒲分公司产生建筑工程旋挖机成孔桩专业分包合同关系，其要求普宁公司、普宁新蒲分公司承担相应责任，没有事实和法律依据，其对案外人可另行主张权利。故一审判决驳回其诉请并无不当，本院予以维持。

从上述案例中可以看出，印章上标明"非合同章·签订合同无效"，此时已无任何权利外观，表见代理的行为自然不能成立。

其二，在项目部的公示文件上明确标明，项目部不得对外签署任何协议，否则责任由行为人自行承担。如此规定，有利于减少表见代理的适用性。

3.违法转包行为的克服

出于安全的考虑，国家规定建设工程的承包需要一定的资质；由不具备相应资质的主体施工，安全难以保证。有鉴于此，对于违法转包的合同，在司法实践中一般被认定无效，不能获得法律保护。如何克服这一难题，我们认为，首先建筑企业对违法转包问题应有足够的认识，不得从事这种纯收取挂靠费，自己不参与管理的项目。其次，建设工程禁止违法转包，但不排斥合作，可以将项目与实际施工方进行合作，对于涉及施工安全的，指派有相应技术能力的同事负责。同时，对项目进行经济考核，根据考核进行利润分配。这样既可以保证安全，又可以发挥各自的优势，取长补短。

三、餐饮企业常见纠纷与防范

餐饮企业是传统行业，常见纠纷包括租赁合同纠纷、装修合同纠纷、知识产权纠纷、职务侵占、劳动合同纠纷等。

（一）租赁合同纠纷

除少数以自有物业经营餐厅以外，大多数餐饮企业均是采取租赁的方式，这必然涉及租赁合同。

常见的租赁合同纠纷包括租赁物是否能够实现租赁用途、租赁面积争议等。餐厅属于经营场所，要满足经营用途租赁物必须具有商业性质，且通过一次消防。有些物业，由于历史遗留问题，在租赁时双方考虑不周，难免引起此类纠纷。

另一种情况是有些出租方，出于谋取利益的需要，虚假扩大租赁物业的面积，承租人发现以后，常就计租面积发生纠纷。

（二）装修合同纠纷

餐饮行业与其他行业不同，在一定程度上属于劳动密集型行业。为保证餐厅按时正常营业，对于一间新餐厅，企业必须从人员配备、食材供应等方面进行配合，因而对装修完成的准时性要求特别高。如果因装修方的原因导致没有按时完成装修工程，将给餐厅带来人工、食材、租金、合同履行可得利益等损失，装修方往往对此认识不够，双方容易发生纠纷。

（三）知识产权纠纷

餐饮行业的知识产权纠纷主要包括商标、著作权、商业秘密等。

1. 商标纠纷

商标是企业的重要标志，是消费者选择品牌的重要依据。特别是连锁企业，可以极大程度地获得公众认可。商标知名度的建立需要企业长期不懈的努力，既包括品牌宣传，又需要产品把关。有些企业为了搭便车，常假冒知名品牌，不但误导消费者，对于知名品牌而言也是一种不正当竞争的侵权行为。

相关案例如"太兴饮食管理（中国）有限公司、新会区太兴餐厅与侵害商标权纠纷一案"，[1] 江门市中级人民法院经审理后认为：

> 关于新会区太兴餐厅是否侵犯了太兴公司第 13396318 号、第 5414338 号注册商标专用权的问题。太兴公司是第 13396318 号、第 5414338 号商标的注册人，太兴公司享有的商标专用权应受到法律保护。新会区太兴餐厅在正门及侧面使用字样作为招牌，其经营的饮食店与上述两注册商标核定使用的商品类别为同一类项目，且经对比，新会区太兴餐厅正门与侧面招牌的繁体字"太兴"的字体、分布均与第 13396318 号注册商标一致，改为简体后文字亦与第 5414338 号相似，太兴餐厅使用上述两招牌，足以造成消费者混淆。而且，太兴公司的上述注册商标相对新会区太兴餐厅的工商登记注册在先，且经营范围均为饮食行业，新会区太兴餐厅使用"新会区太兴餐厅"作为登记字号，是一般注意力难以区分的，容易使相关公众产生误认。因此，一审判决认定新会区太兴餐厅侵犯了太兴公司第 13396318 号、第 5414338 号注册商标专用权并判令新会区太兴公司停止侵权，并无不当，本院予以维持。

本案涉及经营者字号与商标保护的冲突问题。毫无疑问，两者均应当受到保护。但当两者发生冲突时，江门市中级人民法院的处理无疑是正确的。法院的判决首先确认了在先使用原则，如果新会区太兴餐厅登记在"太兴"商标注册之前，仍可以在原先范围内使用。其次，经营字号不得扩大使用，不得使消费者将字号与商标视为一体。显然，新会区太兴餐厅的招牌已经使消费者产生误认，这种误认构成侵权，是不恰当的。比较欠缺的是法院判决的赔偿金额略偏保守，不利于对侵权行为的打击。

2. 著作权纠纷

餐厅制作的菜单是顾客选择菜品的最直接依据。一份制作精美、图文并茂的菜单有利于客人的选择。餐厅拍摄制作的菜单享有著作权，未经同意擅自使用其他餐厅图片的行为构成侵权。

相关案例如"南京千利休餐饮管理有限公司与宁波市鄞州钟公庙星怡饮品店著作权权属、侵权纠纷一审"案，[2] 宁波市鄞州区人民法院经审理后认为：

> 涉案汴京茶寮系列美术作品中，文字"汴京茶寮"在点、撇等笔画上进行了变

---

1 "太兴饮食管理（中国）有限公司、新会区太兴餐厅与侵害商标权纠纷一案"[（2020）粤 07 民终 4163 号]，文书全文 https：//wenshu.court.gov.cn/website/wenshu/181107ANFZ0BXSK4/index.html?docId=011ff3bb9b14479bb683ac9e002cf68d，2022 年 6 月 4 日最后访问。

2 "南京千利休餐饮管理有限公司与宁波市鄞州钟公庙星怡饮品店著作权权属、侵权纠纷一审"案[（2019）浙 0212 民初 15305 号]，文书全文 https：//wenshu.court.gov.cn/website/wenshu/181107ANFZ0BXSK4/index.html?docId=9af6051b20db4ac99919ac4400a9633c，2022 年 6 月 4 日最后访问。

化，区别于一般字体，桃子、茶坛、桃妖、泡茶人等美术形象均具有手绘的特点，且原告将上述一系列美术作品用于"伏见桃山"（原名汴京茶寮）饮品店的装修、宣传、产品包装等处，使之具备了区别于其他饮品店的独特风格，具有一定的独创性。根据《最高人民法院关于审理著作权民事纠纷案件适用法律若干问题的解释》第七条的规定，当事人提供的涉及著作权的底稿、原件、合法出版物、著作权登记证书、认证机构出具的证明、取得权利的合同等，可以作为其取得权利的证据。原告提供了作品登记证书、作品源文件、张军及庄宇的著作权许可使用协议，足以证明原告对涉案《汴京茶寮》《汴京茶寮-雪姬》《汴京茶寮-奶油茶系列》等系列美术作品享有著作权，原告主体适格。被告在其店招门头、宣传海报、杯套、购物纸袋、菜单、杯身上使用的"汴京茶寮""白桃乌龙棉花糖""茶坛""泡茶人""庙前红豆冰""花月诗酒茶""红豆刨冰海报"等图案均与原告享有著作权的涉案作品完全相同；"桃子"、"雪姬"海报、桃子杯套、"桃妖"、"祥云"、"草莓季菜单"、"茶"字灯箱、"茶寮"灯箱、"北海道草莓牛奶杯套"等图案与原告作品虽非完全相同，存在桃子的叶片差异、"茶"字部分笔画不同、海报背景颜色差异、桃妖身体部分无点、祥云与桃子茶坛图案组合排列差异、菜单内容不同等差异，但上述差异点较小，视觉效果上基本一致，从字体、风格、构图、色调等方面来看，可以认定源于同一幅作品，因此，被告的行为侵犯了原告对涉案美术作品的复制权、获得报酬权，应承担停止侵权、赔偿损失的民事责任。被告抗辩认为其使用涉案图案均来自案外人联展公司授权，应由联展公司承担责任。本院认为，庭审中被告向本院出示其与联展公司之间的合作协议书原件，法庭辩论终结后其表示会提交复印件并取回原件，但在本院指定的期限内未提供合作协议书及其他证据证明其店铺内的图案使用源于联展公司，故本院对被告的该项抗辩意见不予采纳。

3. 职务侵占

生鲜食材由于不能储存，餐饮企业必须每天采购，这就使得有些供应商是不固定的，无法直接与企业进行结算，都由采购员领取款项后支付给供应商。这种交易流程使得别有用心的采购员利用职务之便侵占公司款项。

相关案例如"王雷雷职务侵占一审"案 [（2017）鲁 1625 刑初 184 号]，[1] 博兴县

---

[1] "王雷雷职务侵占一审"案 [（2017）鲁 1625 刑初 184 号]，文书全文 https：//wenshu.court.gov.cn/website/wenshu/181107ANFZ0BXSK4/index.html?docId=f7dd0f122c8e4c549369a839017b54da，2022 年 6 月 4 日最后访问。

人民法院经审理后查明：

2015年8月至2017年3月，被告人王雷雷在山东京博控股股份有限公司总务部担任餐厅食材采购员，负责食材采购。期间，王雷雷为滨南物流有限公司、博兴诚顺物流有限公司等餐厅采购食材时利用职务之便，到公司财务部门将赊欠食材供应商的货款466494.6元报销后未支付给供应商，而是将该报销款项截留并占为己有。后经查实，被告人王雷雷已将上述款项全部用于玩"红人直播""开心消消乐"等游戏。

4. 商业秘密

餐饮企业的商业秘密包括食物制作配方以及客户名单。食物制作配方主要指制作各个产品的配比、工序等。食物配方需要多次试验，是餐饮企业智慧、能力的体现，应当予以特别保护。

客户名单主要指食材采购名单。餐厅出品的质量与食材供应的品质密切相连，唯有好的食材才能制作出出色的产品，对餐厅而言采购客户的名单尤其重要。因为菜式不属于保护范畴，"清煲黄花鱼"任何餐厅都可以出品，但模仿者难以超越原创团队的主要原因就是食材的供应渠道。比如湛江某餐馆推出的"油盐焗海立鱼"，做好这道菜除了厨师的手艺外，选用珠江入海口、咸淡水交界处海养的黄脚立是关键。

餐饮企业商业秘密能否得以保护还有赖于保密制度的建立，关于商业秘密保护，其他章节有专门的讨论，在此不再赘述。

四、高科技企业常见纠纷与防范

（一）知识产权纠纷

知识产权是高科技企业的核心竞争力、生命力，高新技术企业知识产权纠纷的防范应从相关管理制度的建立抓起。

首先，应重视技术秘密的保护，一项技术成果在没有完全研发成功之前，尚不能获得公开保护，唯有在起步阶段进行秘密保护，方能根据实际情况进行公开保护。

其次，根据需要进行登记、申报。比如对于软件著作权，要及时进行登记。登记不但可以作为权属证明，还可以作为完成时间证明。此外，对于已经完成的工作，可以进行相关知识产权申报，以公开的方式获得保护。

最后，高新技术企业应实时对市场流通的产品进行监控，一旦发现侵权行为应及时予以制止。

（二）核心员工行为规范

对高新技术企业影响比较大的当数核心员工的行为规范。主要包括两种情况，一种情况是在职员工泄露企业秘密，另一种是员工离职从事同类竞争业务。这两种情况对企业经营都将带来重大影响。法律顾问必须协助企业做好企业秘密保护以及竞业限制规章的构建，防患于未然。

五、创业初期企业常见纠纷

（一）投资人与创业股东的关系

通过前期的人才、资本、知识的积累，我国经济正处于高速发展期，各行各业不断创造出神话，许多新创企业应运而生。这些企业有好的创意，有全新的技术理念，缺乏的往往是资金，创业股东与投资人的紧密结合，是企业成功的点金石。如何平衡投资人与创业股东之间的法律关系，避免相互掣肘，是创业型企业首先需要面对的问题。这就需要在股权架构、股份比例、一致行动人方面提前做好设计。

（二）股份决策权与收益权的分离

对于一些有特殊贡献的员工，为了体现员工与企业的共同成长，同时也为了保持员工的稳定性，企业往往同意出让或赠送一定的股份。完全的股份不但代表收益权，而且代表决策权，这与创业股东的初衷并不相符。有鉴于此，为创业型公司构建股份收益权与决策权的分离很有必要。

第 7 讲

律师业务开拓

　　同为法律职业共同体，法学院教授勤于治学，即可获得对法律的研究与教学成果。律师职业则不同，律师的主要工作是为当事人提供法律服务，必须要依靠外在因素——获得当事人的委托。这是律师发挥作用，体现价值，解决温饱的前提。同时，律师为当事人提供法律服务可以转化为经济价值，法学研究则不然，其体现的是无偿的贡献。19 世纪德国法学家耶林提出的缔约过失问题，这一理论保护了缔约过程中合同当事人的利益，更大程度上实现了法律的公平价值，包括我国《民法典》第 500 条亦确认了这种缔约过失责任，[1] 全球的人都因此获利，但没有人需要向耶林支付任何费用。而且，律师获得当事人委托的路径与同为专业人士的医生不同，医生无须去寻找病人，而是由医院统一负责，医生只管坐堂问诊，自有患者主动前来。因此，对于律师而言，如何获得案源尤其重要，可以毫不夸张地说，案源是律师生存、发展的前提。

　　由于律师行业的特殊性，禁止律师通过广告的方式推广业务，律师业务的推广只能靠"窄"告——口耳相传。此外，认清法律服务市场的要素，遵循市场规律，有助于律师业务的开拓。

　　本讲我们主要探讨法律服务市场概况，影响律师获得业务的重要因素，如何获得案源等。

1　根据《民法典》第 500 条的规定，应当为故意，而非过失，或者称之为缔约过错责任。

第一节　法律服务市场概况

法律服务市场由供方——律师事务所（律师）和需方——法律服务购买者组成。

一、法律服务市场的供方

虽然接受委托的是律师事务所，但实际提供法律服务的是律师。抛开法律意义上的合同相对人，从市场开拓实际运行的角度，法律服务市场的供方包括律师事务所、律师团队、独立执业律师。

（一）律师事务所

作为法律服务市场供方的律师事务所是指那些品牌大所，比如盈科、德恒、大成、锦天城等。这类律师事务所具有完善的管理制度，遍布全国的分支机构，已经在全国建立一定的知名度，所的品牌在法律服务市场具有竞争优势，便于获得案源。一般的律师事务所不属于本节所讨论的供方，因为这些机构对市场选择不发生作用，案件基本由主办律师把持，律师到哪里当事人到哪里。

（二）律师团队

律师团队是指在律师事务所内，由数量不等的 3~5 名律师为共同承办案件组成的集体，分为紧密型律师团队与松散型律师团队。紧密型由 1~2 名核心律师，再搭配其他数名执业律师，其他律师的报酬由核心律师负责。松散型的律师团队系因特别项目而临时组建，共同完成项目工作，根据项目收入进行合理分配，随项目的结束而解散团队。

组建律师团队的优势在于可以接受复杂案件的委托，提高专业性，在获得案源以及办案质量方面有更大的保障。需要注意的是紧密型案件需要案源的支撑，否则难以为继；松散型律师团队后继乏力。两者各有利弊。此外，紧密型律师团队对核心律师的个人能力要求比较高，既需要优秀的专业知识，还需要业务开拓能力，能够调动大家的工作积极性。无论哪种律师团队，科学、合理的分配机制是关键。

（三）独立执业律师

这是法律服务市场供方的主力军，大约有 80% 以上的律师属于独立执业律师。如果将松散型的律师团队也归于此，比例恐怕更高。之所以如此，一方面是由律师的工作特点决定的，律师的工作具有相对独立性，许多案件可以独立完成；另一方面，组建团队确实不易，不但需要团队成员相近的价值观，还需要科学、公平、合理的分配机制。

二、法律服务需方

只有了解法律服务市场的需方，律师才能做到有的放矢。需方具体包括：

（1）各级政府及相关部门；

（2）国有大、中型企业；

（3）银行、金融机构；

（4）上市公司；

（5）各类中、小型民营企业；

（6）自然人。

根据需方的不同类别，呈现以下特点。

其中（1）到（4）数量少，服务费高；其余的案件数量多，服务费少。与上述法律服务供方相对应，律师事务所以及律师团队适合（1）到（4）类主体，独立执业律师适合其余类型的主体。为规范管理，在购买法律服务时，前者一般通过招投标方式，后者通过当事人自行协商的方式。

三、法律服务的类型

律师可以提供的法律服务大体分为以下几大类：

（1）代理各类民事、行政诉讼案件；

（2）代理各类民事仲裁案件；

（3）担任刑事案件辩护人；

（4）担任政府部门各个企事业单位的法律顾问；

（5）为企业上市、并购提供法律服务；

（6）担任破产管理人；

（7）审核各类合同；

（8）遗嘱执行人。

其中担任破产管理人不是基于委托，而是基于破产管理机构的摇珠。

四、最佳供方

鉴于诉讼的不可逆，委托人在选择律师时会非常慎重，否则造成的损失将无法弥补。

（一）卓越的专业知识

律师提供的是法律专业知识服务，这是需方购买的核心内容，供方必须保证承办律师具有与待办事项相匹配的法律专业知识，特别是有类似的代理经验。因为有些案件只有代理过才有深刻体会，能够就案件中存在的核心问题快速提出专业意见。比如在建设工程合同纠纷中，就造价鉴定存在两种标准，一种是按定额鉴定，另一种是按合同鉴定，两者有时相差很大，承办律师如果处理过类似案件，可以快速应对，否则将不明就里。

律师卓越的专业知识还体现在对案件精准的预测上，尽管律师不掌握审判权，但法官判决的依据是公开的法律，这是律师精通的范畴。对案件的预测包括案件的处理周期、案件可能的裁判结果、案件的争议焦点以及不利因素，最终给出案件处理的建议。

（二）最有利于委托人

有些律师为了获得案源，没有从最有利于委托人的角度对案件作出客观评估，而是一味怂恿当事人进行委托。特别是有些纠纷通过协商可以解决，没有必要委托律师，如果进行委托，不但增加当事人的成本，有时还不利于矛盾的解决。正确的方式是律师客观评估案件情况，客观陈述有没有必要委托律师处理？委托具有哪种专长的律师处理？这并非失去机会，从长久而言是获得委托机会。因为勉为其难的委托，肯定达不到预期结果，还可能发生互相埋怨的情况。而律师客观陈述本案的代理情况，即使作出否定性的建议，获得的一定是当事人的信任，为下一次合作埋下伏笔。

（三）良好的服务精神

即使律师提供的是法律专业服务，但当事人毕竟支付了相应的报酬，当事人希望律师具备良好的服务精神，想当事人所想，急当事人所急，实现当事人的委托目的。

有些律师没有摆正自己的位置，以善意为挡箭牌不尊重当事人的意见，这是非常不可取的。

（四）充足的服务时间

当事人一方面希望将法律事务委托给专业的律师，同时又知道越专业的律师越忙碌，因此，获得充足的服务时间是当事人达到委托目的的保障。

（五）合理的收费标准、方式

对于大多数当事人而言，律师费并非越便宜越好。当事人已经接受根据律师的不同资历支付律师费，只要律师费公平、合理，对照省物价厅的相关标准，当事人还是可以接受的。

（六）客户最排斥的律师

1. 不专业，不能娴熟地运用法律知识。

2. 没经验，对处理的法律事务非常生疏。

3. 不敬业，没有认真对待客户的委托。

4. 没有契约精神，不遵守合约，擅自提出变更合同的要求。

5. 不守时。

6. 夸大其词，不实事求是。

7. 以专业为借口，不尊重委托人意见。

研究结果表明，没有与客户形成良好互动的律师容易发生律师费纠纷，甚至在当事人与律师事务所之间发生诉讼。[1]

五、理想的需方

在法律服务市场供大于求的情况下，许多律师为了获得案源，对任何委托人的案件不加选择地予以接受，实际上这种方式并不可取。对于不合适的委托，律师要予以拒绝。

（一）认可供方提出的法律服务方案

法律服务方案既体现律师对案件的处理方式，同时也体现了律师处理事务的价值观。比如面对原告的起诉，如何处理则体现了不同的价值观。

方案一：如实询问欠款的真实性，如果真实争取与对方协商，给一个还款期。如果确实无力归还，可以考虑放弃答辩，由法院判决。

方案二：马上提起管辖权异议，不论是否有道理，先拖延再说。管辖权异议被驳回后，再提起上诉，如此一来，长则一年半载，短则 3~5 个月。

除非双方同时选择方案一或方案二，如果双方选择不同，又不能达成一致意见，双方很难愉快地合作。这两种方案实际上代表了两种价值观，方案一实事求是；方

---

1 [美]史蒂芬·克里格、理查德·诺伊曼：《律师执业基本技能》，五南图书出版有限公司 2010 年版，第 29 页。

案二缺乏诚信，恶意利用法律规则。

（二）尊重律师的工作时间

律师以提供法律服务进行工作，因此，时间是律师的重要工作成本。除非紧急事项，一般情况下应当在工作时间与律师联系。又除非律师费采用计时收费模式，非必要不要打搅律师工作。

（三）不向律师提出不当要求

有些委托人，为了获得理想的代理结果，常希望律师就案件结果作出肯定性的承诺。有些委托人还以律师的法庭言论作为佐证，当事人认为，自己与律师共同参加了庭审活动，在法庭审理阶段律师陈述自己应当胜诉。这里当事人混淆了一个概念，这是一种诉讼观点，是否获得支持还得法官最终判决，并非以律师的观点为准。

（四）客观、理性面对不利局面

案件裁决结果理想，各方皆大欢喜。一旦出现不利局面，委托人难免埋怨律师，说律师没本事、不尽责等的都有。更有甚者解除委托，拒绝付款。

实际上，案件不利结果的出现不见得与律师有关，除非律师庭前准备不足、开庭应对不当、庭后联络不及时。

案件裁决结果不理想确实令双方不悦，但这丝毫解决不了问题，沉浸于埋怨中只会使案件往更坏的方向发展。在这个过程中，律师要勇于担当，为委托人客观分析一审不利结果的原因，二审如何应对，在获得委托人同意后开展工作。

我们曾代理过一个拒不支付劳动报酬的案件，我们认为嫌疑人的行为不构成该罪，一审法院没有采纳我们的辩护意见，判决罪名成立。此时，单位的法定代表人已经被关押三个多月，面对这种不利局面，我们从该罪的立法构成、本案的实际情况、一审判决存在的问题等角度进行分析，提出一审判决错误，应当立即上诉的法律建议。公司领导研究决定，同意我们提出的方案。在上诉过程中，二审法院认为一审法院实事认定不清，发回重审，后检察院撤回对案件的公诉，法定代表人被无罪释放。

这个案件最终获得法院支持，完全在于委托人与律师的共同努力，最重要的是委托人的信任。试想，对于这么一个案件，法定代表人已经被关押，如果此时相互埋怨，结局就是相互推卸责任，于事无补。

（五）按时支付律师费

这是当事人的基本义务，也是对律师尊重的体现。如果委托人不及时支付律师费，律师不值得为这样的委托人提供法律服务。

第二节　影响律师获得业务的重要因素

在探讨影响律师业务开拓因素之前，我们先考察某公司因法律业务需要，对律师服务进行招标的文件。研究下列文件的内容可以发现当事人选择律师的标准。

一、信誉要求：投标人不得存在以下任何一种情形（须提供相关网站截图及诚信承诺书）

a. 在"信用中国"网站存在严重失信主体名单信息；

b. 在"中国执行信息公开网"被列入失信被执行人名单；

c. 被招标人列入供应商诚信黑名单或处于处罚期的；

d. 法律法规规定的其他情形。

二、服务方案投标项目评分标准

（一）方案讲解（40分）

（1）投标人熟悉项目，能准确归纳关键性问题；

（2）投标人熟悉相关法律及程序，代理方案全面、高效、可行；

（3）投标人主办律师有丰富的类似项目服务经验，熟悉相关工作流程；

（4）投标人表达能力及敬业精神较好，意愿倾听客户需求并积极合作。

以上各项评分标准为：优秀得8~10分，良好得5~7分，一般得0~4分。

（二）历史业绩（10分）

（1）投标人项目团队律师承接过至少2宗涉房地产类金融或债券融资类纠纷案件，在2宗的基础上，每提供多1个案件承办业绩得2.5分，最高得5分；（需提供委托代理合同、专项法律服务合同等相关材料的关键页扫描件）

（2）项目团队律师2018年至今担任的房企或金融机构的法律顾问的数量（被同一企业多次续聘的仍算1个），提供一个得2.5分，最高得5分。（需提供委托代理合同、专项法律服务合同等相关材料的关键页扫描件）。

（三）团队成员

（1）投标人拟派项目团队人员不少于3人，且项目负责人须为律所合伙人（须提供律协备案查询或律所的合伙人登记证书等证明材料），执业律师平均执业年限最高的前2名得5分，依次排序的3~6得4分。（须提供律师执业证扫描件及年审合

格记录页）

（2）投标人拟派项目团队的执业律师拥有的社会职务身份（房地产业相关行业协会/商会、广东省/深圳市的负有房地产监管职能的政府机构法律顾问、人大代表、政协委员等类似职务）需提供相关任职聘书扫描件等证明文件，有1个类似职务身份得2.5分，最高得5分，最低0分。

（四）投标报价

（1）本项目共计四项司法处置回款计费费率，分别为：12个月以内（含）费率、12个月以上—18个月以内（含）费率、18个月以上—24个月以内（含）费率、24个月以上费率，每项费率均单独评分，满分为10分，合计40分。

（2）所有有效投标人计费费率中的最低费率作为评标基准，得满分10分（若最低费率低于次低费率的80%，则以次低费率为评标基准，次低费率为满分）。

（3）投标人计费费率与评标基准相比，每高或低于评标基准五个百分点扣0.25分，相差不足五个百分点按比例扣分，计算结果四舍五入、保留2位小数。回款费率相同，得分相同，最低得0分。

一、信誉度

信誉度反映了投标人的守约程度、履约能力，可以给招标人一个初步的合作可行性依据。根据招标文件，信誉度的评价依据是有否被列入失信。失信实际上是最低限度的可信度，完全不用考虑合作事宜，因为列入失信名单的主要指未履行生效判决的投标人。除失信之外，评价投标主体信誉度的重要指标还包括涉诉信息、涉诉内容。前者反映投标人是"有讼"者还是"无讼"者，成立时间长、涉诉案件少的投标人，具有更强的化解纠纷的能力，合作信誉度高。对涉诉案件数量进行有效修正的是涉诉内容，通过查询判决文书，可以查找双方争议内容以及法院的裁判理由，即使涉诉案件多，但对基本事实的主张获得法庭支持的投标人，仍具有较高信誉度。

这些年我国对于市场主体的信誉度非常重视，建立了相关评价体系，这对于引导市场主体诚实守信具有积极意义。我国历来重视"童叟无欺"的经商理念，但这只是市场主体的自我约束行为，没有上升到必须遵守的法律制度，诚信体系的建立唯有从国家层面才可以获得解决。市场主体信誉度的建立是一项必须长期坚持的工程，目前已经取得显著成效，大家对于及时归还信用卡、房屋按揭贷款等均非常重视，信誉还关乎子女报考公务员等，不得不说信誉已经跟每个人息息相关。

舍利取义，谓之诚信。反之，见利忘义，谓之不诚信。从利的角度建立诚信体系，使失信者无利可图，守信人有利可牟，无疑从根本上消灭失信动机，夯实了诚信的根基。信之失守，最具有决定因素的是利益。"童叟无欺"在于获得一个好名声，从而吸引销售，扩大利益。见利忘义也是如此，忘义是由于见利，如果不见利则无须忘义。任由失信横行，守信人无利可图，最终劣币驱逐良币，全社会都将陷入失信泥潭。诚信体系建立以后，失信的或许可以获得短期利益，但从长期而言，守信者可以获得更长远的利益，以此促进人们守信。

二、专业知识

归根结底，律师为当事人提供的是法律专业服务，精湛的专业知识是律师获得案源的首要因素。从专业的角度分析案情是律师最基本的功底，也是招标人考核律师最重要的方式。根据招标文件，承办律师要准确概括案件争议焦点，熟悉案件流程，实质就是对律师的专业知识进行考核。概括争议焦点就是对案件的事实以及法律适用进行考察，承办律师应精准理解案件事实，设计与之匹配的解决方案，这是律师提供法律服务的第一道程序。在此基础上，律师方可设计服务方案，确定诉讼请求，寻找法律依据。

熟悉案件流程包括采取何种解决纠纷的方式——诉讼或仲裁；是否需要申请财产保全，是否需要申请鉴定；证据目录如何罗列，证明内容如何主张等。这些内容无不是考核律师对于法律专业知识的掌握。

对专业知识如何进行客观评估？一般可以考量以下方面。

（一）执业年限

律师是一门实践性非常强的职业，执业年限是律师提高专业知识的首要路径，唯有经过时间的历练，律师的信誉度、专业度方可得以印证。

（二）类似项目经验

以类似项目经验选聘律师可谓对待选人员精准定位。我国虽然没有强行将律师按专业领域进行分类，但实践中不同律师有自己擅长的领域是不争的事实。形成这种现象的原因一方面是个人兴趣，另一方面有一些必然因素。比如原来从事刑事、税务、海关职业的人士转行做律师，从事相同领域的法律工作顺理成章且具有明显的优势。

社会矛盾错综复杂，与之相对应的有不同的法律规范。民事纠纷适用民事法律规范，刑事案件适用刑事法律规范。即使在同一法律规范内，比如在民事纠纷内，又分为合同纠纷、侵权纠纷、物权纠纷等。最高人民法院颁发的《民事案件案由规定》即是不同类型纠纷的分类。具备类似项目经验是律师提供合格法律服务的前提保障。虽然我国是单一法域，不存在法律适用不统一的问题，但非诉律师很难担当诉讼事务，诉讼律师在接受非诉业务时亦难免打怵。从另外一个角度，类似项目经验实际上可以更有效地保护当事人的合法权益。比如在申请财产保全案件中，如何确定申请保全的财产种类以及先后顺序，如果没有类似经验，难免将所有财产一股脑儿地予以申请，但经验丰富的律师一定会区别对待。其一，财产保全申请采用的是"一造审理主义"[1]，即基于一方申请即可裁决。其二，诉讼法对财产保全规定的篇幅较少，主要内容在于不得超额查封。其三，财产保全对当事人影响重大，既关系着原告权益的保护，又关系着被告利益的平衡。从对被告保全财产的种类考察，有银行存款、不动产、其他权益，在满足限额内如何查封，唯有类似经验的律师方能更为灵活地处理。通常而言，申请查封财产的顺序是，优先查封银行存款，因为这最有利于执行。对于抵押物的查封应谨慎考虑，这是因为如果查封，则由于限额问题不能再查封被告的其他财产；如果不查封，由于抵押权的存在原告具有优先受偿权。不同的是被其他法院首封，则处置权在其他法院。

经验问题之所以重要在于经验关系着当事人的重大利益。经验不涉及合法性问题，纸上谈兵非经实践，经验永不可获得。也就是说，如果没有经验验证，律师设计的方案即使存在疏漏之处，包括律师在内的任何人都很难发现，遑论改正。没有经验的另外一个后果就是损失不可挽回。比如前述问题，如果原告选择查封抵押财产，由于抵押物足值，原告无法申请法院继续查封被告的抵押财产，直接后果是可能无法执行被告的银行存款，只能眼睁睁地看着被告转移银行存款而无能为力。

如何客观评估承办律师的类似办案经验？可以在中国裁判文书网上以律师事务所及律师姓名作为检索条件进行查询。[2]输入上述关键词之后，投标律师的所有承办案件都会得到显示，包括办理年份、审判级别、审理地域等。统计、研究这些数据，研读相关裁判文书，可以对律师办案经验作精准比较。

1　徐朝阳：《中国古代诉讼法·中国诉讼法溯源》，中国政法大学出版社2012年版。第22页。

2　裁判文书网上没有将律师资格证号或执业证号作为检索项目，这导致重名律师无法区别。

三、良好的服务态度

招标文件中"愿意倾听客户需求并积极合作"就是指律师应当具有良好的服务态度。有律师笑称，宁愿做厨师，不愿做律师。这是因为厨师在餐厅工作，前来餐厅享受美食的人无不眉开眼笑、心情愉悦；而去找律师的，都是些因为有烦心事而愁眉苦脸的人。虽然是笑话，但有一定道理。律师面对的是诸多受到法律问题困扰的人，有的是合作伙伴欠债不还，还有的是正当权益无端受人侵犯，大家都是迫不得已寻求律师帮助。有许多当事人从未遇到法律事务，不知道如何与律师打交道，这就要求律师具有更好的服务态度。

（一）基于专家责任全面考虑当事人的委托事项

当事人与律师之间虽然是委托人与被委托人的关系，但由于法律事务的专业性，当事人对于委托事项并不能全面描述。基于这种情况，律师必须基于专家责任全面向当事人介绍相关法律规定，不能因委托人没有提出而予以规避。比如当事人就诉讼案件进行委托时，并不知道"两审终审"的法律制度，律师在接受委托时应对此予以说明，不能揣着明白装糊涂。对于代理程序，当事人不问，律师也不介绍，先促使当事人签了一审合同再说，待二审程序发生后，再另行要求当事人缴费，不缴费就不代理，反正协议中没有包含二审程序的说明。这样的行为毫无诚信，有损律师的名声。对于此类案件，律师必须向当事人全面介绍案件可能发生的程序，以免当事人误解只委托一次就可以解决整个案件。此外，对于办理案件过程中反诉是否另行收费，当事人所缴纳的律师服务费是否包含异地差旅费等均应当向委托人予以说明，且在合同中明确注明。

在设计当事人诉讼请求时亦应当如此，应当依据法律规定为当事人全面主张其应有的权益，不能有所遗漏或擅自主张放弃。即使根据实际情况对诉讼请求确实需要予以取舍，亦应先全面介绍，在征得当事人同意后实施。

（二）理性回应当事人诉求

基于解决纠纷的迫切性，当事人在委托律师时常常存在各种不理性的行为。比如事实理由的多次重复，为获得有利判决不惜弄虚作假，对于这些问题，承办律师一定要理性回应。

律师要理解当事人的迫切心情，当事人多次重复主要为了强调，担心自己由于没有陈述清楚而影响权益的维护。而我国的律师基本上没有实行计时收费，律师无法不计时限地倾听，在这种情况下，有些律师会表现得对当事人不耐烦，而当事人也会对律师产生不满。实际上各方都没有清楚产生这种问题的原因。律师作为委托事务的主导角色，应对此负主要责任。为防止这种情况出现，可以引导当事人提交书面陈述，告知唯有如此才更便于律师团队全面了解事实。这样既有利于当事人的接受，也避免不必要的时间浪费。

还有一种情况是当事人为了获得有利裁决不惜弄虚作假，此时律师应主动抵制，告知其虚假诉讼的危害性，让当事人知晓虚假陈述未必能取得理想的后果，一方面主审法官常年审判此类案件，早已练就一副火眼金睛，明察秋毫；此外，对方当事人对于弄虚作假事宜必定穷追猛打，最终结果是反受其害。如果当事人执意不听，承办律师不应贪图一时之利，而应当果断放弃，退出代理。

四、合理的收费标准

根据上述招标文件，收费标准在总评分中的比重为40%，貌似没有服务方案高，但收费标准的评分标准非常刚性，在服务方案区别不大的情况下，报价是能否获得中标机会的关键。

招标人倾向于哪种类型的报价方案？既不是最高的，也不是最低的，而是适中、最能体现服务价值的。招标人并不希望投标人以超低的价格中标，对于价格偏低者，招标人还要求其进行说明，因为一定的报酬是获得优秀服务的保障。因此，如何设计合理的报价方案是获得中标机会的关键。

（一）律师收费的种类

根据社会生活实际情况以及行业特点，司法行政部门以及物价管理部门将律师收费标准概括为四种，分别为计件收费、按标的比例收费（标准收费）、风险收费、计时收费。律师与当事人之间实际采用的收费方式除前述四种之外，还有一种为综合收费。

1. 计件收费

计件收费主要适用于与财产无关的案件，比如宣告为限制、无民事行为能力人，宣告失踪、死亡等。

2. 标准收费（按标的额收费）

这种收费方式是指根据案件的标的大小、难易程度，双方约定律师费的收取金额。律师费的支付标准以及条件与案件办理结果无关。

根据《广东省物价局、司法厅律师服务收费管理实施办法》（粤价〔2006〕298

号），根据案件类型，标准收费实行相应的收费指导标准：

一、政府指导价案件收费标准

（一）刑事案件收费标准

（1）侦查阶段：2000~6000元/件

（2）审查起诉阶段：6000~16000元/件

（3）审判阶段：6000~33000元/件刑事自诉、担任被害人代理人的按上列标准执行。

刑事案件因时间或地域跨度极大、属集团犯罪和其他案情重大的、复杂的，可以在不高于规定标准1.5倍之内协商确定收费标准。

（二）民事、行政案件收费标准

1. 涉及财产的民事、行政诉讼收费标准：在收取基础费用1000~8000元的基础上再按其争议标的额分段按比例累加计算收取：

5万元(含5万元)以下：免加收

5万~10万(含10万元)：8%

10万~50万(含50万元)：5%

50万~100万(含100万元)：4%

100万~500万(含500万元)：3%

500万~1000万(含1000万元)：2%

1000万~5000万(含5000万元)：1%

5000万元以上：0.5%

2. 不涉及财产的民事、行政诉讼：3000~20000元/件。

这种收费方式的好处是标准比较具体，当事人与律师事务所商讨价格时有参照的标准。但也有不利之处，主要在于当事人从心理上不好接受。因为这种收费方式与案件的裁判结果无关，即无论裁判结果是否达到当事人逾期，当事人均需根据约定的标准收费。

3. 风险收费

双方商定案件的办理结果，根据办理结果是否达到决定是否收取律师费。凡达到案件办理结果的，则收取律师费，否则当事人无须缴纳律师费。

这种收费方式的好处是可以极大程度地消除当事人的顾虑，当事人无须面临没打赢官司又支付费用的双重打击；缺点是相对而言比较贵，但只要当事人接受，不失为一种合适的选择。

实际中，采用风险代理的收费方式应注意如下问题。

一是有些案件不适用风险代理，主要包括《律师服务收费管理办法》（发改价格〔2006〕611号）第11条规定的案件：（1）婚姻、继承案件；（2）请求给予社会保险待遇或者最低生活保障待遇的；（3）请求给付赡养费、抚养费、扶养费、抚恤金、救济金、工伤赔偿的；（4）请求支付劳动报酬的等。第12条：禁止刑事诉讼案件、行政诉讼案件、国家赔偿案件以及群体性诉讼案件实行风险代理收费。

二是风险收费不得超过一定比例。

三是风险收费仅指最终是否收取律师费，不包括能不能收到律师费。这句话的意思是对于同意风险收费的案件，必须要求当事人足额支付律师费（或采取同类方式），律师只能承担多退少补的风险，不应当承担其他诸如当事人收到款项后拒绝支付律师费的风险。

4. 计时收费

在一定程度上，这种收费方式最为公平，缺点是总收费不封顶，律师无法为当事人作出准确预算。这种收费方式国外当事人比较喜欢采用。

5. 综合计价方式

综合收费方式既具有按比例收费的特点，又具有风险收费的优点。具体方式为当事人预付一部分费用，这些费用大体相当于律师的基本支出。在此基础上，再约定一个律师费的收费条件，符合条件则收取后续律师费。

五、律师开拓业务的误区

除上述正当性因素外，无论当事人还是律师，都存在一些认识误区，误将某些不正当因素作为正当性因素予以考察。

（一）与司法人员的关系

有些当事人将其作为选聘律师的重要条件，还有些律师将之视为推广业务的核心竞争力。从海南省高级人民法院副院长以及最高人民法院相关领导腐败案中可以发现，与司法人员的特殊关系或许一时可以获得有利裁决，但最终要为这种违法事件承担责任。

（二）对案件胜诉的承诺

作为当事人，基于求胜心切的心理提出这样的要求无可厚非，但作为专业律师，顺应当事人的要求就显得有些见利忘义了。律师毕竟不是法官，不掌握审判权，何来对案件的胜诉承诺？此外，律师只听了片面之词，并未对案件进行全面了解，对案件进行胜诉承诺有何依据？况且，案件还有上诉和再审程序，一审胜诉并不能代表此后的其他程序胜诉。这种对当事人的胜诉承诺毫无依据且损害律师声誉，不利于长久发展。

律师对案件的胜诉承诺无非希望获得代理，但对案件胜诉承诺后，一定能够获得案件的代理吗？恐怕未必，如果当事人是明白之人，或经当事人亲友劝告，胜诉承诺的律师即使已经获得代理委托，可能也会被解聘。

（三）物质条件

为了拓展业务，有些律师不惜以名贵服饰进行包装，开豪华汽车，在繁华之地租赁高档写字楼，以为这些因素可以吸引当事人，从而获得委托。

包装最能发挥作用的是商业领域，不适用于律师领域。因为在商业领域内，资产实力是获得生意的重要方式，这些排场是实力的表现。律师领域则不同，律师能否办好案件的关键在于渊博的专业知识以及对案件的认真程度，律师提供的是法律专业服务，这些服务与财富的多寡无关。没有任何现象证明最富有的律师是专业性最好的律师，律师财富的获得与从事的领域有关，比如从事金融、证券、跨国并购业务的律师，收入比其他领域的律师为高。君子务本，律师应以法律专业知识作为工作之本，只有这样的律师才不会唯利是图，不会由于律师费的因素而放弃对公平、正义的追求。

第三节　开拓业务的方式

根据前两节的分析，律师开拓业务时应注意以下问题。

一、组建（加入）律师团队

打造全国性的知名品牌对于绝大多数律师而言是不可行的，不仅仅关乎律师的精力、能力、实力，还有机会成本、投入回报、个人追求等。简便的方式是条件合适的话加入一个品牌律师事务所。

组建律师团队则是每一位律师能够做和应当做的事，不能组建紧密型的，至少可以组建松散型的。要放弃单打独斗的工作方式，尽管单打独斗的律师可以处理一些简单案件，但从专业性角度保障不够，因为任何简单案件，法律原理可能并不简单，律师团队的优势自不待言。

二、做好打"持久战"的准备

律师是值得一生从事的职业，律师的成长难以一蹴而就，对业务的期待也是如此。年轻律师在执业初期没有业务是正常现象，不要急躁，急于求成只会适得其反。

此外，初入行的律师要善于从小案件做起，先做其他人不关注的案件，一方面提高专业知识，另一方面拓展人脉。小案件做好了，给当事人留下良好印象，其他案件就有机会，甚至当事人还乐于推荐其他业务。

三、积极参与各类投标

前文所述，政府项目以及国有大型企业往往采用公开招标的方式选择法律服务的供应商。相对而言，这种方式因公开而具有非常高的公平性。从发展的趋势看，越来越多的大型项目将通过招投标的方式选择律师事务所。律师团队应关注这些招标信息，根据自身实际情况参与投标。

（一）各类招标网站

常见的招标网站有：

1. 深圳阳光采购平台

深圳阳光采购平台的网址：https：//www.szygcgpt.com/。以下是关于该平台的介绍：

一、建设背景

为贯彻落实深圳市纪委六届四次全会和深圳市属国企党风廉政建设会议精神，加强市属国企资金、资产、资源等要素交易的综合监管，防范廉洁风险，在深圳市纪委监委指导下，深圳市国资委提出建立健全"企业主导择优、交易平台运行、要素全部覆盖、过程留痕可询"的要素交易综合监管体系，依托深圳交易集团打造阳光采购平台，被列为 2018 年度深圳市纪委书记跟踪的重点改革创新项目和深圳市国资委区域性综合改革重点工作任务。

二、总体愿景

在保证企业对成本、效率、质量等全生命周期综合效益最大化的基础上，实现国企要素交易全链条、高精度、全方位的智慧监管。以"企业主导择优，交易平台运行，要素全部覆盖，过程留痕可询"为原则，以助力企业"降本增效、阳光规范"为目标，以典型案件暴露出的各类风险问题为导向，强化关键风险节点的监管。对国企采购实施有效监管，提高企业采购透明度，杜绝暗箱操作，提升国企采购专业化水平，推动国企高质量发展行稳致远。

三、平台功能

深圳阳光采购平台坚持"共建、共享、共赢"的建设理念，按照"整体规划，高位推动，协同作战，分步推进"的思路，以顶层设计为统领，以系统建设为抓手，以风险防控为重心，以服务企业为宗旨，着力打造创新示范平台。

1. 多样化的平台交易功能。以"业务流程化、流程标准化、标准数据化、数据可视化"为目标，聚焦国企采购领域的痛点和难点，高起点、高标准、高质量建设交易系统，立足采购交易主体诉求，提供功能全面、采购自主、成本低廉、实时管控的交易服务，"一站式"满足各方交易主体的需求。

2. 智慧化的全流程全链条风险防控功能。针对采购领域的突出问题进行系统梳理，设置实时监控预警提示点，智能分级，强化关键节点监管，将监测点接入交易全过程，使监督范围覆盖全流程。强化主体监督，对采购参与主体实施设置监督指标，构建多维度立体式监督防控体系。建立多指标综合评价体系，科学、合理、精准监督。

3. 创新化的一流优质服务功能。"以客户为中心"，为企业提供系统操作便捷、反馈及时、优质高效服务，助力提高企业整体采购效率。"以需求为导向"，"一站式"满足企业需求，提供各种定制化、个性化的采购增值服务。以创新为动力，根据不同用户需求提供服务，全面提升平台价值输出能力。

通过上述介绍可以看出，市属国企类的项目必须通过该平台进行交易，包括法律服务招标信息。[1]

2. 招商局集团电子招标采购交易平台

招商局集团电子招标采购交易平台的网址：https：//dzzb.ciesco.com.cn/。该平台经常发布许多与港口有关的以及招商集团下属单位的法律服务招标信息。

登录该网站可以查询到下列法律服务招标信息：深圳西部港区水域重大突发事件法律风险防范研究项目、商港融大数据股份有限公司2022年度业务合规及财务合

1　深圳市环保科技集团股份有限公司常年法律顾问采购服务项目（二次）公开招标采购公告，深圳阳光采购平台，https：//www.szygcgpt.com/ygcg/detailTop?com=Purchase&ggGuid=8fbacd68-91fb-47ea-9c07-9cd2d897e8c8&bdGuid=924b1d03-32a3-4858-9910-f6b6a6c9ed63&ggLeiXing=1&dataSource=0&type=purchase，2022年9月7日最后访问。

规法律咨询服务、中外运化工国际物流有限公司 2022 年律师顾问服务采购项目。仔细研究这些招标要求，律师可以选择参与感兴趣的项目。

3. 中国招投标公共服务平台

中国招标投标公共服务平台的网址：http：//www.cebpubservice.com/NewIndex/index.shtml。这个平台发布全国的招投标信息，与法律服务相关的内容均可以查询。

（二）调动全所力量积极投标

1. 定时浏览网站，发现招标信息

每个招标项目都有严格的投标期，如果没有及时发现，要么已经逾期，要么没有充足的时间准备。因此，律师事务所应安排专门的人员定时浏览这些网站，发现合适的项目后积极参与。

2. 调动全所的力量积极参与

从招标要求看，无不是以律师事务所作为单位进行投标，以承办律师团队的业绩进行评标。正如前文所述，律师团队的建立非常重要，否则根本无法参与这些大型项目的投标。投标时，承办团队应仔细对照招标文件要求，不能因文件问题而丧失参与资格。

在准备的文件中，客观类的材料应尽量根据要求筹备，不得为了获得高分而伪造虚假材料。作为主观条件的律师服务费报价，往往在评标指标中占有最高的权重，如何确定报价直接关系着是否有机会中标。在律师服务费报价方面，应本着能中标的原则予以明确，过高或过低都不合适，应根据团队的实际情况进行报价。

四、提高专业知名度

（一）勤于撰写专业性的文章

对于专业性的问题，律师要勤于动笔，这样知识才能系统化、理论化。而且通过撰写专业性的文章，可以获得当事人的高度认可。在 2003 年 SARS 期间，有一名有医疗背景的律师接受媒体采访，就疫情防控期间医疗纠纷的处理提出了自己独到的见解，后来全国很多当事人慕名与他联系，寻求法律帮助。

（二）乐于参加各类学术活动

学术活动代表了行业动态，律师参加学术活动不仅可以了解学术前沿问题，还可以启发思考，在专业方面进一步探索。反过来，这种探索有利于律师在实际工作中学以致用，更好地说服法官采纳自己的意见。

（三）逐步建立专长领域

专长领域有利于身份辨别，有利于吸引当事人的注意。从客观角度，律师的专业水准很难进行量化的比较，但业务专长知名度可以协助律师脱颖而出。律师如何建立自己的业务专长领域？

首先要从兴趣着手，兴趣是工作的动力，特别是律师需要长期坚持的工作，没有兴趣很难将这项工作做好。比如刑事、民事、行政类的法律事务，律师要大体判断自己对哪类业务感兴趣。

其次从特长着手，自己有哪些方面的特长，这些特长适合从事诉讼业务还是非诉业务。

最后，在民事领域内部，又再细分为建筑工程领域、医疗纠纷领域、知识产权纠纷、二手房交易纠纷、企业合规等。律师再根据自己的情况进行选择。

五、营销策略的运用

营销是律师普遍存在的短板。先不说律师不具备营销的专业知识，从心理上而言，律师倾向于"酒香不怕巷子深"，不愿意"王婆卖瓜，自卖自夸"。从行业管理的角度来说，律师广告同样受到很大程度的限制。美国律师协会在 1908 年推行的第一部《律师职业道德准则》中禁止律师做广告。[1]德国虽然不完全禁止，但对此有限制性的规定，要求必须"客观"。[2]律师行业的领导者拒绝将法律服务等同于商业行为，尽管多数消费者表示可以接受律师的广告行为，但律师同行大多数却反对公共传媒广告。[3]律师职业具有特殊的社会使命，通过广告谋取更大利益与之相矛盾。波兰的《律师职业伦理与职业尊严法》第 23 条规定，禁止律师采用任何形式的广告，禁止通过有损律师尊严的方式吸引客户。[4]此后禁止律师做广告的规定虽然有所突破，但总体而言，对律师广告一定程度的限制为德国、我国在内的诸多国家所接受。[5]

---

1 [美]理查德·L.埃贝尔：《美国律师》，张元云、张国峰译，中国政法大学出版社 2009 年版，第 156 页。

2 邵建东编（译）：《德国法学教育的改革与律师职业》，中国政法大学出版社 2004 年版，第 69 页。

3 [美]德博拉·L.罗德：《律师执业伦理与行业管理》，许身健译，知识产权出版社 2015 年版，第 238~240 页。

4 [波兰]马格丽特·可尔主编：《法律职业伦理——原理、案例与教学》，许身健译，北京大学出版社 2021 年版，第 80~82 页。

5 [美]迪特里希·鲁施迪耶：《律师与社会——美德两国法律职业比较研究》，于宵译，上海三联书店 2009 年版，第 137 页。

第 7 讲　律师业务开拓

（一）禁止律师广告的原因

其一，与广告的基本表达方式有关。广告不乏夸张、诙谐、幽默、风趣等文学手法，法律要求的是实事求是，甚至谦抑的，两者难以相通。许多知名学者写的文章多冠以"浅议""管窥"等。在法律人看来，知名广告语"今年20，明年18"涉嫌虚假宣传。

其二，违背人类自然、美好、安定的生活愿望。比如有一则美国密歇根律师的广告，受众是飞机失事者的家属，律师的谋利建立在别人的痛苦之上，这样的广告对家属而言无异于又一次打击，容易引起极大的不悦。[1]

其三，违背法律的核心价值观。法律乃"公正与良善的艺术"，律师广告有调词架讼之嫌。禁止律师以广告招徕生意可以避免律师沦为"生意人之流"，扼住对"金钱渴求"的最佳手段就是制裁。[2]

其四，诉讼案件的必然结果是一方满意，另一方不满意。令各方均满意的律师广告本身就充满矛盾。

其五，有些律师广告在实践中的效果可能适得其反。因为公众对主动做广告的律师通常没有好感，认为专业性不够，或者没有业务可代理才做广告。这也是广大律师自愿不做广告的最重要的原因。

（二）律师营销路径

在自身专业过硬的情况下，营销对律师业务的帮助毋庸置疑。除开广告之外，律师应选择适合自己的方式积极营销。

1. 口碑是最佳的营销；

2. 加入各类行业协会；

3. 公益法律服务；

4. 参加各类商会活动；

5. 参加专业论坛；

6. 自媒体；

7. 发表专业文章。

1　[美]理查德·L.埃贝尔：《美国律师》，张元云、张国峰译，中国政法大学出版社2009年版，第158页。

2　[美]德博拉·L.罗德：《律师执业伦理与行业管理》，许身健译，知识产权出版社2015年版，第24页。

此外，还有讲课、演讲、博客、慈善等。[1]除这些被动等待的业务外，律师还要出门主动洽谈业务。比如不良资产投资行业，在诸多投资领域中，具有对法律技术的较大依赖性，没有律师的参与基本很难进行。基于这种情况，如果律师主动寻找相关项目，再与投资人洽谈，只要投资人决定投资，律师获得代理委托毫无疑义。

七、如何与当事人洽谈委托事宜

除了招投标项目外，现实过程中最常见的还是律师与当事人直接协商案件委托事宜。而且，当事人为了获得最佳法律服务，往往咨询多家律师事务所之后再作决定，如何在众多律师中脱颖而出，确实需要考验承办律师的各项能力。

（一）洽谈地点应在律师办公室

除非特殊情况，一般来说洽谈地点应确定在律师办公地点，一来比较正式，便于当事人对律师的进一步了解；二来也可以节约律师的外出时间。有些律师为了迁就当事人，不好意思推却当事人在其他地点的洽谈安排，实际上这减损了律师的专业性，这种对当事人的尊重并不能换来同等的尊重。

（二）律师应提前做好准备工作

就当事人需要洽谈的问题，律师应提前检索相关法律、法规，以便在与当事人洽谈时作为法律依据。如此，可以更好地展示专业性。

（三）认真倾听当事人的陈述，客观提出法律建议

由于我国法律服务市场发展得还不够健全，当事人尚未习惯在初期洽谈阶段向律师支付咨询费。有些律师介意这种情况，不愿意认真倾听当事人对情况的介绍。这固然有一定道理，但不利于对案件的进一步了解。理想的方式是可以向当事人告知，洽谈需要支付咨询费用，只要提前说明，当事人可根据情况予以决定。

无论是否支付费用，如果律师同意接受咨询，必须认真听清楚当事人对事实情况的介绍，否则很难获得委托。

听取当事人的陈述后，就下述事宜律师必须立即作出准确判断。

1. 是否需要委托律师代理，是当事人自行处理还是委托其他方式处理。

2. 委托本地律师代理还是委托外地律师代理。

3. 本所可以接受委托还是需要另行委托更为专业的律师事务所。

4. 如果本所接受委托，将如何处理，是否有可能反诉？

1　段建国：《中国式律师营销》，法律出版社 2009 年版。

5. 案件大概的走势以及处理周期?

6. 有哪些类案或不同判决?是否有指导案例?

（四）设计合理的律师费支付方式

通过初步沟通以后，如果当事人有进一步委托的意向，可以就律师费的收取事宜进一步协商。律师费是影响当事人委托的重要因素，因为基本上没有委托人不介意律师费的收取。关于律师费的收取标准应遵循以下原则。

首先，律师应摒弃利益最大化的报价原则。商业领域通行的利益最大化原则，在法律服务领域是一个伪命题。利益最大化会导致律师漫天要价，这种要价经不起比较。律师的收费应遵循司法部以及物价部门的指导价，可以进行适当调整，但调整幅度不宜太大。

其次，大胆采取风险代理的收费模式。从心理上而言，风险代理对当事人不但具有降低风险的作用，还可以激发当事人给律师更多的信任——律师对案件有信心，否则不可能采取风险代理。对于非禁止性案件，律师可以向委托人提出收费方式建议，在全面介绍标准收费、计件收费、计时收费等收费方式后，可以进一步向委托人介绍风险收费，并对各种收费模式进行比较，由当事人选择。当然，律师必须通过对案件的详细研究化解这种风险，无论律师还是当事人，其实都不希望这种情况存在。

最后，律师费的收取标准不能过于偏离市场行情，否则既有损律师尊严，还涉嫌恶性竞争。

参考文献

常怡主编：《民事诉讼法学》，中国政法大学出版社 2017 年版。

巢容华主编：《法律职业伦理》，北京大学出版社 2019 年版。

陈高傭：《公孙龙子、邓析子、尹文子今解》，商务印书馆 2018 年版。

段厚省：《民事诉讼标的论》，中国人民公安大学出版社 2004 年版。

段建国：《中国式律师营销》，法律出版社 2009 年版。

樊品儒、王峻：《杨瑟岩传奇》，复旦大学出版社 1993 年版。

韩世远：《合同法总论》（第四版），法律出版社 2018 年版。

黄美玲：《律师职业的起源》，北京大学出版社 2021 年版。

李浩：《民事诉讼法学》（第 3 版），法律出版社 2018 年版。

李建华：《法律伦理学》，湖南人民出版社 2006 年版。

黎晓平、刘为忠：《澳门律师制度的本地化与全球化》，濠江法律学社 2015 年版。

黎晓平：《优雅的法律家》，启蒙出版社有限公司 2022 年版。

梁慧星：《裁判的方法》（第 3 版），法律出版社 2019 年版。

罗翔：《法治的细节》，云南出版集团 2021 年版。

李贵连：《沈家本传》（修订版），广西师范大学出版社 2017 年版。

吕宗力主编：《中国历代官制大辞典》，商务出版社 2019 年版。

刘昕：《宋代讼师讼学和州县司法审判研究》，湖南人民出版社 2016 年版。

吕伯涛、孟向荣：《中国古代的告状与判案》，商务印书馆 2013 年版。

齐树洁主编:《美国司法制度》(第2版),厦门大学出版社2010年版。

齐树洁主编:《民事诉讼法》(第13版),厦门大学出版社2019年版。

《日本民事诉讼法典》,曹云吉译,厦门大学出版社2017年版。

上海商务印书馆编译所编纂:《大清新法令》(1901—1911第1卷),2010年版。

邵建东编(译):《德国法学教育的改革与律师职业》,中国政法大学出版社2004年版。

邵建东主编:《德国司法制度》,厦门大学出版社2010年版。

《世界著名法典汉译丛书》编委会:《十二铜表法》,法律出版社2000年版。

王进喜:《法律职业伦理》,中国人民大学出版社2021年版。

许身健:《律师执业伦理》,北京大学出版社2019年版。

薛晓蔚:《实习律师指南》(第3版),法律出版社2021年版。

徐朝阳:《中国古代诉讼法·中国诉讼法溯源》,中国政法大学出版社2012年版。

殷啸虎:《公堂内外——明清讼师与州县衙门》,上海交通大学出版社2019年版。

周枬:《罗马法原论》,商务印书馆2016年版。

邹碧华:《要件审判九步法》,法律出版社2020年版。

邹碧华主编:《法庭上的心理学》,法律出版社2019年版。

[波兰]马格丽特·可尔主编:《法律职业伦理——原理、案例与教学》,许身健译,北京大学出版社2021年版。

[法]卢梭:《社会契约论》,何兆武译,商务印书馆2001年版。

[美]亚历山大·波拉塞、瑞贝卡·特雷曼编:《牛津阅读手册》,商务印书馆2021年版。

[美]迪特里希·鲁施迪耶:《律师与社会——美德两国法律职业比较研究》,于宵译,上海三联书店2009年版。

[美]德博拉·L.罗德:《律师执业伦理与行业管理》,许身健译,知识产权出版社2015年版。

[美]理查德·L.埃贝尔:《美国律师》,张元云、张国峰译,中国政法大学出版社2009年版。

[美]史蒂芬·克里格、理查德·诺伊曼:《律师执业基本技能》,五南图书出版有限公司2010年版。

［日］宫崎市定：《宫崎市定读论语》，王新新译，广西师范大学出版社2019年版。

［日］森际康友编：《司法伦理》，丁晓琪等译，商务印书馆2010年版。

［英］伊丽莎白·罗森：《西塞罗传》，王乃新等译，商务印书馆2019年版。

参考文献

附录

一、澳门科技大学法学院黎晓平教授推荐的法学本科生进阶阅读书单

大学一年级阅读书目：

1. 四书:《论语》《孟子》《大学》《中庸》

"四书"是中华民族的经典,儒家的思想和精神是我们民族最基本的原动力,代表了族人最博大深厚的情怀。"四书"中蕴含的有关人生和社会的道理具有永恒的意义,是每一个中国人,尤其是中国学生的必读书。

2. 梁漱溟:《中国文化要义》

《中国文化要义》是国学大师梁漱溟先生的代表作,被誉为中国文化研究和西方文化比较的经典作品。本书首先从集团(集体)生活的角度对比了中国人和西方人不同的文化传统和生活方式,进而提出了中国社会是伦理本位社会的重要论断,并根据对中国宗教的深入考察,指出以伦理组织社会,进而实现中国社会改造的出路。此外,作者还考察了中国社会的基本结构,既批判了中国文化的弊病,也揭示了中国民族精神的要旨。

3. 黄仁宇:《万历十五年》

作者对历史的厚积薄发和驾轻就熟,对中国政治制度的谙熟洞然与透辟分析,都显示出其"史实"与"史识"的完美结合。文笔老辣,一气呵成。其对政治与道德关系的揭示、规则与生活状态运作的阐说,对于我们了解传统和法律都有着极大的启迪。

4. 费孝通：《乡土中国生育制度》

今天我们离费先生写作此书的时间已经相去六七十年，但费先生于书中所作的对中国现状的分析对今天的中国仍然是那样的切中肯綮；费先生所具有的问题意识和文章风骨，我们今天仍然还差之甚远。每一个法律人都应该反思：法学的知识贡献在哪里？

5. 约翰·赞恩：《法律的故事》

法律是人类历史的缩微，"法律与我们同在"。可能谁也没有想到，法律的历史竟是从蚂蚁的故事开始的。本书的叙事方式让人吃惊；本书的法律进化的历史观也许并不让人赞同，但本书告诉我们的道理：法律的命运和我们的命运竟是如此生死相连，法律中竟演绎了那么多的感人和震撼的故事等，却会让我们甚感欣慰和终生难忘。

6. 博登海默：《法理学：法律哲学与法律方法》

在中国影响颇大的综合法学著作。书的前半部分简要介绍了西方法思想的历史，后半部分论说了作者认为重要的一些法理学问题，并在此基础上提出了以自然法为立场的综合法学观。该书的价值之一也许是它对中国 1980 年代中期以来的法理学的影响。

7. 俞吾金：《问题域外的问题》

作为一本哲学知识和流派介绍的通俗读本，该书不仅可以把读者引入一片新的哲学天地，更重要的是，该书在开辟和拓宽学生的问题域上，特别在怎样形成自己的问题意识上，有着相当的帮助。如何提问、提什么样的问题，这是大学期间一直要注意训练的能力，它在很多时候比具体的知识要重要得多。

8. 马克斯·韦伯：《学术与政治》

作者对学术、政治，甚至人生三者之间关系的看法，实在可以廓清我们的许多认识。我们所处的是一个缺少虔诚和信念的时代，这影响着我们对自身的了解，我们竟不知道从事的职业除了谋生以外还有什么意义。本书可以告诉我们一些答案。

9. 华勒斯坦等：《开放社会科学》

对于每一个从事社会科学的学习者（在此包括法学）来说，对社会科学本身的性质及走向得有一个比较自觉的把握。本书在这方面是极具挑战力的：对社会科学的分工的质疑，从事社会科学的学术立场何在？本书短短七万言，薄薄小册子，但却比那些动辄数十万、百万言的著作要有价值得多，更具思想的包容量。

大学二年级阅读书目：

1.《荀子》《韩非子》

《荀子》《韩非子》，可视为中国古代的法学名典，对礼、法有精深的阐释。不唯如此，这两本书亦可视为写作的范本。《荀子》《韩非子》的大多数篇章，构思精巧，中心明确，说理精密，议论透辟，条理清楚，逻辑严密，论证充分，有很强的说服力，其文风影响深远。

2.《圣经》

犹太教和基督教（包括天主教、东正教和基督新教）的宗教经典。但《圣经》不仅具有宗教的意义，还包括历史、文化、哲学、政治、经济、社会等多方面的内容，它和希腊哲学、罗马法律一起构成了西方文明的渊源，是我们了解西方文化以及西方法律精神的基本文本之一。

3. 伯尔曼：《法律与宗教》

这是极富洞见的一本书。作者不但追究诸如生活的意义何在，我们正去向何方，等等，真正的哲学问题、宗教问题，还探索法律背后的精神，支撑法律的东西。"没有信仰，法律它将形同虚设。"本书所包含的丰富思想与深刻洞见会给我们留下长久的思考。在中国既有的法律传统被打破的同时，我们应该如何寻找新的在法律下生活的传统？

4. 埃尔曼：《比较法律文化》

在比较法里，这是本简洁而有特色的著作。作者更关心的是决定不同法律制度的内在的思想、观念等层面。易言之，本书是从文化的角度分析不同的法律和传统。从论述方式上，本书也不同于其他的比较法著作，而是按涉及的问题，综合论述各个法系。

5. 凯利：《西方法律思想简史》

本书就西方文明中的法律思想重要主题的历史演进方面进行了阐述，为学习法律和政治学的学生提供了指导。本书共十章，把自荷马到戈尔巴乔夫时代的历史切分成十段并对以下问题给予了足够的关注：国家的基础、统治者权威及法律义务的渊源、习惯和立法的关系、自然法和自然权利的理念、法治、衡平的观念、正义的实质、平等价值引申出的问题、自然法、财产的地位、刑法的正当目的及范围、国际法理论及其他问题。

6.博西格诺等著:《法律之门》

该书是美国各大学法学院比较通用的一本法律教科书,其内容与形式在很大程度上与大陆法系的法律教科书不同,为学生了解英美法打开了一扇方便之门。该书包括广泛的阅读内容:法庭意见,社会学、心理学和人类学的分析,历史学和哲学的研究方法,以及文学中的观点。作品超越了传统的学术边界,构建了法律研究、社会科学和文学之间的桥梁。

7. 伯尔曼:《法律与革命》

本书以11—13世纪欧洲法律的发展为线索,向我们展现了教会法、封建法、庄园法、商法、城市法、王室法之间相互对立斗争的精彩场面,认为这些不同的因素共同促成了西方法律传统的形成。本书熔四十年的思考为一炉,采纳传统与革命的视角,试图在马克思和韦伯之外另辟坦途。从翻译上本书在国内法学界也是难得的优秀译本。本书不可不读。

8.瞿同祖:《瞿同祖法学论著集·中国法律与中国社会》

本书用法律社会学的视角,依据大量的个案和判例,分析了中国古代法律的实施及其对人们生活的影响,揭示出中国古代法律的基本精神和主要特征。它既是一部法律史,也是一部社会史。

9.林端:《儒家伦理与法律文化》

本书将社会学、人类学、法学和历史学的视野和观点综合起来,强调中西不同伦理与法律文化之间对比的可贵,"贞定其异,感受其同",探讨了在中国文化圈内建立法治社会的可能性。

10.江山:《中国法理念》

作者在中国法学界是独树一帜的。他很幸运,没有受什么现代西方产业化学术体制的"污染",因此,他对中国法的现实和理想的解读必然是浸淫着真正的中国式思考的。也因如此,他的法律观是我们这些着眼于"现代世界"的法律人所不具备的。这是一本难得的称得上有"思想色彩"的中国人写的书。

大学三年级阅读书目

1.《老子》《庄子》

道家之"道"构成了中国民族精神最原初的基质,是中国人最内在、最永恒的精神气质和向往。这两本书蕴含的巨大智慧,恒久地启迪着和照亮着中国人的心灵。

2. 司马迁：《史记》

《史记》是中国古代的第一部通史，规模巨大，体系完备，秉笔直书，词气纵横；《史记》"究天人之际，通古今之变，成一家之言"，的确是"千古之绝作"（梁启超），"史家之绝唱，无韵之《离骚》"（鲁迅）。

3. 柏拉图：《理想国》

柏拉图（和孔子、亚里士多德以及释迦牟尼）被黑格尔称之为人类的导师。《理想国》是柏拉图的代表作，此书神思飞扬、辞章华美、思精意深，是为西方文明之原创性著述。此书成为西方有教养之人的必读书。

4. 亚里士多德：《尼各马可伦理学》

其实本书才是亚里士多德政治法律哲学的根源，被公认为大师的原创作品。书中提出的正义理论奠定了后世法学的基础。

5. 马克思、恩格斯：《共产党宣言》

《共产党宣言》搅动了整个世界，极大地影响了人类历史进程，对中国社会与历史的影响甚巨。《共产党宣言》第一次完整地、系统地、较好地阐述了马克思主义的基本原理。《共产党宣言》词锋犀利、论辩睿智、意气豪迈。

6. 霍布斯：《利维坦》

霍布斯是现代西方政治法律哲学的开创者，是他，而不是别人赋予了西方18世纪以来的政治法律思想以"现代性"。《利维坦》既开自由主义、个人主义思潮之先河，又是社群主义、专制主义之渊薮。此书论述明确有力，极富逻辑力量。

7. 卢梭：《社会契约论》

本书与《利维坦》《政府论》《论法的精神》等是现代西方政治法律哲学的奠基性作品，今天的人类已然生活在这些著作所构建的社会、政治和法律的框架之中。《社会契约论》也是所有启蒙思想家著述中对近代中国影响最大的一本书。

8. 洛克：《政府论》

全书分上、下两篇。第一次比较系统、权威地阐述了分权学说与人权理论。他的学说被直接写进了美国的宪法和法国的人权宣言。

9. 孟德斯鸠：《论法的精神》

《论法的精神》被黑格尔誉为是一本"精妙"的著作，综合运用多种研究方法：历史的、比较的、实证的等，探询法律的性质和精神，视野宽广，气度优雅。本书的确可被视为那个时代的法学百科全书，其后的历史法学、社会法学等均可从中找到自己的思想渊源。但本书的重点在分权学说、法治理论与自由思想。此书有关中国法的讨论则不足为训。

10. 密尔：《论自由》

严复译作《群己权界论》。公域讲权力，私域曰权利；公域讲民主，私域言自由。这就是"群己界线"，或曰"群己权界"——"群"者，群体、社会，公域也；"己"者，自己、个人，私域也。此书的中心思想依然是民主、自由与法治，可以看作是对启蒙时代以来相关思想的梳理与总结。

大学四年级阅读书目

1. 奥斯丁：《法理学的范围》

19 世纪以来，法律实证主义成了支配性的法学思潮，直至今天。本书是分析法学的经典文献。奥斯丁主张法律与道德的分离，试图把法律当成一种真正的科学，提出了主权、命令、制裁的法律模式。

2. 凯尔森：《法与国家的一般理论》

凯尔森的代表作应该是《纯粹法学》（有 1940 年代的中译本），其学说因而被称为"纯粹法学"。他将法当作"纯粹"的、独立自在的规范体系进行研究，认为法律体系之效力的最终根据是被社会大多数人所接受的某种假定（基本规范），试图彻底撕裂法律与道德、正义等价值的联系。凯尔森法律规范的理论颇具价值。凯尔森的政治法律思想广泛流行于欧美各国，至今仍有较大影响。

3. 哈特：《法律的概念》

本书被认为是 20 世纪法律哲学领域最重要的一本书，本书以清晰的论证，引导学生去思考诸如"什么是法律"以及法律、道德与正义的区别等种种问题。作者对语言与法律的关系有特殊的敏悟，提出和讨论了一系列当代法学的重要概念，对 20 世纪乃至今后的西方法学有较大的影响。

4. 罗尔斯：《正义论》

本书被认为是"二战"后自由主义的重要著作，涉及法学、伦理学、政治学、社会学、经济学诸领域，以"无知之幕"和"原初状态"的理论预设为前提，提出了"作为公平"的正义之正义理论，并论述了正义分配的平等自由原则和机会公平与差别原则。本书在西方学术界曾引起广泛的争议。

5. 德沃金：《认真对待权利》

本书系统阐述的作者的权利观，是当今研究权利问题的重要著作。作者在书中对规则、原则和政策等的分析对我们深化对法律的理解有很大的启示。

6.梅因：《古代法》

历史法学派之代表著作。其重要之处不仅在于经由自己的研究勾画出法律发展的脉络，提出了法律"从身份到契约"的运动的振聋发聩的命题。更在于，他在学术研究上的独立和怀疑的精神，对"自然平等"的流行话语的批判。一如梅因所说，我们最需要的也许是对新旧材料的不断审查，而不是盲信。

7.卡多佐：《司法过程的性质》

卡多佐作为有洞察力的学者和睿智的法官，他的想法干净利落，简练精当，他告诉我们他是如何判案的，法官不仅是"发现法律"，还应该是"创造法律"。他把创新和限制熔于一炉。他的热情和理智凸显出法律职业在他们这些人身上的崇高。

8.昂格尔：《现代社会的法律》

本书作者是批判法学的代表。本书从历史演变和社会转型层面对法律进行了透视，为我们洞察人类社会的组织形态、法治发展等提供了有益的启发。作者是反自由主义的法治的，但他对法治的解剖，比那些专事法治理论的人，实在要深刻得多。

9.施特劳斯：《自然权利与历史》

施特劳斯是现代西方学人中少有的明白人之一，在他看来，西方的危机是精神的危机，是虚无主义的危机，因而"彻底的质疑近三四百年以来的西方学术思想，是一切真正的智慧追求的起点"。本书正是基于这种立场写作的，其中的观点发人深省。

10.考夫曼、哈德默尔：《当代法哲学和法律理论导论》

本书在对当代法律哲学和法律理论的一些最前沿的问题进行介绍的同时，更重要的是，一如作者所述，本书不是"教义学"的无批判式，而是哲学的反思和批判式的。

二、厦门大学齐树洁教授推荐的书单

2015年9月，笔者考取澳门科技大学诉讼法学博士研究生以后，导师齐树洁教授开出了一份80本的阅读书目，研究民事诉讼的同行可以参考。

民事诉讼法阅读书目：

1.常怡主编：《比较民事诉讼法》，中国政法大学出版社2002年版。

2.常怡主编：《外国民事诉讼法新发展》，中国政法大学出版社2009年版。

3. 齐树洁：《民事程序法研究》，科学出版社 2007 年版。

4. 齐树洁：《程序正义与司法改革》，厦门大学出版社 2010 年第 2 版。

5. 齐树洁：《民事上诉制度研究》，法律出版社 2006 年版。

6. 齐树洁主编：《英国司法制度》，厦门大学出版社 2007 年第 2 版。

7. 齐树洁主编：《美国司法制度》，厦门大学出版社 2010 年第 2 版。

8. 齐树洁主编：《民事司法改革研究》，厦门大学出版社 2006 年第 3 版。

9. 齐树洁主编：《英国民事司法改革》，北京大学出版社 2004 年版。

10. 齐树洁主编：《英国证据法》，厦门大学出版社 2014 年第 2 版。

11. 齐树洁、林建文主编：《环境纠纷解决机制研究》，厦门大学出版社 2005 年版。

12. 齐树洁主编：《破产法》，厦门大学出版社 2009 年第 2 版。

13. 齐树洁主编：《民事诉讼法》，厦门大学出版社 2015 年第 9 版。

14. 齐树洁主编：《民事诉讼法》，中国人民大学出版社 2015 年第 4 版。

15. 齐树洁主编：《民事程序法》，厦门大学出版社 2013 年第 8 版。

16. 齐树洁主编：《东南司法评论》（2008 年卷），厦门大学出版社 2009 年版。

17. 齐树洁主编：《东南司法评论》（2009 年卷），厦门大学出版社 2009 年版。

18. 齐树洁主编：《东南司法评论》（2010 年卷），厦门大学出版社 2010 年版。

19. 齐树洁主编：《东南司法评论》（2011 年卷），厦门大学出版社 2011 年版。

20. 齐树洁主编：《东南司法评论》（2012 年卷），厦门大学出版社 2012 年版。

21. 齐树洁主编：《东南司法评论》（2013 年卷），厦门大学出版社 2013 年版。

22. 齐树洁主编：《东南司法评论》（2014 年卷），厦门大学出版社 2014 年版。

23. 齐树洁主编：《东南司法评论》（2015 年卷），厦门大学出版社 2015 年版。

24. 齐树洁主编：《台港澳民事诉讼制度》，厦门大学出版社 2014 年第 2 版。

25. 齐树洁主编：《纠纷解决与和谐社会》，厦门大学出版社 2010 年版。

26. 齐树洁主编：《美国证据法专论》，厦门大学出版社 2011 年版。

27. 齐树洁主编：《民事审前程序新论》，厦门大学出版社 2011 年版。

28. 齐树洁主编：《英国民事司法制度》，厦门大学出版社 2011 年版。

29. 齐树洁主编：《美国民事司法制度》，厦门大学出版社 2011 年版。

30. 齐树洁主编：《港澳民事诉讼法》，厦门大学出版社 2014 年版。

31. 江伟主编：《民事诉讼法》，高等教育出版社 2013 年第 4 版。

32. 江伟、肖建国主编：《民事诉讼法》，中国人民大学出版社 2015 年第 7 版。

33. 宋朝武主编：《民事诉讼法学》，厦门大学出版社 2012 年第 3 版。

34. 杨荣馨主编：《民事诉讼原理》，法律出版社 2003 年版。

35. 李浩：《民事诉讼法》，法律出版社 2014 年第 2 版。

36. 李浩主编：《强制执行法》，厦门大学出版社 2005 年第 2 版。

37. 汤维建主编：《外国民事诉讼法学研究》，中国人民大学出版社 2007 年版。

38. 汤维建主编：《民事诉讼法学原理与案例教程》，中国人民大学出版社 2006 年版。

39. 张卫平：《诉讼构架与程式——民事诉讼的法理分析》，清华大学出版社 2000 年版。

40. 左卫民等：《诉讼权研究》，法律出版社 2003 年版。

41. 章武生等：《司法现代化与民事诉讼制度的建构》，法律出版社 2000 年版。

42. 章武生：《民事简易程序研究》，中国人民大学出版社 2002 年版。

43. 章武生等：《中国群体诉讼理论与案例评析》，法律出版社 2009 年版。

44. 章武生等：《民事诉讼法学》，浙江大学出版社 2010 年版。

45. [英]阿德里安·A.S.朱克曼主编：《危机中的民事司法——民事诉讼程序的比较视角》，傅郁林等译，中国政法大学出版社 2005 年版。

46. [美]斯蒂芬·B.戈尔德堡：《纠纷解决——谈判、调解和其他机制》，蔡彦敏等译，中国政法大学出版社 2004 年版。

47. [德]罗森贝克等：《德国民事诉讼法》，李大雪译，中国法制出版社 2007 年版。

48. [日]高桥宏志：《民事诉讼法：制度与理论的深层分析》，林剑锋译，法律出版社 2003 年版。

49. [意]莫诺·卡佩莱蒂等：《当事人基本程序保障权与未来的民事诉讼》，徐昕译，法律出版社 2000 年版。

50. [澳]娜嘉·亚历山大主编：《全球调解趋势》，王福华等译，中国法制出版社 2011 年版。

51. [法]洛伊克·卡迪耶主编：《法国民事司法法》，杨艺宁译，中国政法大学出版社 2010 年版。

52. 罗结珍译：《法国新民事诉讼法典》，法律出版社 2008 年版。

53. 王亚新：《对抗与判定：日本民事诉讼的基本结构》，清华大学出版社 2002 年版。

54. 樊崇义主编：《证据法学》，法律出版社 2008 年第 4 版。

55. 卞建林主编：《证据法学》，中国政法大学出版社 2007 年第 3 版。

56. 何家弘主编：《证据法学研究》，中国人民大学出版社 2007 年版。

57. 陈光中主编：《证据法学》，法律出版社 2015 年第 3 版。

58. 张保生主编：《证据法学》，中国政法大学出版社 2009 年版。

59. 肖建华：《民事诉讼当事人研究》，中国政法大学出版社 2002 年版。

60. 苏力：《送法下乡：中国基层司法制度研究》，北京大学出版社 2011 年版。

61. 范愉主编：《多元化纠纷解决机制》，厦门大学出版社 2005 年版。

62. 范愉：《纠纷解决的理论与实践》，清华大学出版社 2007 年版。

63. 范愉、李浩：《纠纷解决——理论、制度与技能》，清华大学出版社 2010 年版。

64. 范愉：《非诉讼程序（ADR）教程》，中国人民大学出版社 2012 年第 2 版。

65. 范愉等：《司法制度概论》，中国人民大学出版社 2013 年第 2 版。

66. 沈恒斌主编：《多元化纠纷解决机制原理与实务》，厦门大学出版社 2005 年版。

67. 肖建国主编：《民事执行法》，中国人民大学出版社 2014 年版。

68. 张斌生主编：《仲裁法新论》，厦门大学出版社 2010 年第 4 版。

69. 张文章主编：《公证制度新论》，厦门大学出版社 2008 年第 3 版。

70. 张榕：《事实认定中的法官自由裁量权——以民事诉讼为中心》，法律出版社 2010 年版。

71. 张榕主编：《证据法》，厦门大学出版社 2011 年第 2 版。

72. 张勤：《当代中国基层调解研究——以潮汕地区为例》，中国政法大学出版社 2012 年版。

73. 卢正敏：《共同诉讼研究》，法律出版社 2011 年版。

74. 邵建东主编：《德国司法制度》，厦门大学出版社 2010 年版。

75. 吴英姿：《法官角色与司法行为》，中国大百科全书出版社 2008 年版。

76. 徐卉：《涉外民商事诉讼管辖权冲突研究》，中国政法大学出版社 2001 年版。

77. 江必新主编：《民事诉讼新制度讲座》，法律出版社 2013 年版。

78. 江必新主编：《强制执行法理论与实务》，中国法制出版社 2014 年版。

三、清华大学程啸教授推荐的关于学习民法的书单

民法史：

1. 叶孝信：《中国民法史》，复旦大学出版社 2021 年版。

2. ［美］黄宗智：《清代的法律社会与文化：民法的表达与实践》，上海书店出版社 2001 年版。

3. 谢怀栻：《外国民商法精要》（第 3 版），程啸增补，法律出版社 2014 年版。

4. ［德］安东·弗里德里希·尤斯图斯·蒂堡：《论制定一部德意志统一民法典之必要性》，傅广宇译，商务印书馆 2016 年版。

5. ［德］维亚克尔：《近代私法史：以德意志的发展为观察重点》（上、下），陈爱娥等译，上海三联书店 2006 年版。

6. ［德］罗尔夫·克尼佩尔：《法律与历史——论德国民法典的形成与变迁》，朱岩译，法律出版社 2003 年版。

7. ［德］霍尔斯特·海因里希·雅科布斯：《十九世纪德国民法科学与立法》，王娜译，法律出版社 2003 年版。

8. ［德］奥利·贝伦茨：《〈德国民法典〉中的私法——其法典编纂史、与基本权的关系及其古典共和宪法思想基础》，吴香香译，商务印书馆 2021 年版。

9. ［美］伯纳德·施瓦茨：《美国法律史》，王军等译，中国政法大学出版社 1997 年版。

10. ［美］劳伦斯·M.弗里德曼：《美国法律史》，苏彦新译，中国社会科学出版社 2007 年版。

11. ［美］劳伦斯·M.弗里德曼：《二十世纪美国法律史》，周大伟等译，北京大学出版社 2016 年版。

12. ［美］莫顿·J.霍尔茨：《美国法的变迁：1780—1860》，谢鸿飞译，中国政法大学出版社 2019 年版。

13. ［德］茨威格特、克茨：《比较法总论》（上），潘汉典等译，中国法制出版社 2017 年版。

14. ［美］小奥利弗·温德尔·霍姆斯：《普通法》，郭亮译，法律出版社 2021 年版。

15. ［德］乌维·维瑟尔：《欧洲法律史：从古希腊到〈里斯本条约〉》，刘国良

译，中央编译出版社 2016 年版。

民法思维与方法论：

16.［德］鲁道夫·冯·耶林：《为权利而斗争》，刘权译，法律出版社 2019 年版。

17.［德］英格博格·普珀：《法学思维小课堂：法律人的 6 堂思维训练课》，蔡圣伟译，北京大学出版社 2011 年版。

18.［美］沃德·法恩斯沃思：《高手：解决法律难题的 31 种思维技巧》（经典再版），丁芝华译，法律出版社 2016 年版。

19.［德］齐佩利乌斯：《法学方法论》，金振豹译，法律出版社 2009 年版。

20.［德］伯恩·魏德士：《法理学》，丁晓春、吴越译，法律出版社 2013 年版。

21.［德］卡尔·恩吉施：《法律思维导论》，郑永流译，法律出版社 2014 年版。

22.［德］卡尔·拉伦茨：《法学方法论》（全本·第 6 版），黄家镇译，商务印书馆 2020 年版。

23.［德］奥托·基尔克：《私法的社会任务：基尔克法学文选》，刘志阳等译，中国法制出版社 2017 年版。

24.［德］卡尔·伦纳：《私法的制度及其社会功能》，王家国译，法律出版社 2013 年版。

民法总论：

25.［德］哈里·韦斯特曼等：《德国民法基本概念》（第 16 版）（增订版），张定军等译，中国人民大学出版社 2014 年版。

26.［德］汉斯·布洛克斯、沃尔夫·迪特里希·瓦尔克：《德国民法总论》（第 41 版），张艳译，中国人民大学出版社 2019 年版。

27.［德］本德·路特斯、阿斯特丽德·施塔德勒：《德国民法总论》（第 18 版），于馨淼等译，法律出版社 2017 年版。

28.［德］迪特尔·梅迪库斯：《德国民法总论》，邵建东译，法律出版社 2002 年版。

29.［德］卡尔·拉伦茨：《德国民法通论》（上、下），谢怀栻等译，法律出版社 2003 年版。

30.［德］卡尔·拉伦茨：《法律行为解释之方法—兼论意思表示理论》，范雪飞等译，法律出版社 2003 年版。

31. ［德］维尔纳·弗卢梅：《法律行为论》，迟颖译，法律出版社 2013 年版。

32. ［日］我妻荣：《新订民法总则》，于敏译，中国法制出版社 2008 年版。

33. ［日］近江幸治：《民法讲义 I 民法总则》（第 6 版补订），渠涛等译，北京大学出版社 2015 年版。

34. ［日］山本敬三：《民法讲义 I 总则》（第 3 版），解亘译，北京大学出版社 2012 年版。

35. 董安生：《民事法律行为》，中国人民大学出版社 2016 年版。

36. 芮沐：《民法法律行为理论之全部》，中国政法大学出版社 2003 年版。

37. 杨代雄：《法律行为论》，北京大学出版社 2021 年版。

人格权：

38. ［日］五十岚清：《人格权法》，铃木贤、葛敏译，北京大学出版社 2009 年版。

39. 王泽鉴：《人格权法：法释义学、比较法、案例研究》，北京大学出版社 2013 年版。

40. ［美］劳伦斯·莱斯格：《代码 2.0：网络空间中的法律（修订版）》，李旭、沈伟伟译，清华大学出版社 2018 年版。

41. ［英］维克托·迈尔 - 舍恩伯格、肯尼斯·库克耶：《大数据时代：生活、工作与思维的大变革》，盛杨燕、周涛译，浙江人民出版社 2013 年版。

42. 谢远扬：《个人信息的私法保护》，中国法制出版社 2016 年版。

43. 刘金瑞：《个人信息与权利配置—个人信息自决权的反思和出路》，法律出版社 2017 年版。

44. 丁晓东：《个人信息保护：原理与实践》，法律出版社 2021 年版。

物权法：

45. ［德］曼弗雷德·沃尔夫：《物权法》（第 18 版），吴越、李大雪译，法律出版社 2002 年版。

46. ［德］鲍尔、施蒂尔纳：《德国物权法》（上、下册），申卫星、王洪亮译，法律出版社 2006 年版。

47. ［日］我妻荣：《新订物权法》，罗丽译，中国法制出版社 2008 年版。

48. ［日］我妻荣：《新订担保物权法》，申政武等译，中国法制出版社 2008 年版。

49. 苏永钦：《寻找新民法》，北京大学出版社 2012 年版。

50. 孙宪忠：《中国物权法总论》，法律出版社 2018 年第 4 版。

51. 王轶：《物权变动论》，中国人民大学出版社 2001 年版。

52. 田士永：《物权行为理论研究》，中国政法大学出版社 2002 年版。

53. 程啸：《不动产登记法研究》，法律出版社 2018 年第 2 版。

54. 崔建远：《土地上的权利群研究》，法律出版社 2004 年版。

55. 高圣平：《担保法前沿问题与判解研究》（1～5 卷），人民法院出版社 2021 年版。

56. 程啸：《担保物权研究》，中国人民大学出版社 2019 年第 2 版。

债法总则与合同法：

57. ［日］我妻荣：《债权在近代法中的优越地位》，王书江等译，中国大百科全书出版社 1999 年版。

58. ［日］我妻荣：《新订债权总论》，王燚译，中国法制出版社 2008 年版。

59. ［日］我妻荣：《债法各论》（上卷），徐慧译，中国法制出版社 2008 年版。

60. ［日］我妻荣：《债法各论》（中卷一），徐进等译，中国法制出版社 2008 年版。

61. ［日］我妻荣：《债法各论》（中卷二），周江洪译，中国法制出版社 2008 年版。

62. ［日］我妻荣：《债法各论》（下卷一），冷罗生等译，中国法制出版社 2008 年版。

63. ［德］罗歇尔德斯：《德国债法总论》（第 7 版），沈小军、张金海译，中国人民大学出版社 2014 年版。

64. ［美］艾伦·范斯沃思：《美国合同法》（原书第 3 版），葛云松等译，中国政法大学出版社 2004 年版。

65. ［德］海因·克茨：《德国合同法》（第 2 版），叶玮昱、张焕然译，中国人民大学出版社 2022 年版。

66. ［德］埃卡特·J.布罗德：《国际统一私法协会国际商事合同通则—逐条评述》，王欣等译，法律出版社 2021 年版。

67. 张玉卿：《国际货物买卖统一法：联合国国际货物销售合同公约释义》（第 3 版），中国商务出版社 2009 年版。

68. 邱聪智：《新订民法债编通则》，中国人民大学出版社 2003 年版。

69. 王利明:《违约责任论》,中国政法大学出版社 2003 年版。

70. 韩世远:《违约损害赔偿研究》,法律出版社 1999 年版。

侵权与损害赔偿法:

71.〔德〕马克西米利安·福克斯:《德国侵权法》,齐晓琨译,法律出版社 2005 年版。

72.〔德〕埃尔温·多伊奇、汉斯 - 于尔根·阿伦斯:《德国侵权法》(第 6 版),叶名怡、温大军译,中国人民大学出版社 2022 年版。

73.〔澳〕彼得·凯恩:《阿蒂亚论事故、赔偿及法律》,王仰光等译,中国人民大学出版社 2009 年版。

74.〔澳〕彼得·凯恩:《侵权法解剖》,汪志刚译,北京大学出版社 2010 年版。

75.〔美〕丹·B.多布斯:《侵权法》(上、下),马静等译,中国政法大学出版社 2014 年版。

76.〔奥〕海尔姆特·库齐奥:《侵权责任法的基本问题》(第 1 卷),朱岩译,北京大学出版社 2017 年版。

77.〔瑞〕海因茨·雷伊:《瑞士侵权责任法》(第 4 版),贺栩栩译,中国政法大学出版社 2015 年版。

78.〔英〕H.L.A.哈特、托尼·奥诺尔:《法律中的因果关系》(第 2 版),张绍谦、孙战国译,中国政法大学出版社 2005 年版。

79.〔美〕约翰·法比安·维特:《事故共和国:残疾的工人、贫穷的寡妇与美国法的重构》,田雷译,上海三联书店 2008 年版。

80. 王利明:《侵权行为法归责原则研究》(修订第 2 版),中国政法大学出版社 2004 年版。

81. 邱聪智:《从侵权行为归责原理之变动论危险责任之构成》,中国人民大学出版社 2006 年版。

82. 曾世雄:《损害赔偿法原理》,中国政法大学出版社 2001 年版。

83. 王泽鉴:《损害赔偿》,北京大学出版社 2017 年版。

民法经济学分析:

84.〔德〕汉斯 - 贝恩德·舍费尔等:《民法的经济分析》,江清云、杜涛译,法律出版社 2009 年第 4 版。

85.〔美〕罗伯特·考特、托马斯·尤伦:《法和经济学》,史晋川等译,格致出版社 2012 年第 6 版。

86. [美]斯蒂文·沙维尔:《法律经济分析的基础理论》,赵海怡、史册等,中国人民大学出版社 2013 年版。

87. [美]波斯纳:《法律的经济分析》,蒋兆康译,法律出版社 2012 年第 7 版。

88. [美]卡拉布雷西:《事故的成本》,毕竟悦等译,北京大学出版社 2008 年版。

89. [美]兰德斯、波斯纳:《侵权法的经济结构》,王强译,北京大学出版社 2005 年版。

教授们推荐的书籍非常繁多,大家不见得都要看,建议优先选择近期的不同国家作者的书籍阅读。

后记

　　律师最接近现代社会权力运行机制，通过律师的协助，当事人能够直观地感受到国家司法的力量。律师也被视为推动社会进步的重要成员。毫无疑义，从总体而言律师为中国法治的进步作出了应有的贡献，但尚存在不少问题。

　　最突出的是除了创收之外，律师界没有形成正确的行业主流价值观——实现法律的正义。正确价值观的缺位导致诸多律师事务所在宣传介绍时，内容限于高档的办公环境、巨大的争议标的、著名的当事人、高额的营收。这些固然值得欣喜，但远不是律师的使命。律师应当如法律一样，谦抑似水。律师职业因维护当事人合法权益而生，为此，法律赋予了律师诸多特权，包括法庭言论豁免。试想，对于司法机关的裁决有哪个群体敢于直接指出其事实认定不清，法律适用错误？唯有律师！律师不但可以理直气壮地提出这些问题，而且，即使提出的观点错误也不承担任何责任。这是对律师职业何等之宽容！

　　错误的价值观与律师特权一旦"喜结连理"，虚妄之言便应运而生。当事人真正能够混淆法庭视听的毕竟是少数，只有律师才能深谙此道。缺乏规制的律师，不以虚假陈述为耻，反以获得一时之利为荣。长此以往，必将影响律师行业的发展。我国律师制度经历了从无到有，从古代官府极力排斥到今天党和国家大力扶持的过程，律师职业已经成为诸多法律人最后的家园——"大不了当律师"，我们有责任、有义务维护家园的纯洁。特别是青年律师要行之久远，必须恪守诚信、专业的理念，不应以一时之利影响一生的前程。

　　中国律师未来之路在哪里？

是提高专业技能，不断拓展案源，早日实现财务自由？

是功成身退，放马南山，远离纷争的诉讼，进入象牙塔传道授业解惑？

是进阶法官，不再当一方的代理人，而是居中裁判？

从职业属性的角度来说，对律师进行单一化定义的任何尝试都是困难的。律师身兼数职专业人士、商人、学者、社会工作者，甚至有些律师创作出了诸多优秀的文学作品。因此，律师的未来之路有多种可能。无论是哪一种，律师必须恪守言由衷、行合法的原则，否则，没有未来。

本书是笔者近30年律师职业生涯的经验分享，纯属一家之言，难免有不足之处。比如时间仓促，文字未及精雕细琢。又比如由于笔者长期从事民商事业务，本书并未涉及非诉以及刑事业务。

笔者不敢奢望本书能够引起整个行业的反思，即使能够引起个别读者的借鉴与思考，亦深感欣慰。

本书的完成要特别感谢笔者的恩师齐树洁教授，他引领笔者迈入法律殿堂，鼓励笔者持续耕耘。笔者还要特别感谢澳门科技大学的黎晓平教授，他指点笔者通读经史子集和其他法学名著，书海畅游弥补了笔者作为理工男阅读量偏少的先天不足。